Vergessene Pfade
Schwäbische Alb

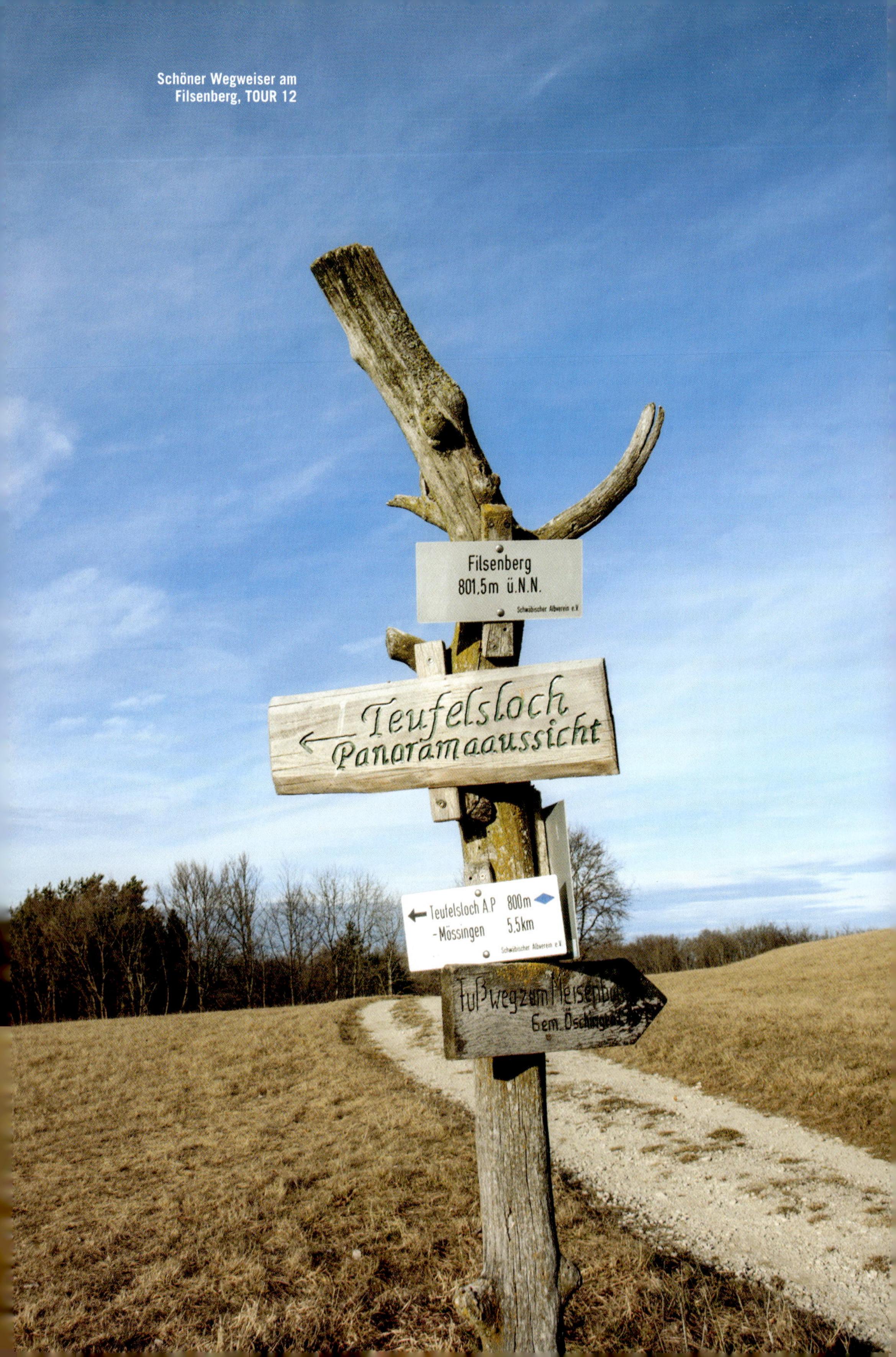

Schöner Wegweiser am Filsenberg, TOUR 12

Markus und Janina Meier

Vergessene Pfade SCHWÄBISCHE ALB

36 stille Touren abseits des Trubels

BRUCKMANN

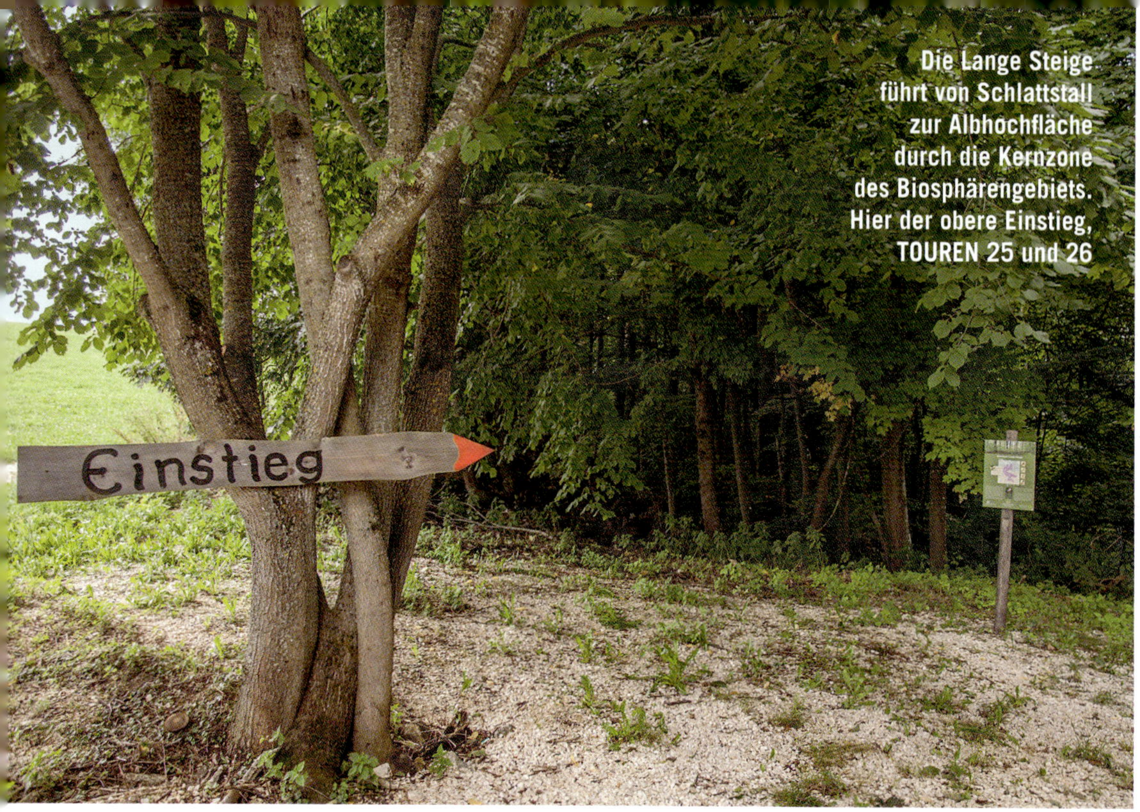

Die Lange Steige führt von Schlattstall zur Albhochfläche durch die Kernzone des Biosphärengebiets. Hier der obere Einstieg, TOUREN 25 und 26

Inhalt

Farbtupfer am Wegesrand

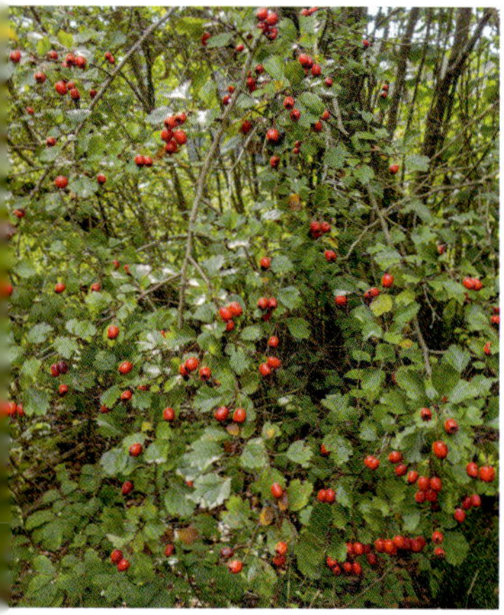

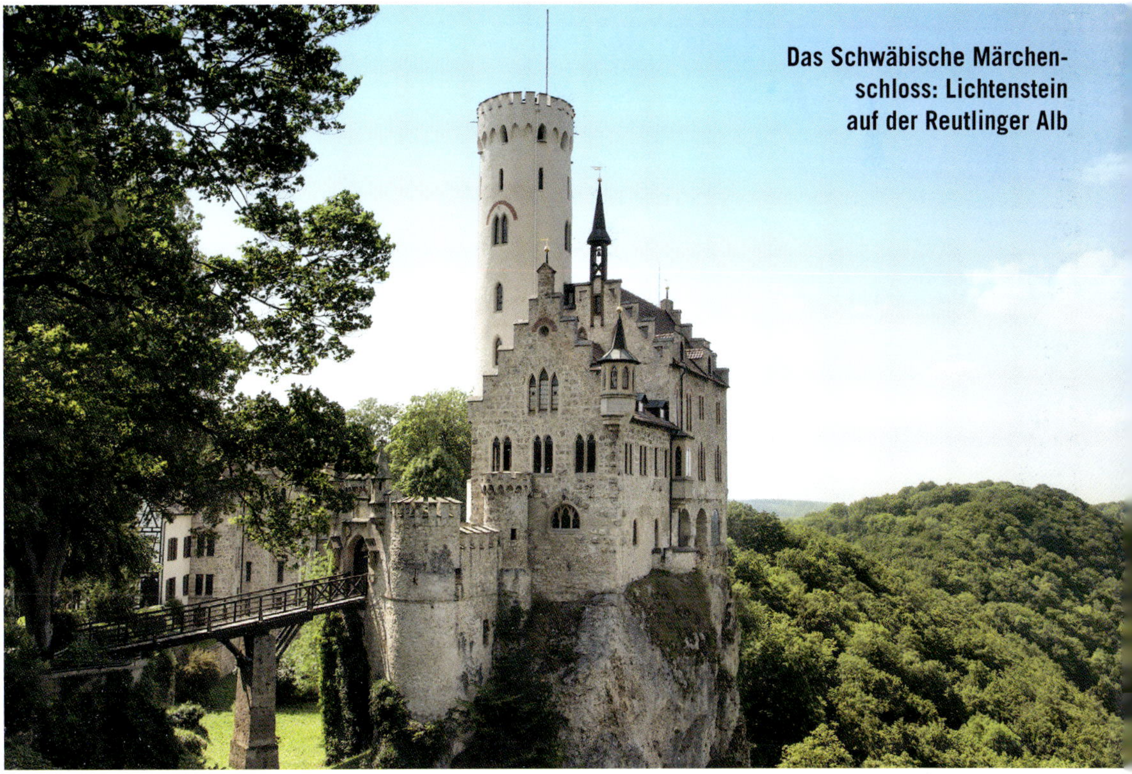

Das Schwäbische Märchenschloss: Lichtenstein auf der Reutlinger Alb

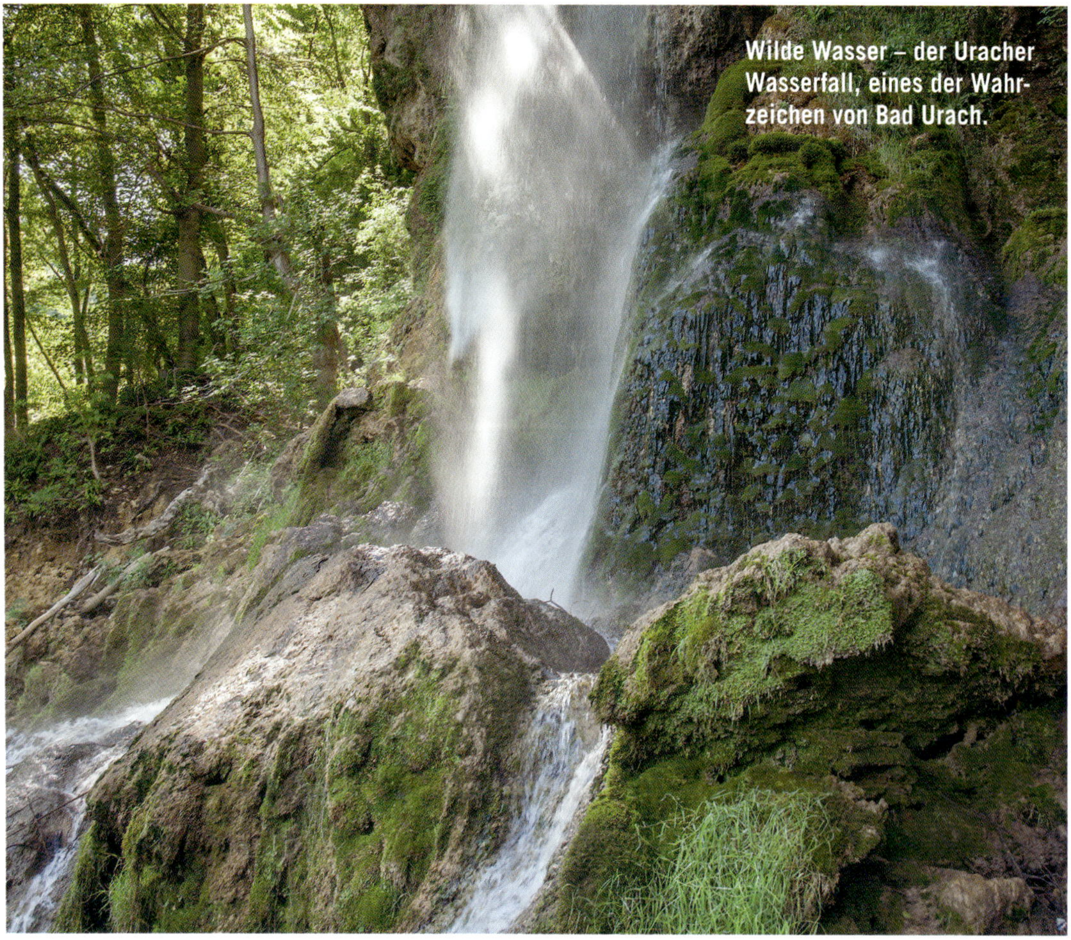

Wilde Wasser – der Uracher Wasserfall, eines der Wahrzeichen von Bad Urach.

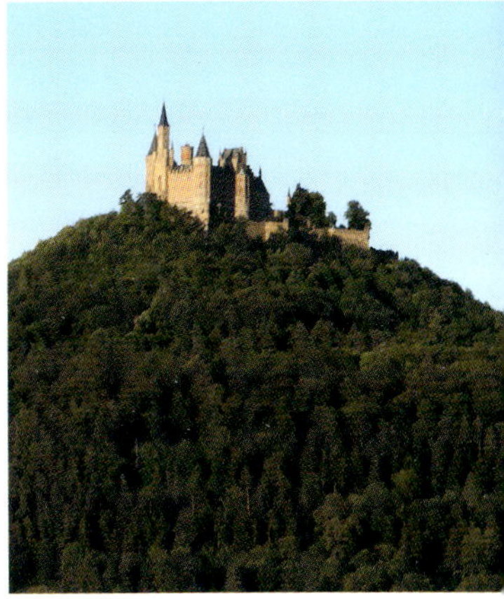

Die Burg Hohenzollern, berühmte Sehenswürdigkeit an der Zollernalb.

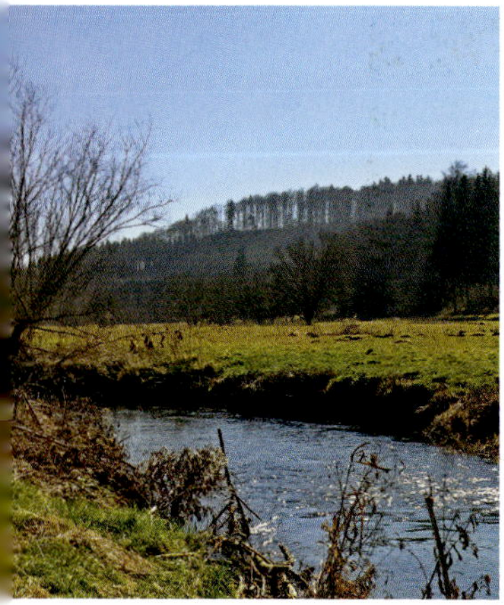

Wunderschön wandert man an der Fehla entlang. TOUR 14

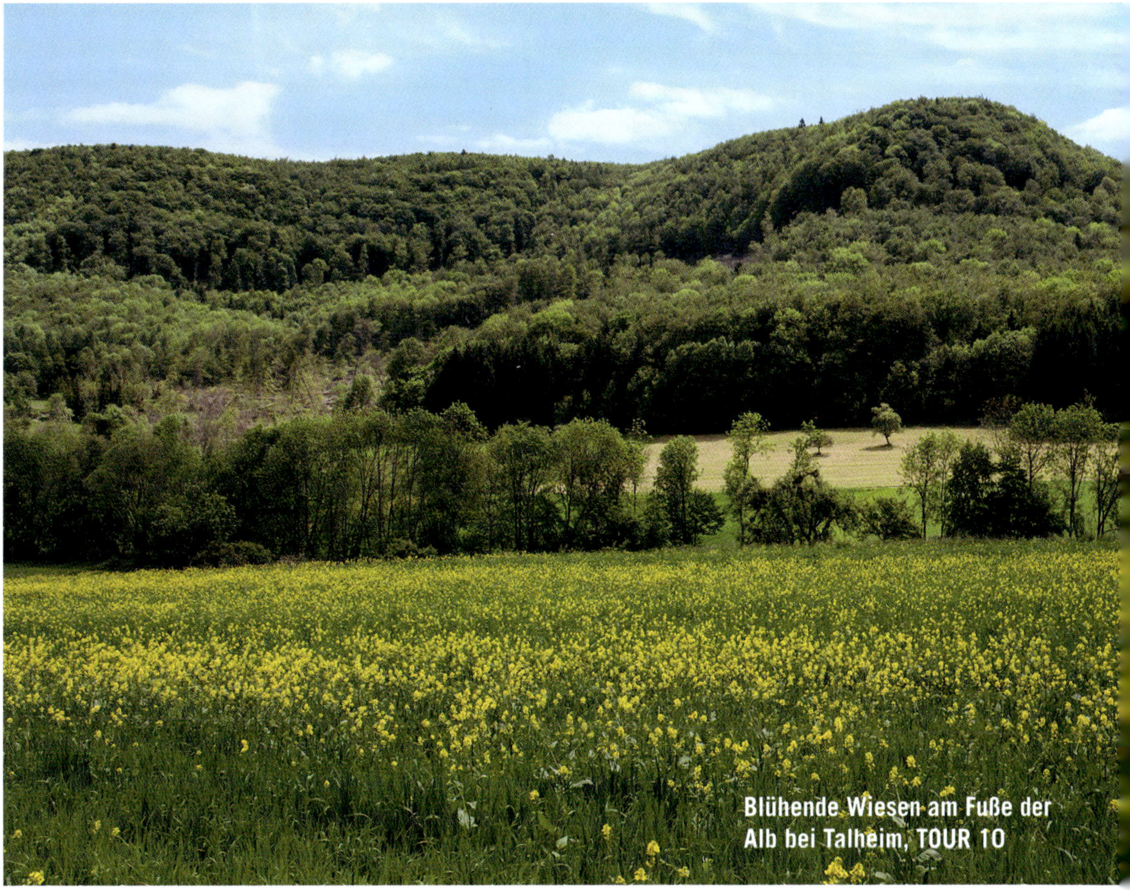

Blühende Wiesen am Fuße der Alb bei Talheim, TOUR 10

Vorwort

Die Schwäbische Alb zählte bisher eher zu den unbeachteten Wandergebieten in Deutschland. Dies ganz zu Unrecht – bietet sie doch eine Vielzahl lohnender Ziele und eine abwechslungsreiche Landschaft. Trotz eines hohen Waldanteils erleben wir grandiose Panoramablicke von den Bergen, wildromantische Täler und Wälder sowie wunderschöne Wacholderheiden. Dies haben die Tourismusbüros inzwischen teilweise erkannt. Vor ein paar Jahren entstanden mit den Traufgängen in Albstadt die ersten Premiumwanderwege der Region. Inzwischen haben unter anderem die Regionen Bad Urach, Donaubergland und Sigmaringen nachgezogen und ließen ihre Wege ebenfalls zertifizieren. Einige landeten bei der Wahl des schönsten Wanderwegs in Deutschland sogar auf den vorderen Plätzen. Auch erste lesenswerte Wanderbücher zu diesen Routen gibt es inzwischen.

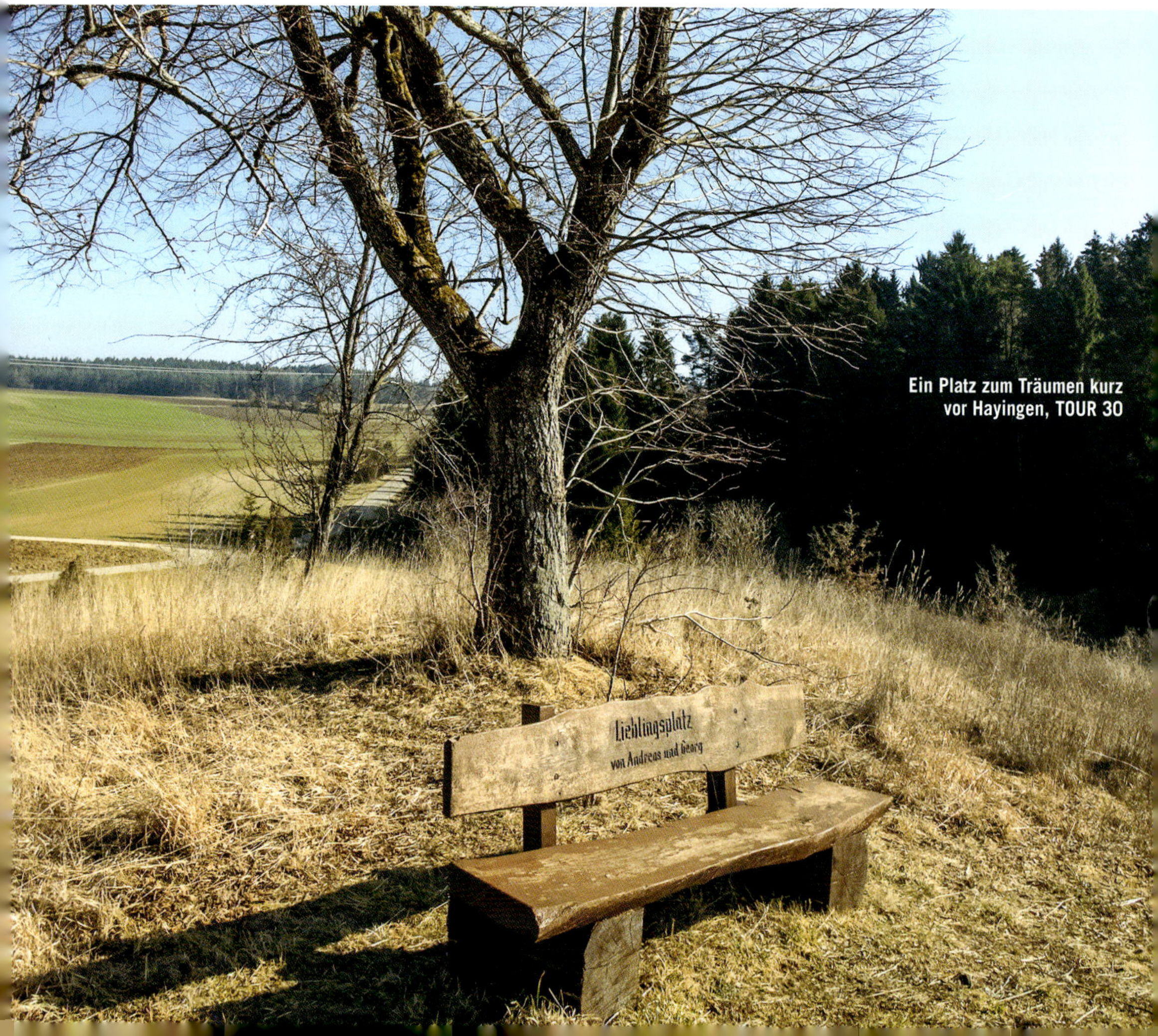

Ein Platz zum Träumen kurz vor Hayingen, TOUR 30

Auf diesen ausgesprochen lohnenden Wegen tummeln sich nun am Wochenende die Wanderer, einsam ist man hier verständlicherweise nur noch selten. Trotzdem hat der »Wandertourismus« noch nicht überall Einzug gehalten. Verwunderlich ist dies insofern, da der Schwäbische Albverein bereits im Jahre 1888 gegründet wurde. Eine seiner Hauptaufgaben ist die Betreuung der Wanderwege auf der Schwäbischen Alb. Bereits 1890 bis 1900 wurden einheitliche Wegbezeichnungen geschaffen, die sich um eine Hauptlinie entlang des Albtraufs entwickelten. Aber wo finden wir hier nun unsere vergessenen Wege? In einem Gebiet, das durchzogen ist von markierten Wanderwegen, ist dies auf den ersten Blick sicherlich schwierig. Bei genauerem Hinsehen gibt es jedoch eine Fülle von einsamen und stillen Wanderwegen. Diese spüren wir immer abseits der zertifizierten Premiumwanderwege auf. Zwischendurch berühren wir diese belebten Wege manchmal kurz, verlassen sie aber gleich wieder und tauchen damit aus dem Trubel in die Einsamkeit. Hier zeigt sich auch, dass beide Konzepte gut nebeneinander existieren und unterschiedliche Zielgruppen bedienen.
Eine kleine Ausnahme bildet der Albsteig. Es handelt sich dabei um den Hauptwanderweg 1 am Albtrauf entlang, der um die Jahrhundertwende herum zum Ausgangspunkt für viele Wanderwege wurde. Der HW1 ist inzwischen als Albsteig ebenfalls zertifiziert, trotzdem sind die einzelnen Abschnitte nicht sonderlich überlaufen. Zu lange ist seine gesamte Wegstrecke von 365 Kilometern. Deshalb entdecken wir immer wieder Passagen dieses Wanderweges auf unseren Touren. Auf der Suche nach den vergessenen Wegen forschten wir regelmäßig nach Burgruinen. Die Schwäbische Alb gilt als eine der burgen- und schlösserreichsten Landschaften Deutschlands. Die Bandbreite ist außerordentlich groß. Sie reicht von gut erhaltenen Ruinen bis hin zu ehemaligen Burganlagen, von denen kaum mehr etwas zu sehen ist. Es kann dabei unglaublich spannend sein, eine im Wald versteckte Burgruine zu finden.
Neben den Burgen finden sich auf der Schwäbischen Alb auch über 2000 Höhlen. Die interessantesten von ihnen sind für die Besucher als Schauhöhlen zugänglich. Unsere Wanderrouten führen jedoch nur an wenigen Höhlen direkt vorbei. Teilweise befinden sie sich aber nicht weit von den Ausgangspunkten unserer Wegstrecken entfernt, sodass man nach den Wanderungen noch einen Höhlenbesuch anhängen kann.
Der Schwäbische Albverein war auch für den Bau von Aussichtstürmen und Wanderheimen auf der Schwäbischen Alb zuständig. Mit dem Römersteinturm, dem Roßbergturm und dem Schönbergturm besuchen wir drei dieser Bauwerke, deren Spitzen aus dem Wald herausragen, und genießen einen wunderbaren Panoramablick. Seit einigen Jahren ist ein Teil der Schwäbischen Alb als Biosphärengebiet eingerichtet. In der ausgewiesenen Kernzone werden die Flächen von jeglicher wirtschaftlicher Nutzung freigehalten. Durch diese ursprünglichen Kernzonen führt immer nur ein offiziell zugelassener Wanderweg. Die in diesem Buch vorgestellten Wege durch die Kernzone sind teilweise schon sehr »vergessen« und vermitteln einen sehr guten Eindruck von Wildnis. Jetzt laden wir Sie zum Erkunden und Erwandern der Schwäbischen Alb ein, einer Landschaft, die wir als Wandergebiet inzwischen lieben gelernt haben.

Sax, an einem sonnigen Herbsttag
Markus und Janina Meier

Die Schwäbische Alb

Die Schwäbische Alb erstreckt sich auf eine Länge von 180 Kilometern und fast 40 Kilometern Breite. Sie liegt zum großen Teil in Baden-Württemberg. Das Gebirge fällt nach Norden steil ab, nach Süden dagegen zeigt sie sich von ihrer sanften Seite. Hinter dem Oberen Donautal geht die Schwäbische Alb ins Alpenvorland über. Die nördliche Felskante wird Albtrauf genannt.
Vor 150 bis 200 Millionen Jahren bedeckte ein Meer große Teile Europas. Am Boden dieses Meeres entstand die Schwäbische Alb. Das Mittelgebirge besteht aus mehreren Schichten Ton, Kalk und Mergel und zählt zu den größten zusammenhängenden Karstgebieten Deutschlands. Dies ist auch der Grund für die vielen Höhlen, Dolinen und Trockentäler, die durch die Wasserlöslichkeit des Kalkgesteins entstanden. Einige dieser Höhlen sind zu Schauhöhlen ausgebaut. Wenn sie in der Nähe unserer Wanderungen liegen, haben wir extra darauf hingewiesen (z. B. Nebelhöhle – Tour Nr. 20, Wimsener Höhle – Tour Nr. 30, Sontheimer Höhle – Tour Nr. 32). Am Fuße der Alb tritt das Wasser in Schichtquellen wieder hervor. Dies ist zum Beispiel am Blautopf, am Filsursprung oder an der Kleinen Lauter (Tour Nr. 36) der Fall. Diese Verkarstung führte zu einer Wasserarmut auf der Alb. Früher wurde das Wasser teilweise aus tiefer liegenden Quellen auf die Alb geschafft. An der Wanderung durch das Autal (Tour Nr. 34) kommen wir an zwei solchen Quellen vorbei. Die Wasserknappheit änderte sich erst, als die Albwasserversorgung errichtet wurde, als 1871 in Justingen das erste Wasser geregelt aus

Zwischen den Ruinen Holstein und Hohenerpfingen geht es über einen schönen Wiesenweg. TOUR 15

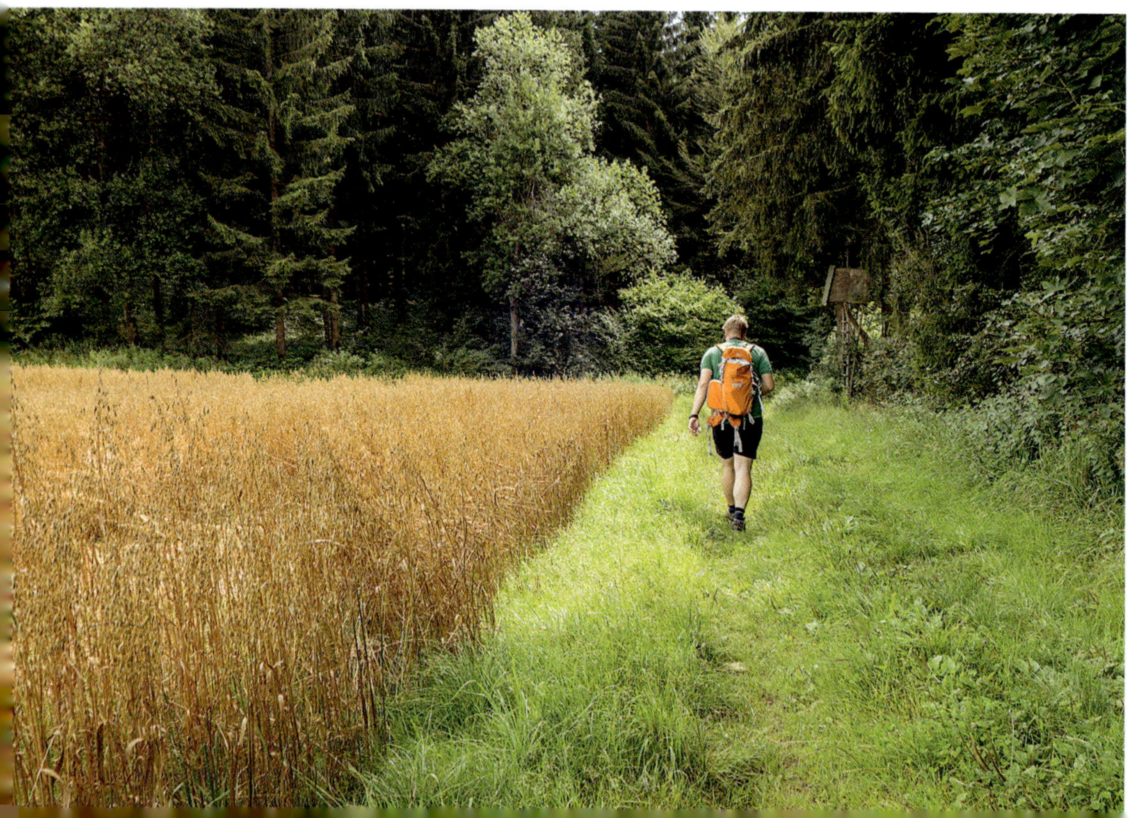

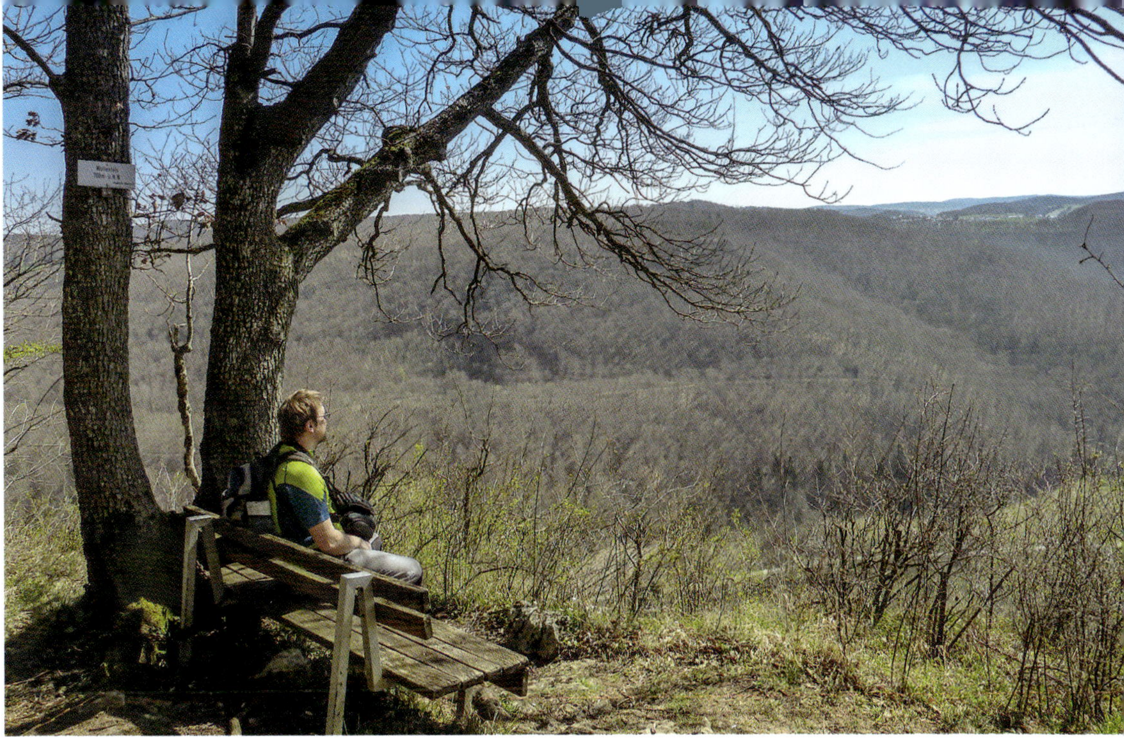

Gemütliche Rast am Wollenfels, TOUR 19

einem Hahn floss. An diesem ersten Wasserbehälter führt die Wanderung bei Hütten vorbei (Tour Nr. 28).
Im Bereich Metzingen–Engstingen–Gomadingen–Münsingen–Donnstetten–Kirchheim (Teck) gibt es den Schwäbischen Vulkan mit 350 Vulkanschloten. In diesem Gebiet kam es vor 16 bis 17 Millionen Jahren zu Vulkanausbrüchen, von denen noch die Schlote im Albvorland zeugen. Diese ragen hier aus der Landschaft, da Vulkangestein widerstandsfähiger ist als das ihn umgebende, verwitterungsanfällige Kalkgestein. Zeugen davon sind z. B. die Limburg bei Weilheim a. d. Teck oder der Metzinger Weinberg. Bei den Schloten, die sich auf der Alb befinden, entwickelten sich häufig flache Mulden. Diese Maare sind durch ein Einsacken der obersten Bodenschicht entstanden. Ein Beispiel hierfür ist das Randecker Maar. Durch die thermische Tätigkeit finden sich hier auch einige Thermalbäder, wie die Thermen in Beuren, Bad Urach oder Bad Ditzenbach.
Während im Albvorland relativ mildes Klima vorherrscht, ist es auf der Schwäbischen Alb rauer und meistens 3 bis 5 °C kälter. Der Schwabe sagt liebevoll: »Auf der Alb ist es einen Kittel kälter.« Dort finden wir vorrangig Wälder, Wiesen und Wacholderheiden. Die Landschaft hat somit auch einen deutlich raueren Charakter als im Albvorland. Da die Böden nicht sonderlich ertragreich sind, findet man auf der Alb kaum Ackerbau. Die Wacholderheiden entwickelten sich als Kulturlandschaft aus der Wanderschäferei.
Die Schwäbische Alb zählt zu den erdbebengefährdetsten Zonen Deutschlands. Dies liegt an der Albstadt-Scherzone, in der es die stärksten Beben gab. Das letzte starke Erdbeben ereignete sich am 3. September 1978 mit einem Wert von 5,7 auf der Richterskala. Hier gab es auch Gebäudeschäden und ein paar Verletzte. Das letzte schwerere Ereignis liegt somit schon eine Weile zurück. Aber auch in den vergangenen Jahren gab es immer mal wieder leichte, spürbare Beben. Zum Beispiel im Mai 2014, als ein Beben mit der Stärke 2,9 in der Umgebung von Albstadt messbar und fühlbar war.

Dies sollte aber kein Hinderungsgrund für den Besuch der Schwäbischen Alb sein.
Die Schwäbische Alb wurde schon sehr früh besiedelt. Davon zeugen Fundstellen, die bis in die Altsteinzeit zurückreichen. Wir besuchen auf unseren Wanderungen einige Zeugen der frühen Besiedelung, wie z. B. die Heuneburg bei Upflamör (Tour Nr. 17) oder den Heidengraben bei Erkenbrechtsweiler (Tour Nr. 24). Im 12. Jahrhundert entstanden auf der Alb viele Burgen, von denen die meisten nur noch als Ruinen erhalten sind. Auf vielen unserer Wanderungen suchen wir nach versteckten Ruinen im Wald, von denen manchmal nicht mehr viel zu sehen ist. Die am besten erhaltenen Ruinen in unserem Buch sind Burg Ringingen (Tour Nr. 6), Ruine Vorderer Lichtenstein (Tour Nr. 7), Ruine Holstein (Tour Nr. 15) und die Ruine Rauber (Tour Nr. 27).

Biosphärengebiet Schwäbische Alb

Das Biosphärengebiet wurde 2008 vom Land Baden-Württemberg eingerichtet. Es umfasst ein Gebiet von 85 270 Hektar. Grundgedanke ist das modellhafte Miteinander von Ökonomie, Ökologie und Sozialem. Das Biosphärengebiet bietet vielen seltenen Tier- und Pflanzenarten einen wichtigen Lebensraum. Typische Tiere, die wir hier finden, sind Rotmilan, Wanderfalke, Raufußkauz oder Blauschwarzer Eisvogel.
Das Biosphärengebiet ist in drei Zonen eingeteilt: Kernzone, Pflegezone und Entwicklungszone. Die Kernzonen sollen einem unbeeinflussten Naturzustand sehr nahekommen. Auf diesen Flächen wird keinerlei wirtschaftliche Nutzung mehr betrieben. Das Betreten der Kernzonen ist nur auf ausgewiesenen Wegen erlaubt. In der Pflegezone werden die Ökosysteme der Kulturlandschaft durch schonende Landnutzung für die Zukunft erhalten. Das Credo für die Pflegezone ist »Schützen durch Nützen«. In der Entwicklungszone steht der wirtschaftende Mensch im Vordergrund. Hier wird versucht, die Wertschöpfung der Region auf umweltschonende

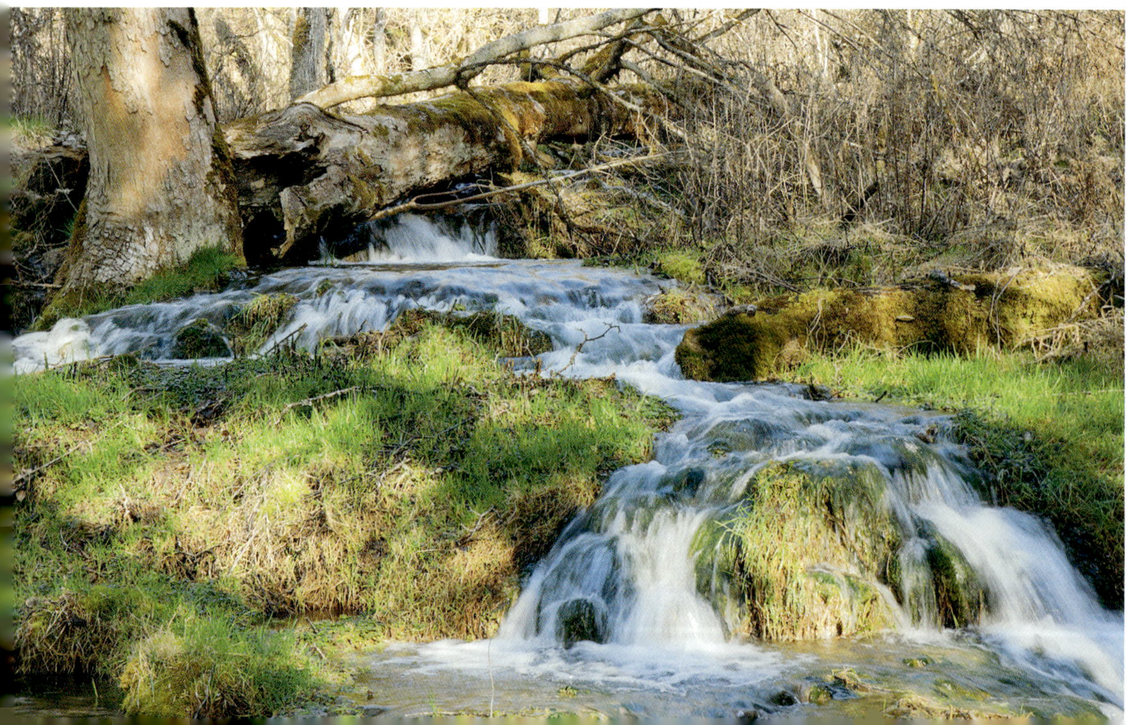

Klein, aber romantisch: Der Wimsener Wasserfall, TOUR 30

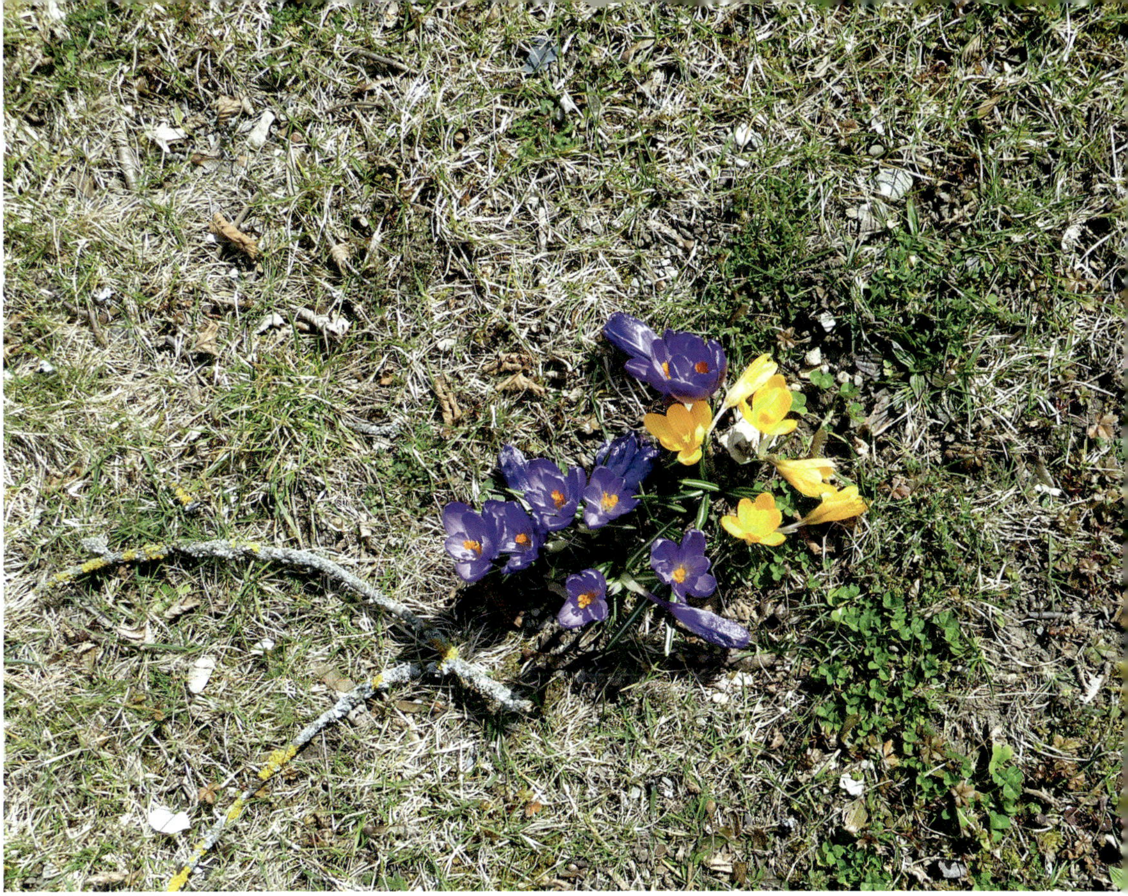

Die ersten Frühlingsboten entdecken wir am Wegesrand. TOUR 30

und ressourcenschonende Weise zu steigern. Auf ein paar Wanderwegen in diesem Führer besuchen wir auch die Kernzonen. Im Oktober 2010 wurde das Hauptinformationszentrum des Biosphärengebiets im Alten Lager bei Münsingen eröffnet. Das Informationszentrum hat sechs Tage (Di geschlossen) für die Besucher geöffnet.
Öffnungszeiten: 1. November–31. März: 11–17 Uhr, 1. April–31. Oktober: 10–18 Uhr

Wandern auf der Schwäbischen Alb

Auf der gesamten Kante des Albtraufs verläuft der Hauptwanderweg 1 (HW1), heute auch als Albsteig vermarktet. Er war der erste der Hauptwanderwege, um den das große Wegenetz des Schwäbischen Albvereins seit 1890 geschaffen wurde. Inzwischen gibt es 10 Hauptwanderwege, und das Wegenetz des Albvereins ist auf über 23 000 Kilometer angewachsen.
Das Wegenetz und vor allem die Markierungen sind für »nicht Einheimische« etwas gewöhnungsbedürftig. Wir finden eher selten größere Wegweiser mit durchgehenden deutlichen Markierungen. Dafür gibt es kleine weiße Tafeln, auf denen mithilfe von Pfeilen die Wege angeschrieben sind. Ebenfalls auf den Schildern findet man die Markierungszeichen für den Weg. Das Wegenetz des Albvereins orientiert sich an den Hauptwanderwegen. Diese sind mit einem roten Dreieck oder einem roten Balken markiert. Der Albverein unterscheidet in diesem Zusammenhang zwischen Zugangswegen, Nebenwegen und Querwegen. Dementsprechend ändert sich auch das Markierungszeichen (Dreieck, Gabel, Raute). Auf die Markierungen muss man

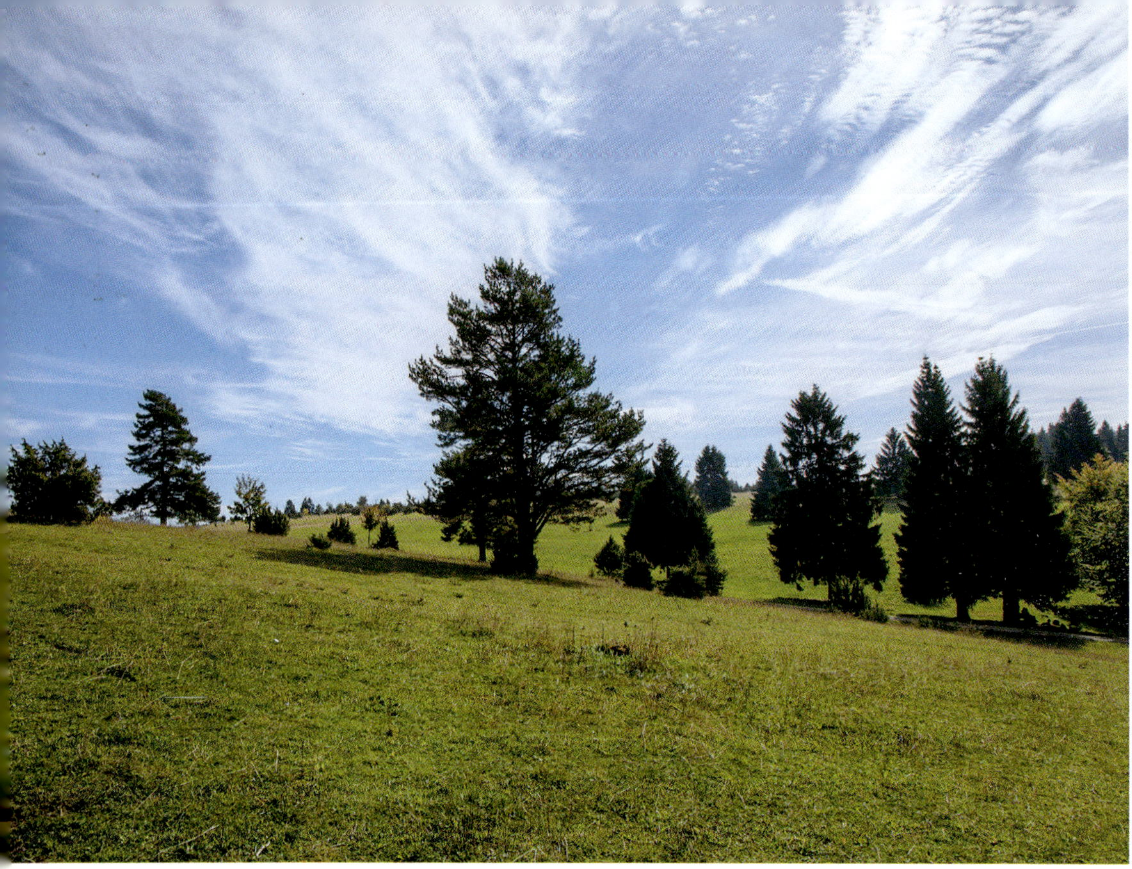

Bei der Plettenberghütte reicht der Blick weit über die benachbarten Wiesen. TOUR 2

teilweise sehr genau achten. Uns ist es zu Beginn unserer Wandertätigkeit auf der Alb ein paar Mal passiert, dass wir vom markierten Weg abkamen. Aber das passt aus unserer Sicht alles sehr gut zu dem Motto »Vergessene Pfade«. Ein wenig Orientierungssinn ist hier sicherlich von Vorteil. Unterstützung erhalten wir hierbei von den Karten des Schwäbischen Albvereins. Diese zeigen auf ihren Blättern nicht nur den Wegverlauf, sondern auch die Markierung – im Gelände teilweise eine deutliche Hilfe.

Trotz des dichten Wegenetzes ist die Schwäbische Alb bis heute nicht überlaufen. Dies gilt nicht für die neuen Premiumwanderwege, aber sicherlich für die meisten der hier vorgestellten Touren. Teilweise haben wir an einem Wochenende nicht mehr als zehn Wanderer getroffen, immer wieder waren wir ganz alleine. Diese Tatsache führt dazu, dass manche Wege im Sommer leicht zugewachsen sind. Deshalb ist eine lange Hose auf vielen Wegen sehr zu empfehlen. Dies ist vor dem Hintergrund besonders wichtig, dass die Schwäbische Alb zu den durch Zecken gefährdeten Gebieten gehört. Verzichtet man aufgrund der Temperaturen auf die lange Hose, so leistet ein Zeckenspray gute Dienste. Trotzdem sollte man nach jedem Abschnitt durch hohes Gras seine Beine untersuchen. Weiterhin gehören Zeckenzange und Desinfektionsspray zwingend in den Rucksack, um die kleinen Übeltäter nach Möglichkeit sofort entfernen zu können.

Wir beschränken uns in unserem Wanderführer auf das Gebiet der Schwäbischen Alb ohne die Ostalb, die häufig als touristisch eigenständiges Ziel gesehen wird. Viele Wege konzentrieren sich auf den zentralen Bereich der Schwäbischen Alb. Hier haben wir die meisten Lücken zwischen den Premiumwanderwegen gefunden. Deshalb sind die Regionen Donaubergland,

Sigmaringen und Albstadt in diesem Buch nicht vertreten. Hier sind viele der lohnenden Wanderwege als neue Premiumwanderwege ausgebaut und zertifiziert. Lediglich Bad Urach ist vertreten, obwohl es hier auch neue Premiumwanderwege gibt. Trotzdem haben wir hier noch »lohnende Lücken« gefunden.

Ausrüstung

Neben der schon erwähnten langen Hose sind unbedingt stabile Wanderschuhe mit einer guten Profilsohle erforderlich. Die Wege können bei Nässe teilweise ziemlich rutschig sein. Durch die vielen Waldgebiete trocknen sie auch nicht so schnell ab. Unter Umständen leisten auch Teleskopstöcke gute Dienste. Pullover und Regenjacke, im Frühjahr und Spätherbst auch Mütze und Handschuhe gehören ebenfalls in den Rucksack. Genauso ausreichend zu trinken und eine Brotzeit (Vesper im Schwäbischen). Die Wege führen nicht immer an Einkehrmöglichkeiten vorbei.

Anreise

Mit Bahn und Bus:

Mit dem ICE wird man meistens die Bahnhöfe Stuttgart oder Ulm ansteuern. Mithilfe der Regionalbahn gelangt man dann zu den Bahnhöfen im Bereich der Schwäbischen Alb. Zentrale Orte sind Balingen, Hechingen, Reutlingen und Ulm. Von den Bahnhöfen geht es mit den regionalen Bussen zu den Ausgangspunkten der Wanderungen.

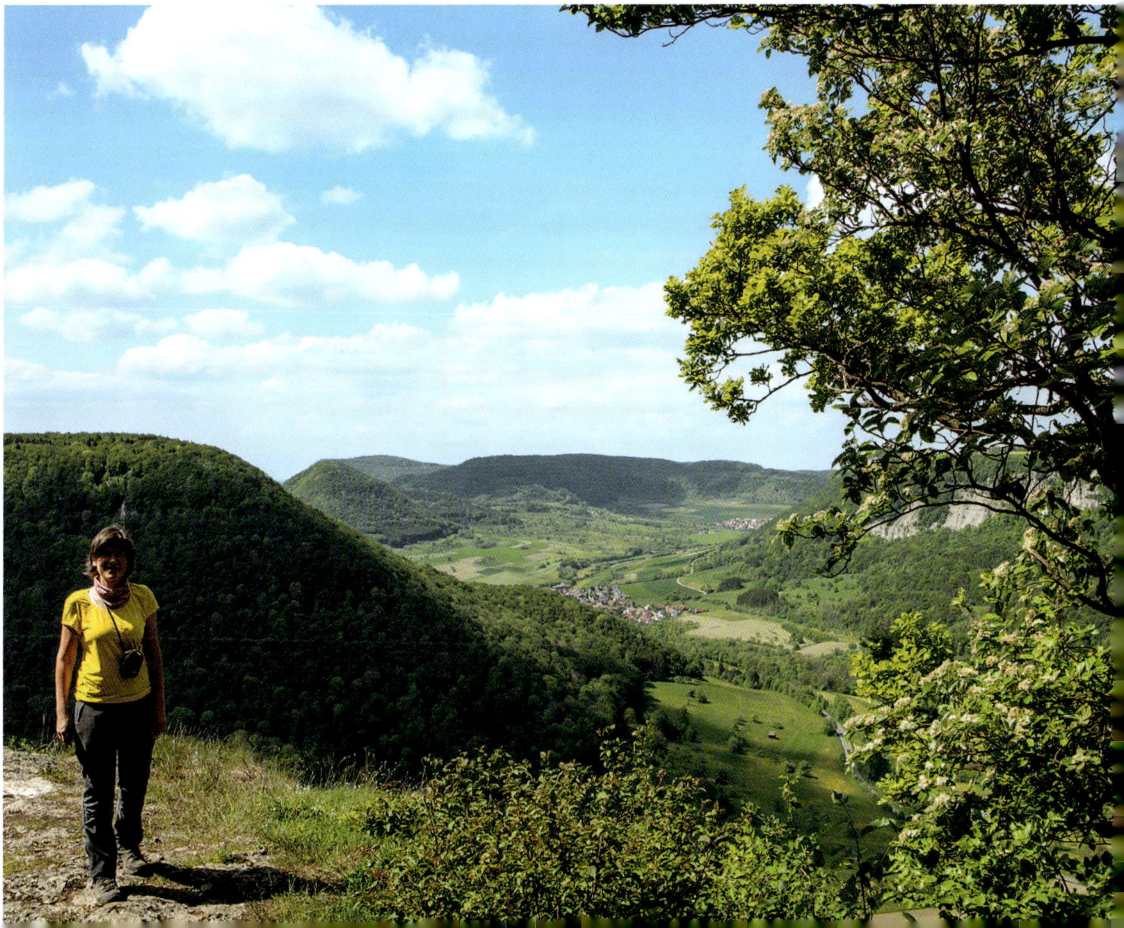

Wunderschöner Ausblick vom Albtrauf über Bad Überkingen, TOUR 34

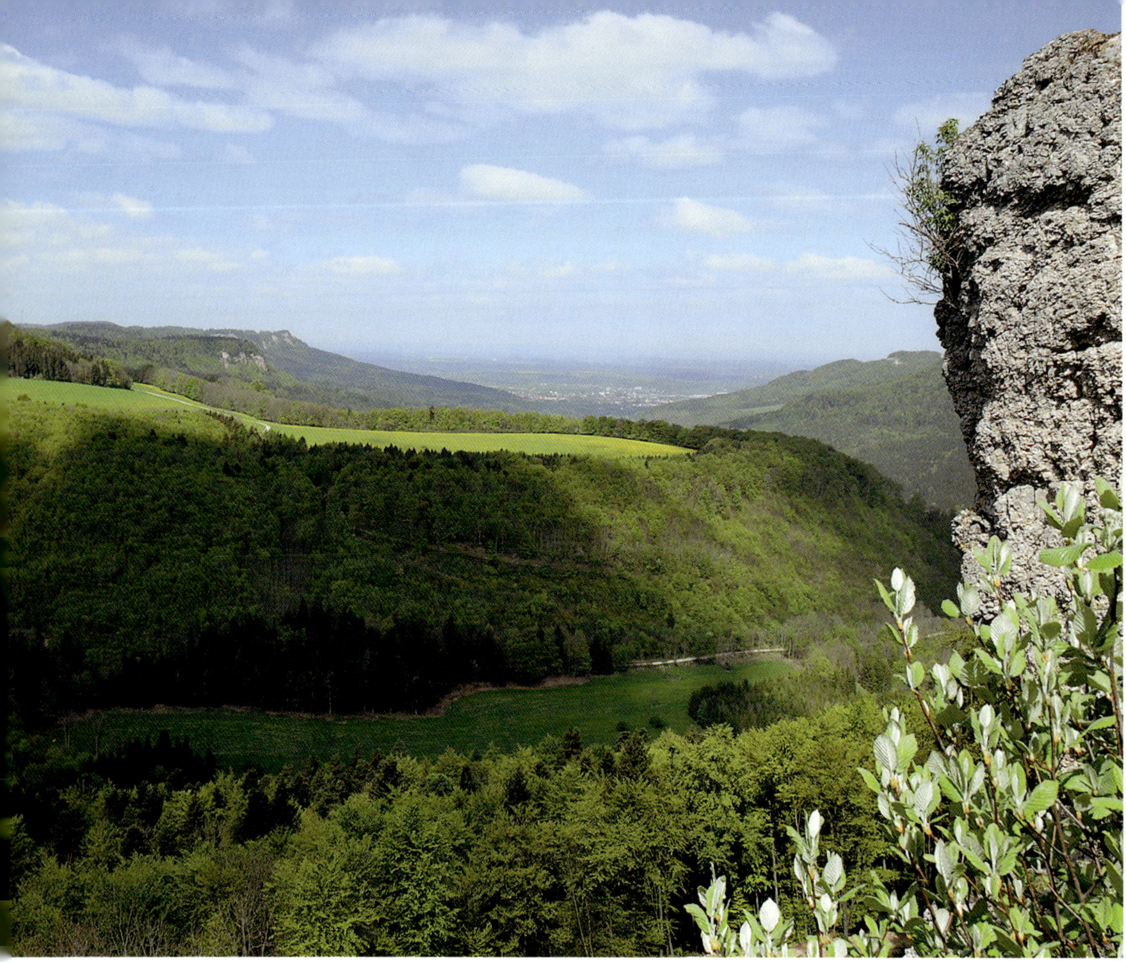

Von den Torfelsen genießen wir die schöne Aussicht. TOUR 5

Mit dem Auto:
Die A8 führt von Stuttgart nach Ulm über die Schwäbische Alb. Von den verschiedenen Abfahrten der Autobahn gelangt man zu den Ausgangspunkten der jeweiligen Wanderung. Die B27 verbindet Stuttgart mit dem Süden, wodurch sogar Balingen, der zentrale Ort im Südwesten, gut zu erreichen ist. Weiter im Westen verläuft die A81 entlang der Schwäbischen Alb nach Süden. Die A7 zieht dagegen im Osten von Ulm nach Süden. Das gute Straßennetz bringt den Wanderer ohne große Probleme zu den Ausgangspunkten der Touren. Die Anreise ist in diesem Gebiet sehr stark abhängig vom Ausgangsort. Deshalb empfehlen wir die Nutzung eines Routenplaners.

Einkehr und Unterkünfte

Gute Übernachtungsmöglichkeiten bieten sich in vielen Ausgangsorten unserer Touren. Hier kann man gut einen ganzen Wanderurlaub verbringen. Unterstützung bietet die Website des Tourismusverbandes der Schwäbischen Alb. Teilweise kann man die Unterkünfte sogar online buchen. Besonders empfehlenswert sind dabei die Gastgeber mit der Zertifizierung »Qualitätsgastgeber Wanderbares Deutschland«. Diese findet man ebenfalls auf der Webpräsenz des Tourismusverbandes. Einzelne Einkehrmöglichkeiten findet man bei den Touren, diese sind jeweils angegeben. In den Ausgangsorten gibt es meistens Gasthäuser, die dazu einladen, die Schwäbische Küche zu genießen.

Wanderkarten

Wie bereits erwähnt, sind die Wanderkarten des Schwäbischen Albvereins im Maßstab 1:35000 für die Touren in diesem Buch besonders empfehlenswert. Für die hier vorgestellten Touren nützt man folgende Karten:

- Karte Nr. 19 Reutlingen – Bad Urach
- Karte Nr. 20 Geislingen – Blaubeuren
- Karte Nr. 24 Albstadt – Balingen
- Karte Nr. 25 Burladingen – Sonnenbühl
- Karte Nr. 29 Tuttlingen – Oberes Donautal

Beste Wanderzeit

Theoretisch kann man das ganze Jahr auf der Schwäbischen Wald wandern. Am angenehmsten sind das Frühjahr und der Herbst. Besonders im Herbst, wenn die Blätter bunt gefärbt sind, kommt eine wunderbare Stimmung auf. Im Sommer kann es teilweise sehr heiß werden. An diesen Tagen empfiehlt sich dann ein sehr früher Aufbruch. Im Winter bei hoher Schneelage kann eine Wanderung teilweise etwas mühsam werden, zudem bei Schneebruchgefahr im Wald auch nicht ganz ungefährlich. Dann verzichtet man am besten auf derartige Unternehmungen und wendet sich stattdessen den

Kleines Wildschwein im Wildgehege bei Meßstetten, TOUR 5

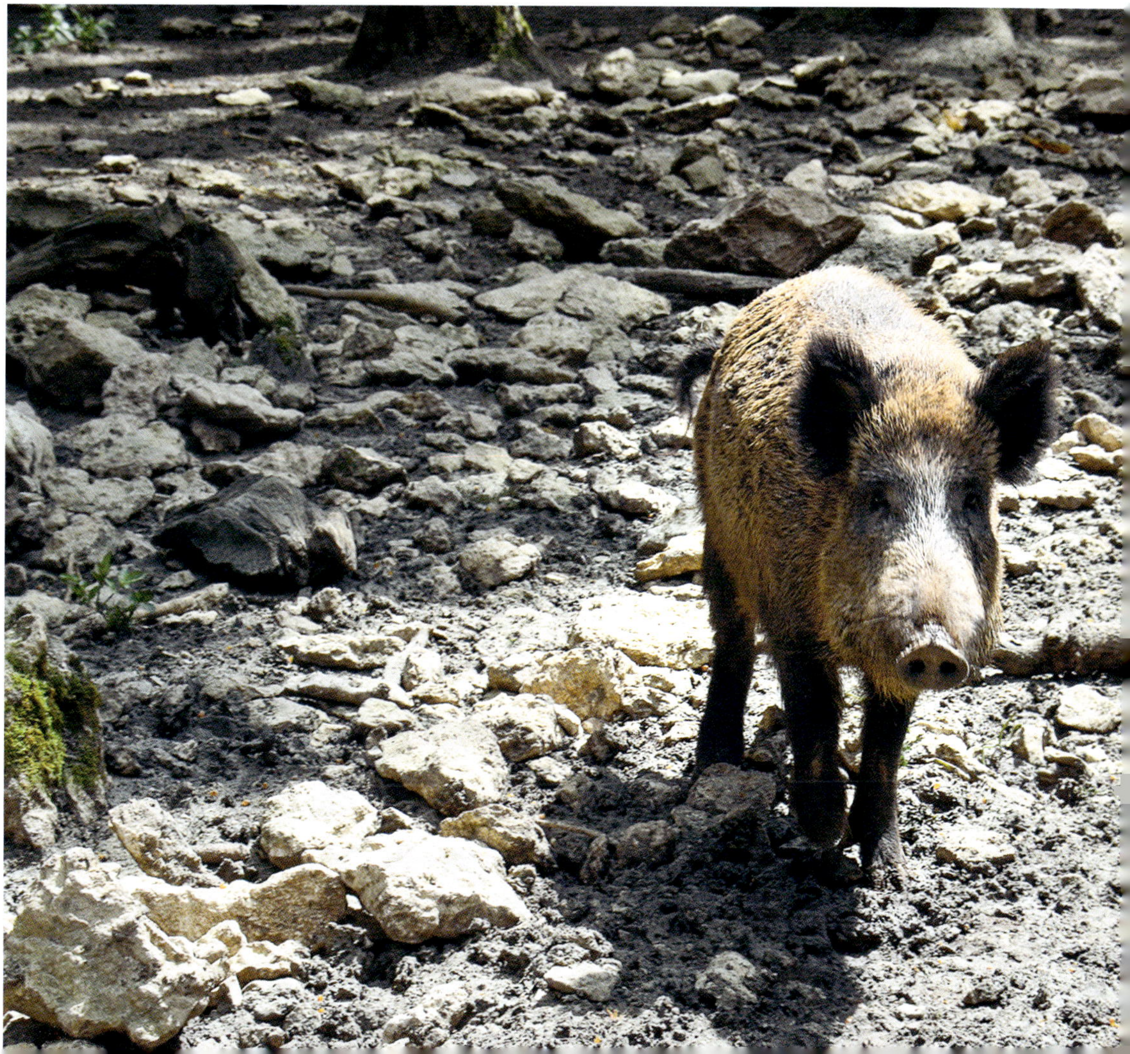

zahlreichen Wintersportmöglichkeiten auf der Alb zu. Aber in schneearmen Wintern kann man problemlos auf der Alb wandern. Wir unternahmen zum Beispiel schon öfter am 24. Dezember eine einsame, aber sonnige Wanderung auf den Bolberg (Tour Nr. 12) bei Öschingen.

Vorsicht ist nach starken Regenfällen geboten. Im Juni 2013 kam es nach tagelangem Regen zu Bergrutschen am Albtrauf, wodurch einige Wege für längere Zeit unpassierbar waren. Besonders ärgerlich war teilweise, dass die Sperrung erst vor Ort angeschrieben war und nicht am Beginn der Wanderung. Die Erdrutsche waren sogar so schlimm, dass eine Siedlung in der Nähe von Mössingen evakuiert werden musste und die Steige bei Talheim für Monate gesperrt war. Bei trockenem, sonnigem Wetter finden Sie auf der Schwäbischen Alb ein wunderschönes Wandergebiet mit großartigem Entdeckungspotenzial.

Wichtige Internetadressen

- Tourismusverband Schwäbische Alb, www.schwaebischealb.de
- Fahrplanauskunft Deutsche Bahn, www.bahn.de
- Fahrplanauskunft Nahverkehr Baden-Württemberg, www.efa-bw.de
- Verkehrsverbund Neckar-Alb-Donau, www.naldo.de
- Shop für Wanderkarten Schwäbischer Albverein, www. albverein-shop.de/karten
- Biosphärengebiet Schwäbische Alb, www.biosphaerengebiet-alb.de

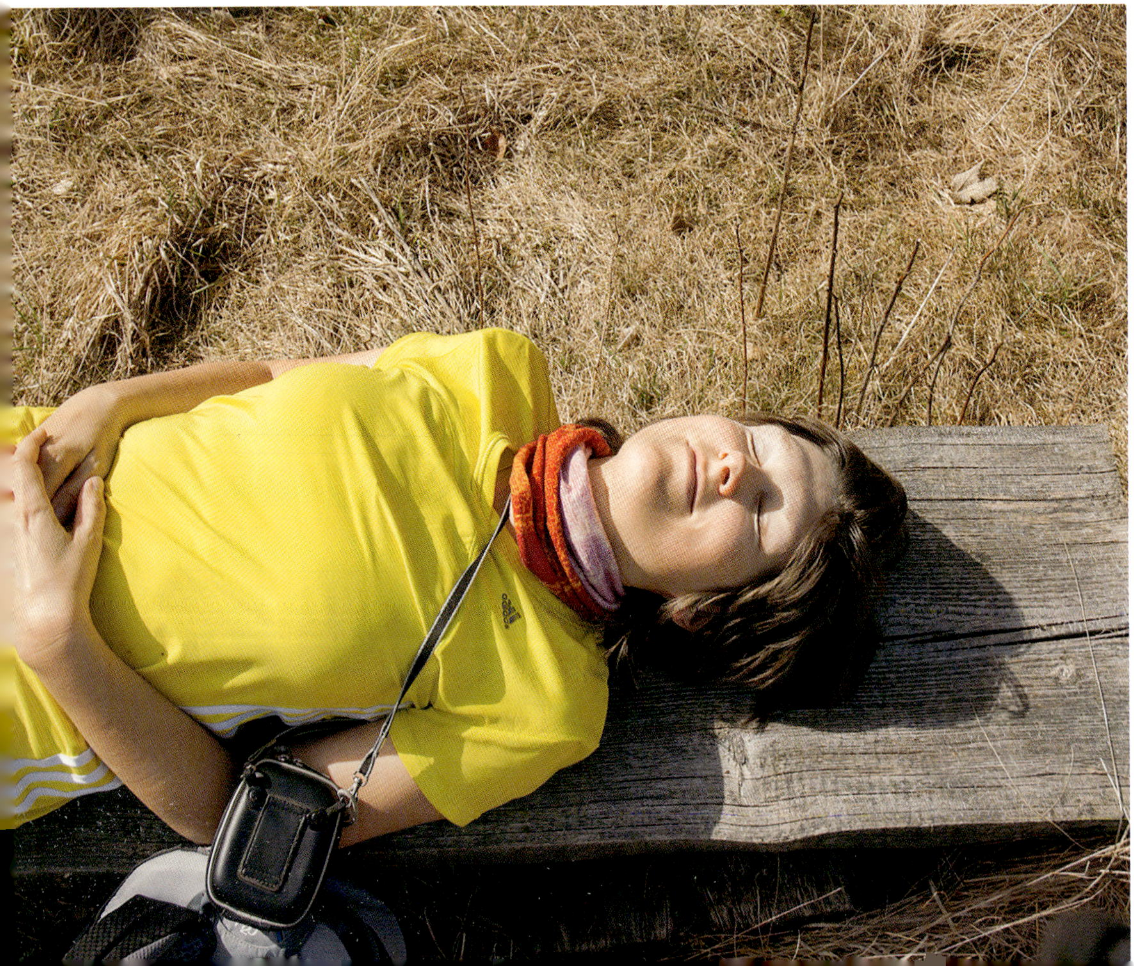

Verdiente Pause nach den ersten zwei Burgruinen über Gauselfingen, TOUR 7

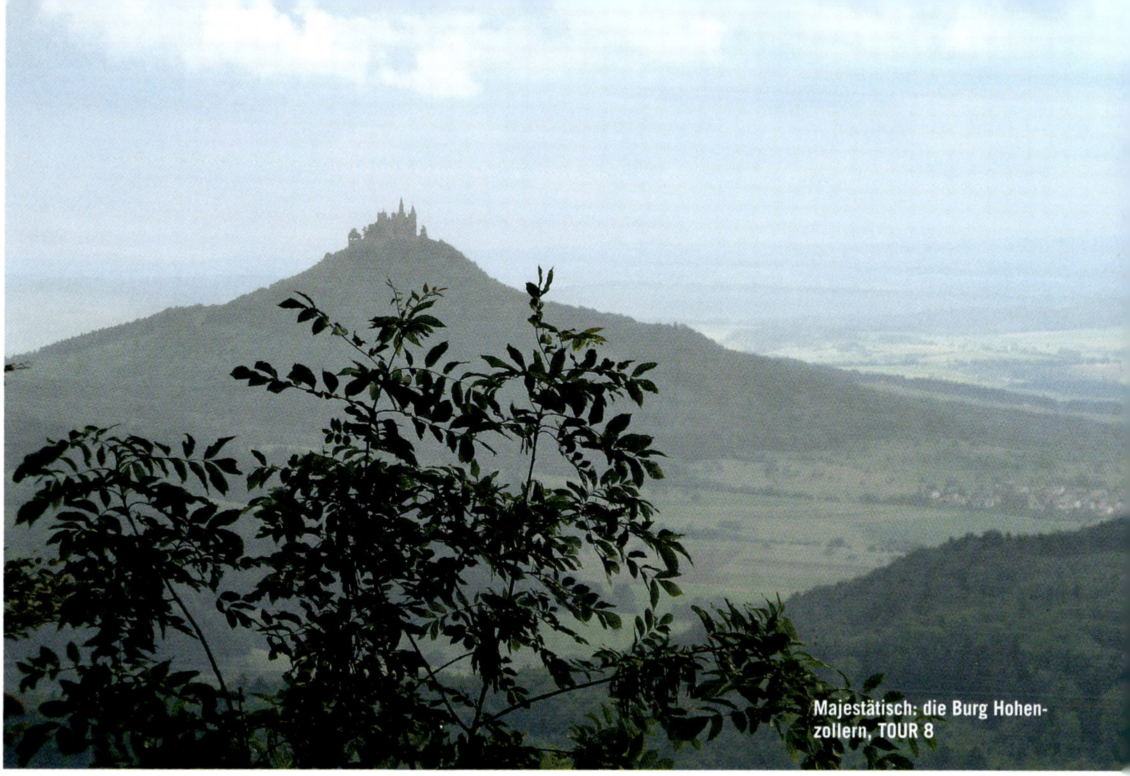

Majestätisch: die Burg Hohenzollern, TOUR 8

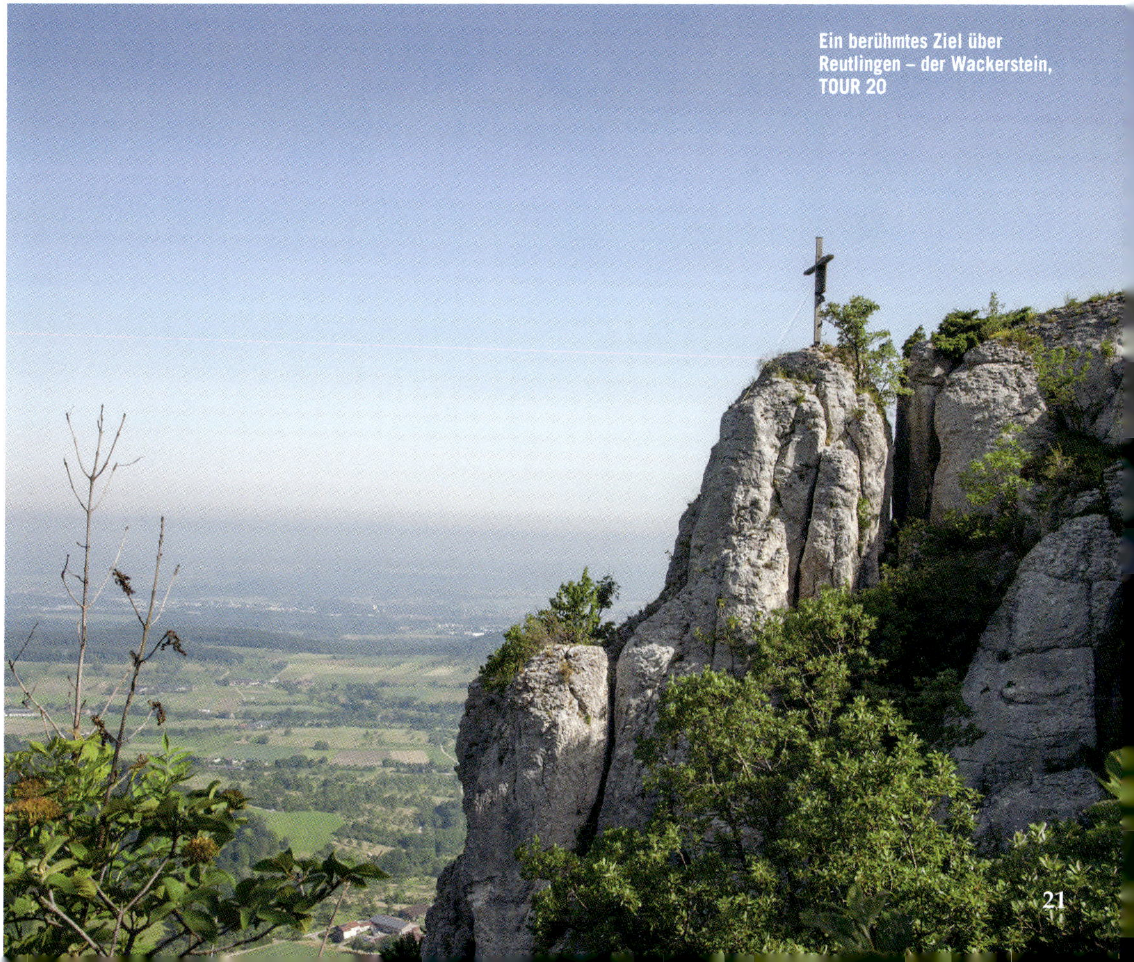

Ein berühmtes Ziel über Reutlingen – der Wackerstein, TOUR 20

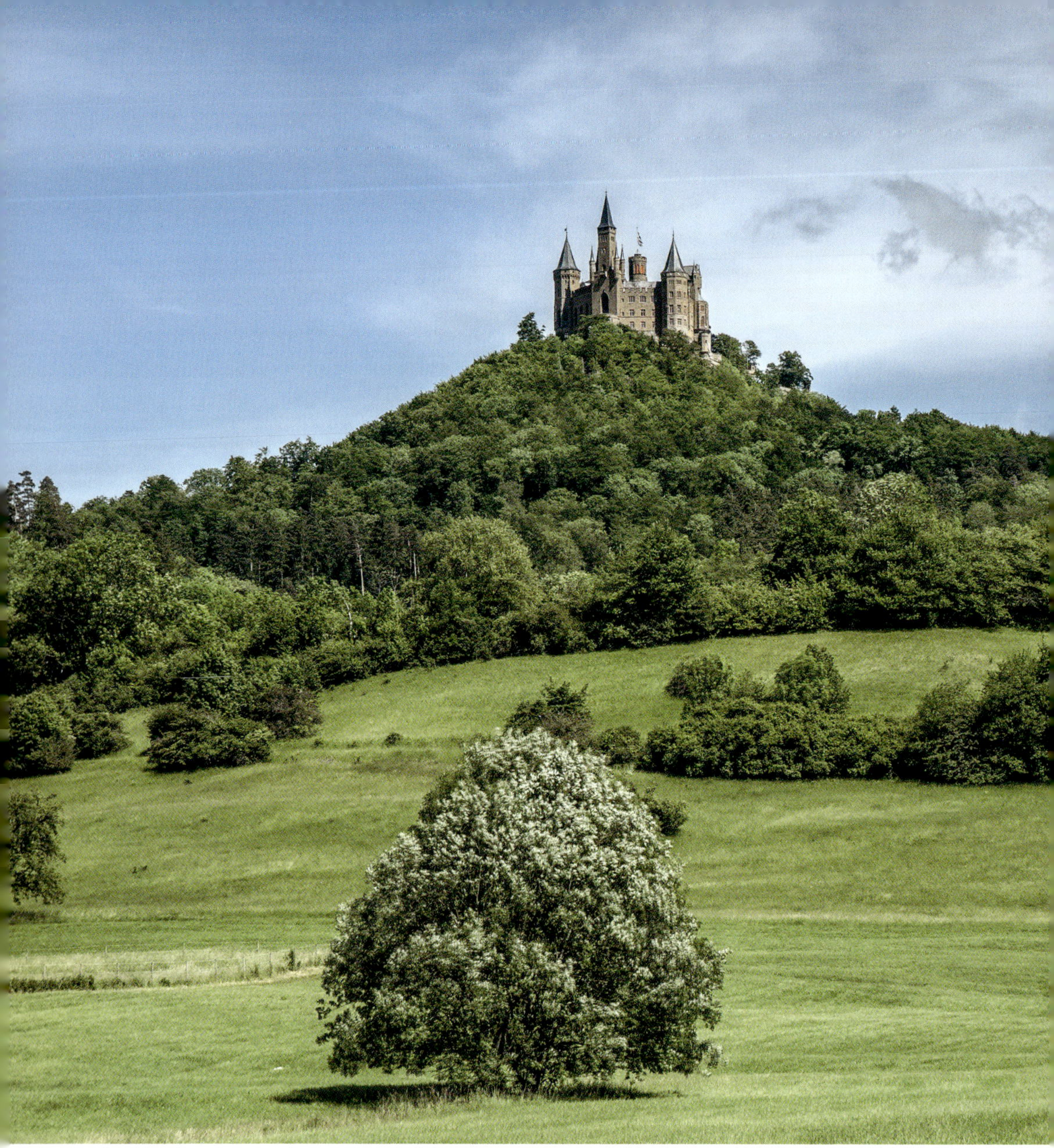

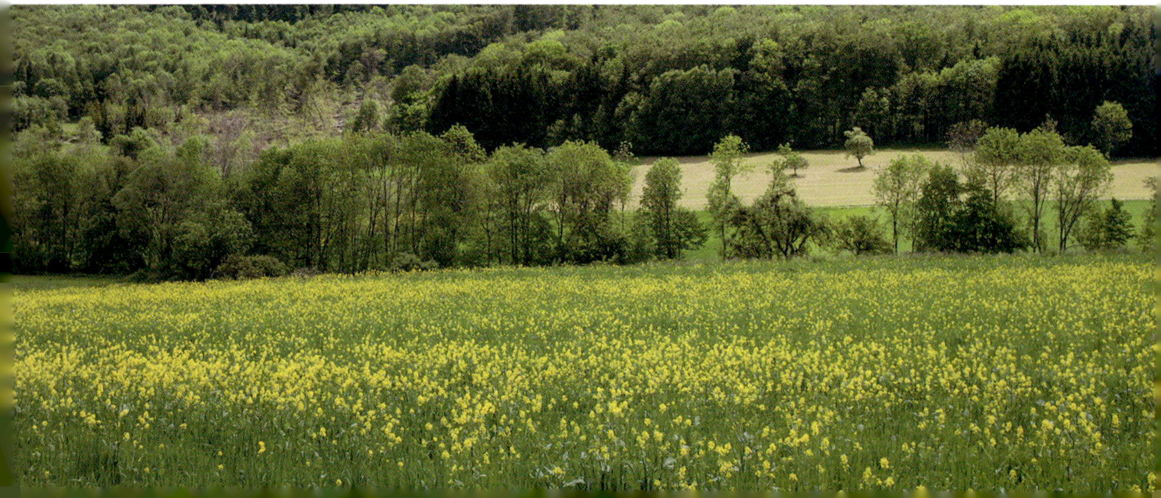

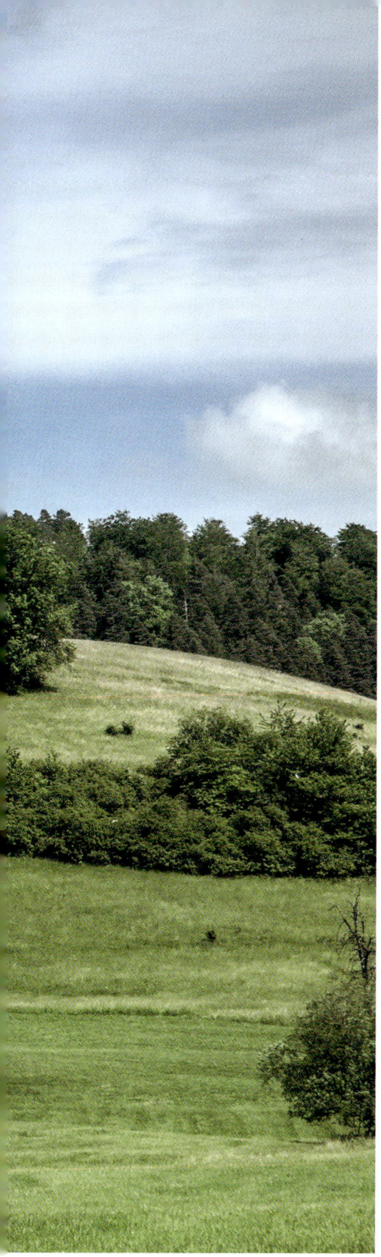

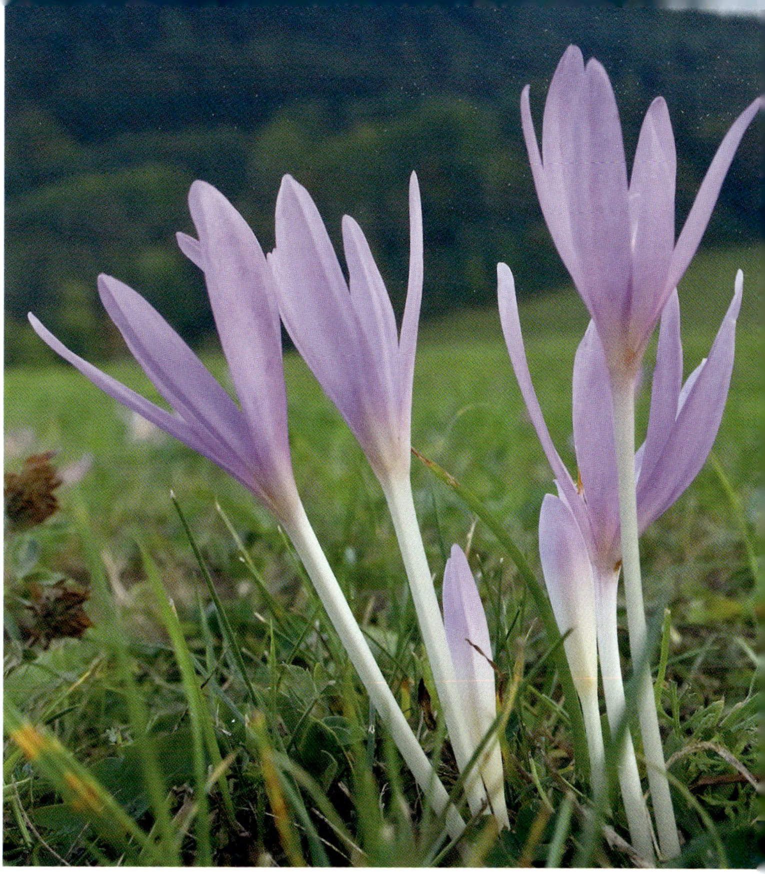

Zollernalb

Die Burg Hohenzollern (oben links), Blumenwiesen am Fuße der Alb (unten links), Herbstzeitlose (oben rechts), Schöner Waldweg bei Jungingen am Himberg (unten rechts).

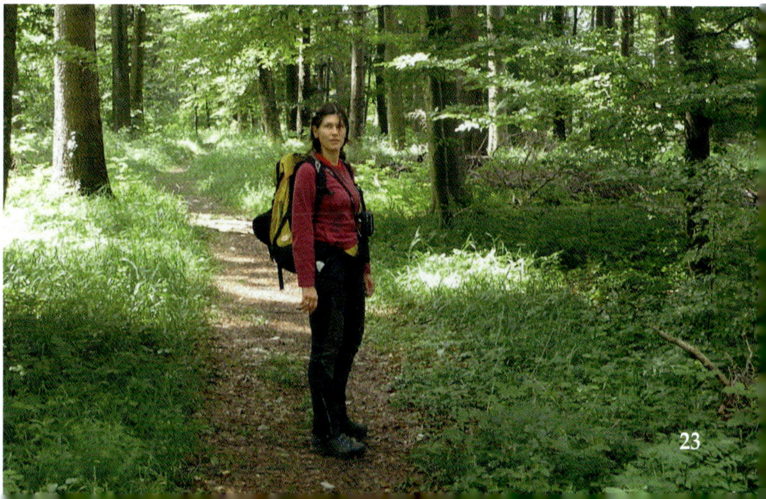

1

Zwei spannende Ziele am Heuberg

Zur Ruine Granegg und zum Heidentor

mittel | 9,3 km | 300 hm | 3:00 Std.

Tourencharakter:
Steiler, schattiger Anstieg zu Beginn. Bequemer Abstieg nach Bubsheim und weiter am Heidentor vorbei. Abstecher zum Heidentor über einen schmalen Steig

Ausgangspunkt:
Egesheim (725 m), Parkplätze gegenüber der Kirche

Endpunkt:
Wie Ausgangspunkt

Anfahrt:
Auto: auf der B 27 über Balingen bis nach Schömberg, hier abbiegen Richtung Deilingen und Wehingen, weiter auf der L 433 nach Egesheim
Bahn/Bus: mit dem Zug nach Aldingen bei Spaichingen, weiter mit der Buslinie 43 nach Egesheim

Karte:
Wanderkarte des Schwäbischen Albvereins Nr. 29, Tuttlingen, 1:35 000

Einkehr:
Gasthaus Traube in Bubsheim und Restaurant Hirsch-Post in Egesheim

Tourismus-Info:
Donaubergland Marketing und Tourismus GmbH, Am Seitenbach 1, 78532 Tuttlingen, Tel. 07461/780 1675, www.donaubergland.de, info@donaubergland.de

Der viertägige Donauberglandweg begeistert die Wanderer in der Tourismusregion Donaubergland. Abseits dieses bekannten Wanderweges finden wir wunderschöne und vor allem stille Ziele. Auf dieser Rundtour um den kleinen Ort Egesheim auf dem Großen Heuberg besuchen wir die Ruine Granegg und das geheimnisvolle Heidentor.

Zur Ruine Granegg Vom Parkplatz in A Egesheim wandern wir kurz an der Straße in Richtung Bubsheim. Gleich nach der Kirche schicken uns gelbe Wegweiser nach links aufwärts. Schon steigen wir steil auf einer Straße an den letzten Häusern vorbei. Die nach rechts abbiegende Straße ignorieren wir und bleiben stattdessen auf dem Wanderweg (markiert mit gelber Raute) zum Waldrand. Dort nehmen wir den rechten Querweg, der zuerst ohne große Steigung am Waldrand entlangführt. Hier bleiben wir kurz stehen und genießen den schönen Blick zurück nach Egesheim. Schon bald tauchen wir in den Wald ein und gelangen zur Straße L443 nach Königsheim. Vorsichtig überqueren wir sie und gelangen auf den gegenüber im Wald beginnenden Weg. Schweißtreibend geht es hinauf, schließlich weisen uns Markierungen den steilen Weiterweg nach links aufwärts. Nach einem ersten kräftigen Anstieg wird der Weg wieder etwas flacher, bis wir zu einem

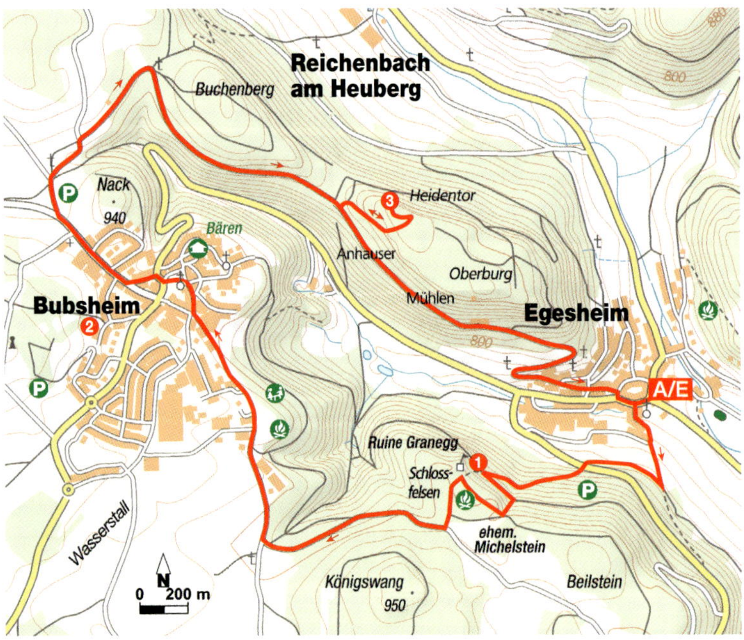

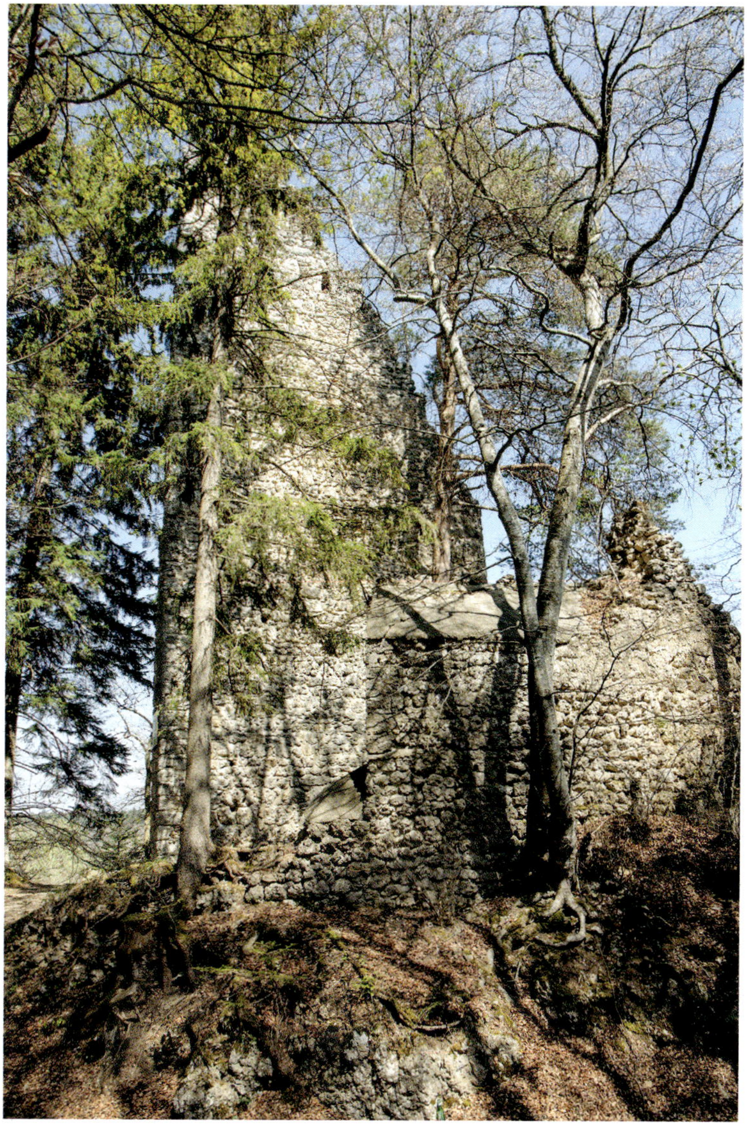

Die Ruine Granegg versteckt sich etwas im Wald.

weiteren Waldweg kommen. Diesem folgen wir um die Kurve, um dann gleich auf dem nach rechts abzweigenden Steiglein abzubiegen (kein Wegweiser). Der Steig bringt uns nun steil zu ein paar Felsen, passiert diese und klettert hinauf bis zur Hangkante. Hier oben empfangen uns auch wieder ein paar Wegweiser. Nach einer kurzen Verschnaufpause wenden wir uns nach rechts in Richtung Ruine Granegg (Wegweiser). Der Weg bleibt durch den Wald hindurch immer an der Hangkante. Kurz vor der Ruine kommen wir zu einem etwas freieren Aussichtspunkt, von dem wir direkt hinunter nach Egesheim blicken können.
Der Pfad bringt uns anschließend in wenigen Minuten hinüber zur 1 Ruine Granegg. Als Burg Michelstein erbauten die Herren von Michelstein die heutige Ruine um 1100. 1356 wurde sie wohl durch ein Erdbeben ziemlich beschädigt. Im ersten großen Städtekrieg zerstörte die Stadt Rottweil sie

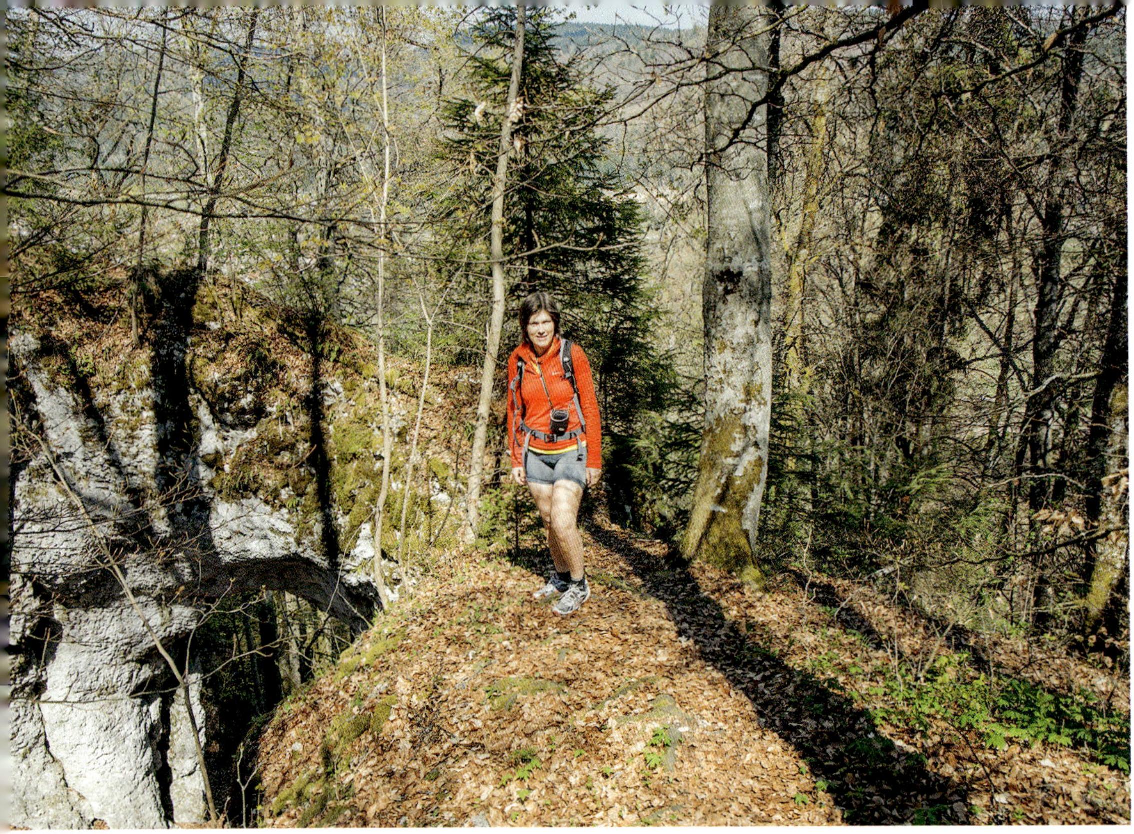

Am Heidentor befand sich eine frühkeltische Kultstätte.

schließlich 1377 zusammen mit dem Ort Bubsheim. 1536 ging sie an die Freiherren Ifflinger-Granegg über und bekam einen neuen Namen. 1792 verkaufte Karl-Alexander von Ifflinger-Granegg seinen Fridinger Besitz an Emanuel und Michael Levi von Hechingen. 1831 kauften die Ifflinger die Burg zurück. Nachdem sie kurzzeitig der katholischen Kirche überlassen wurde, ging sie 1931 an den Schwäbischen Albverein über, der sie seitdem vor dem Verfall schützt.

Zum Heidentor Nach einer gemütlichen Rast an der Ruine machen wir uns auf den Weiterweg nach Bubsheim. Von der Ruine bringt uns ein Weg hinab zu zwei Straßen. An der zweiten Straße finden wir einen Wegweiser, der uns nach rechts in Richtung Bubsheim schickt. Wir folgen nun dieser Straße abwärts durch den Wald, bis wir freie Wiesen erreichen. Dort entscheiden wir uns für die nach rechts abzweigende Straße hinauf zu den ersten Häusern von **2 Bubsheim**. Direkt vorm Ort befindet sich auf der linken Seite eine Bank, deren sonnige Lage zu einer gemütlichen Pause einlädt. Anschließend gehen wir in den Ort hinein. Wir wandern auf der Straße bis zur Kirche, gehen um diese herum und weiter in Richtung Nordwesten. Das Teersträßchen fällt nach den letzten Häusern etwas ab. An einer Wegkreuzung biegen wir nach rechts ab zu einem Feldkreuz. Auch dort nehmen wir den rechten Weg und wandern wieder in den Wald hinein bis zu einer weiteren Wegkreuzung. Ein Wegweiser schickt uns nach rechts in Richtung Heidentor (Markierung »Gelbe Raute«). Der breite Wanderweg führt weiterhin durch den Wald in leichtem Auf und Ab zu einer Einmündung eines weiteren breiten Weges. Kurz danach zweigt nach links der Pfad zum Heidentor ab. Am Steig schnaufen wir wieder etwas steiler aufwärts, biegen zweimal nach links und wandern dann nach rechts aufwärts zur Hangkante. Unterhalb von uns sehen wir in recht steilem Gelände das **3** Heidentor, ein gewaltiger Felsbogen mit einer Öffnungshöhe von sechs Metern. Raubgräber machten hier Anfang der 1990er-Jahre bedeutende archäologische Funde. Dadurch ließen sich die Opferbräuche und deren Entwicklung ab dem 6. Jh. v. Chr. rekonstruieren. Zwar können aufgrund der Raubgrabungen nur wenige Rückschlüsse auf die Vorgänge am Heidentor gezogen werden, aufgrund der Funde kann aber davon ausgegangen werden, dass es sich beim Heidentor um ein bedeutendes Heiligtum der Kelten handelt.

Nach Egesheim Am bekannten Steig wandern wir vom Heidentor zurück zum breiten Waldweg, der uns bergab bis nach Egesheim bringt. An einer Rechtskurve bietet sich an einem Kreuz mit einer Bank nochmals ein schöner Rastplatz. Von diesem bestaunen wir den wunderbaren Ausblick hinunter in den Ort. Durch **E** Egesheim spazieren wir zurück zum Parkplatz.

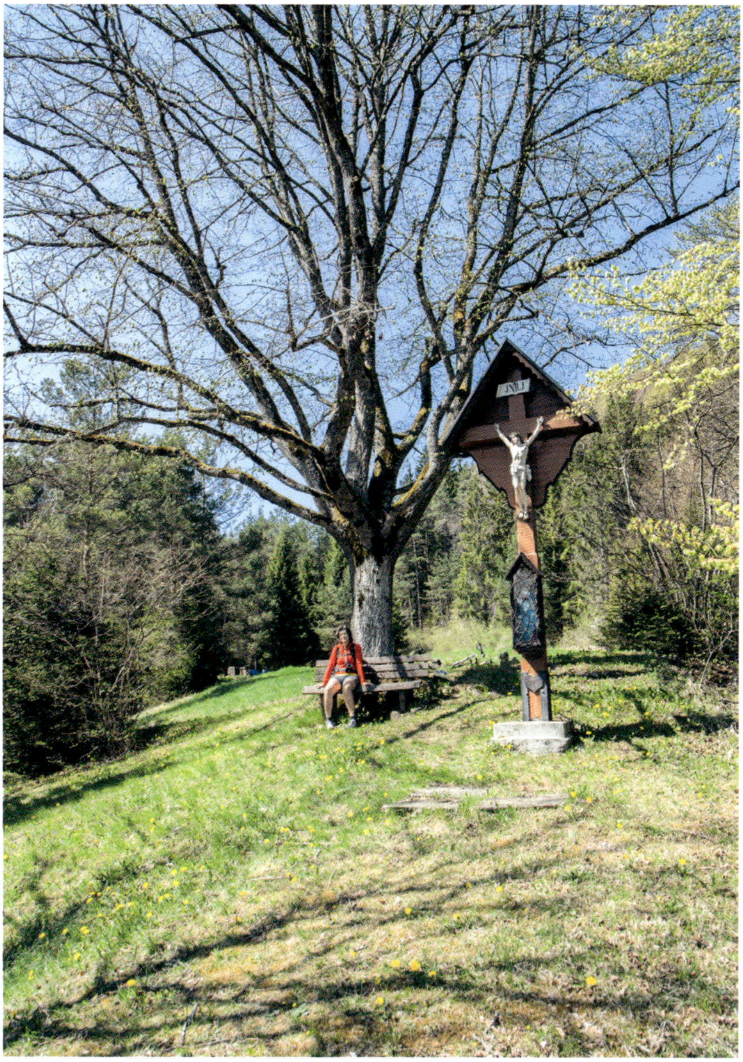

Zum Schluss der Wanderung findet sich noch einmal ein schöner Rastplatz.

2

Auf den stillen Wegen von Ratshausen

Auf den Gipfel des Plettenbergs

mittel | 11 km | 400 hm | 3:45 Std.

Tourencharakter:
An- und Abstieg verlaufen auf breiten Wanderwegen. Am Albtrauf und unterhalb nur schmale Wanderwege

Ausgangspunkt:
Ratshausen (675 m), Rathaus

Endpunkt:
Wie Ausgangspunkt

Anfahrt:
Auto: auf der B 27 nach Süden bis Schömberg und weiter nach Ratshausen
Bahn/Bus: mit dem Zug nach Balingen, dort mit der Buslinie 7440 nach Schömberg und weiter mit der Buslinie 38 nach Ratshausen. ÖPNV-An- und -Abreise nur werktags möglich

Karte:
Wanderkarte des Schwäbischen Albvereins Nr. 24, Albstadt – Balingen, 1:35 000

Einkehr:
Plettenberghütte, auf dem Plettenberg, geöffnet Sonn- und Feiertage

Tourismus-Info:
Touristikgemeinschaft Oberes Schlichemtal, Schillerstr. 29, 72355 Schömberg, Tel. 07427/94980
www.oberes-schlichemtal.de,
sekretariat@gvv-os.de

Der Plettenberg ist ein bekanntes Ziel. Neben der grandiosen Aussicht lockt auch die Plettenberghütte. Während man von Dotternhausen mit dem Auto bis fast zum Gipfelplateau fahren kann, präsentiert sich auf unseren Wegen bei Ratshausen die stille Seite des Berges.

Auf den Plettenberg Vom Rathaus in A Ratshausen wandern wir entlang der Straße in Richtung Schömberg. Nach dem Ortsende wechseln wir auf den Radweg auf der linken Straßenseite bis zum Fuß vom Hätzenbol. Dort wechseln wir wieder auf die andere Seite und wandern auf dem breiten Forstweg bergauf. Die ersten beiden Weggabelungen auf dem Forstweg ignorieren wir und gehen weiter aufwärts bis zu einer dritten Wegverzweigung. Hier stoßen wir auf einen Wanderweg des Schwäbischen Albvereins mit der Markierung »Blaues Dreieck«. Mit der Markierung steigen wir jetzt aufwärts in Richtung Plettenberg bis zum Naturschutzgebiet 1 Plettenkeller. Nun kommt ein besonders eindrucksvoller Abschnitt. Der Waldpfad schlängelt sich durch das Naturschutzgebiet und zeigt uns links und rechts des Weges unberührte Natur. Deshalb verlassen wir den Pfad auch keinesfalls. Unterhalb des Traufes wandern wir zu einem Steinbruch. Ab hier gehen wir auf einem Forstweg weiter, bis wir wieder auf einen Steig des

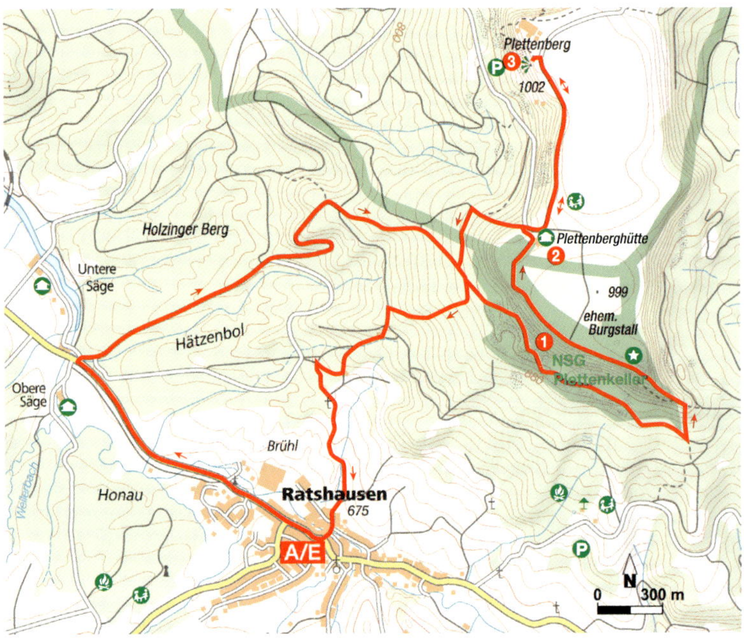

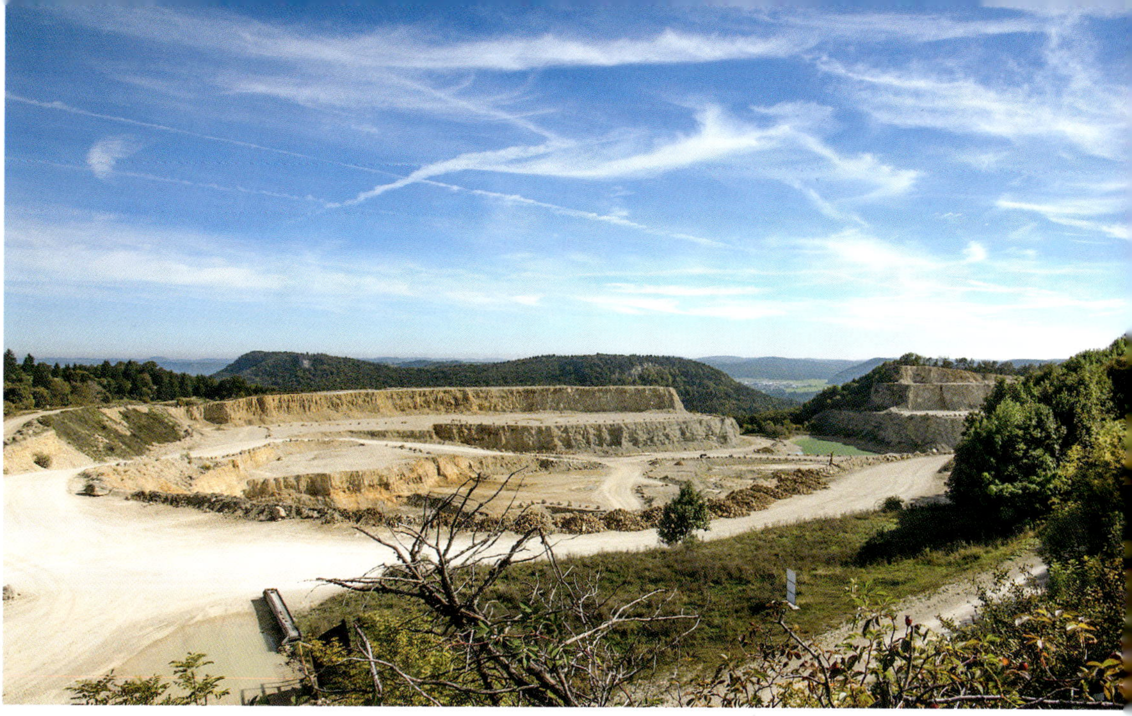

Schwäbischen Albvereins treffen. Wir biegen nach links ab und steigen steil über Stufen aufwärts zum Albtrauf. Die Stufen wurden von den jeweiligen Ortsgruppen des Schwäbischen Albvereins errichtet. Zwischendurch können wir auf einer Bank kurz verschnaufen, bevor es weiter aufwärts geht.

Der große Steinbruch auf dem Plettenberg

Oben am Trauf angekommen, stehen wir an einer Weggabelung. Hier halten wir uns links und wandern am Albtrauf entlang zum Gipfelplateau des Plettenbergs. Unterwegs kommen wir an ein paar Aussichtspunkten vorbei. Hier bieten sich immer wieder faszinierende Ausblicke auf die Umgebung. Vom ersten Aussichtspunkt haben wir einen tollen Blick ins Obere Schlichemtal, später auf Ratshausen und nochmals später auf den Stausee bei Schömberg. Wir passieren die Aussichtspunkte und wandern weiter bis zur **2** Plettenberghütte, an der wir uns später stärken können. Jetzt gehen wir erst einmal von der Hütte auf dem Forstweg noch ein Stück nach Norden. Hier empfängt uns ein schöner Aussichtspunkt mit Sitzbänken direkt am Gipfel des **3** Plettenbergs, die uns zu einer Rast einladen. Die Aussicht von so einem hohen Gipfel der Schwäbischen Alb ist selbstverständlich wunderbar. Wir kommen aus dem Schauen und Staunen gar nicht mehr heraus. Zuerst einmal begeistert das nahe Panorama, allen voran der weite Blick auf das Albvorland. An klaren Tagen können wir sogar die Gletscherberge der Schweiz am Horizont erkennen. Auch der riesige eingezäunte Steinbruch am Gipfel, der mit einer Werksseilbahn mit Dotternhausen verbunden ist, beeindruckt.

Zurück nach Ratshausen Wir wandern zurück zur Plettenberghütte. Sonntags ist sie bewirtschaftet, und so genießen wir unser verdientes Vesper. Für den Abstieg nach Ratshau-

Fossilienmuseum in Dotternhausen

Dotternhausen liegt am Fuße des Plettenbergs und überrascht den Besucher mit einem interessanten Fossilienmuseum. Hier bewundert man Versteinerungen, die am Plettenberg gefunden wurden. Fossilienmuseum der Firma Holcim, Dornmettinger Str. 23, 72359 Dormettingen, Tel. 07427/7927211, www.holcim.de/de/werkforum-und-fossilienmuseum, geöffnet Di, Mi, Do 13–17 Uhr, Sonn- und Feiertage 11–17 Uhr.

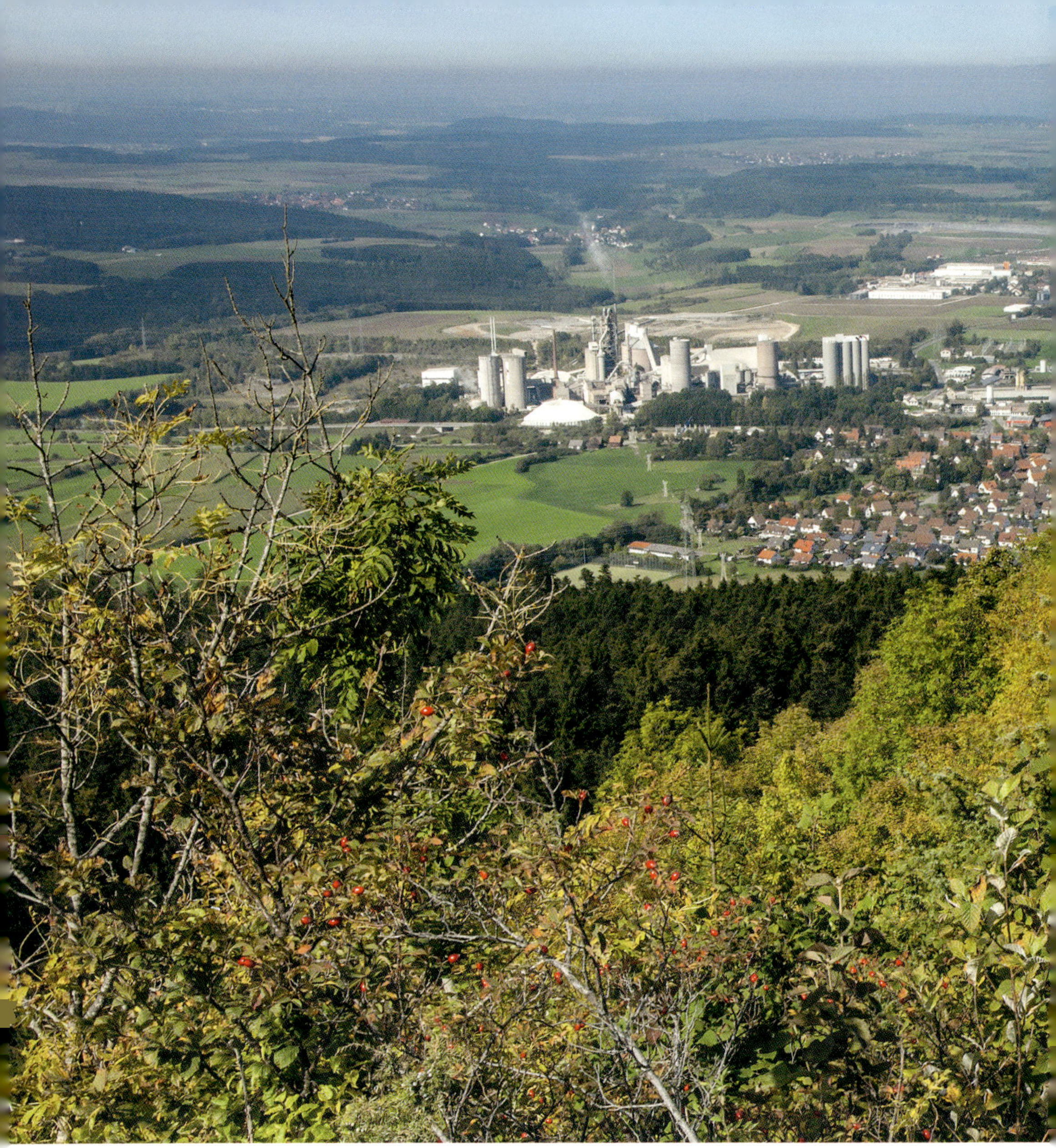

Vom Plettenberg genießen wir eine tolle Aussicht auf Dotternhausen.

sen folgen wir kurz der Fahrstraße in Richtung Dotternhausen, bis gleich nach links ein Steig abzweigt. Dieser Steig ist leider häufig etwas rutschig und erfordert deshalb entsprechende Vorsicht. Wir kommen nach dem steileren Abstieg zu einer Wegverzweigung und nehmen hier den linken Weg. Leider befindet sich hier kein Hinweis auf den Abstieg nach Ratshausen. Der Weg bringt uns anschließend zum vom Aufstieg bekannten Forstweg. Wir gehen auf diesem kurz aufwärts, folgen dann aber dem nach rechts abzweigenden Steig mit dem blauen Dreieck. Der Weg bringt uns schnell bergab bis zu einem Querweg. Hier kurz links und dann gleich wieder nach rechts (blaues Dreieck). Am Wanderweg steigen wir weiter abwärts bis zum Waldrand oberhalb von Dotternhausen. Wir wandern über die Wiese und gelangen zu einem Teerweg, der uns hinunter nach E Ratshausen bringt.

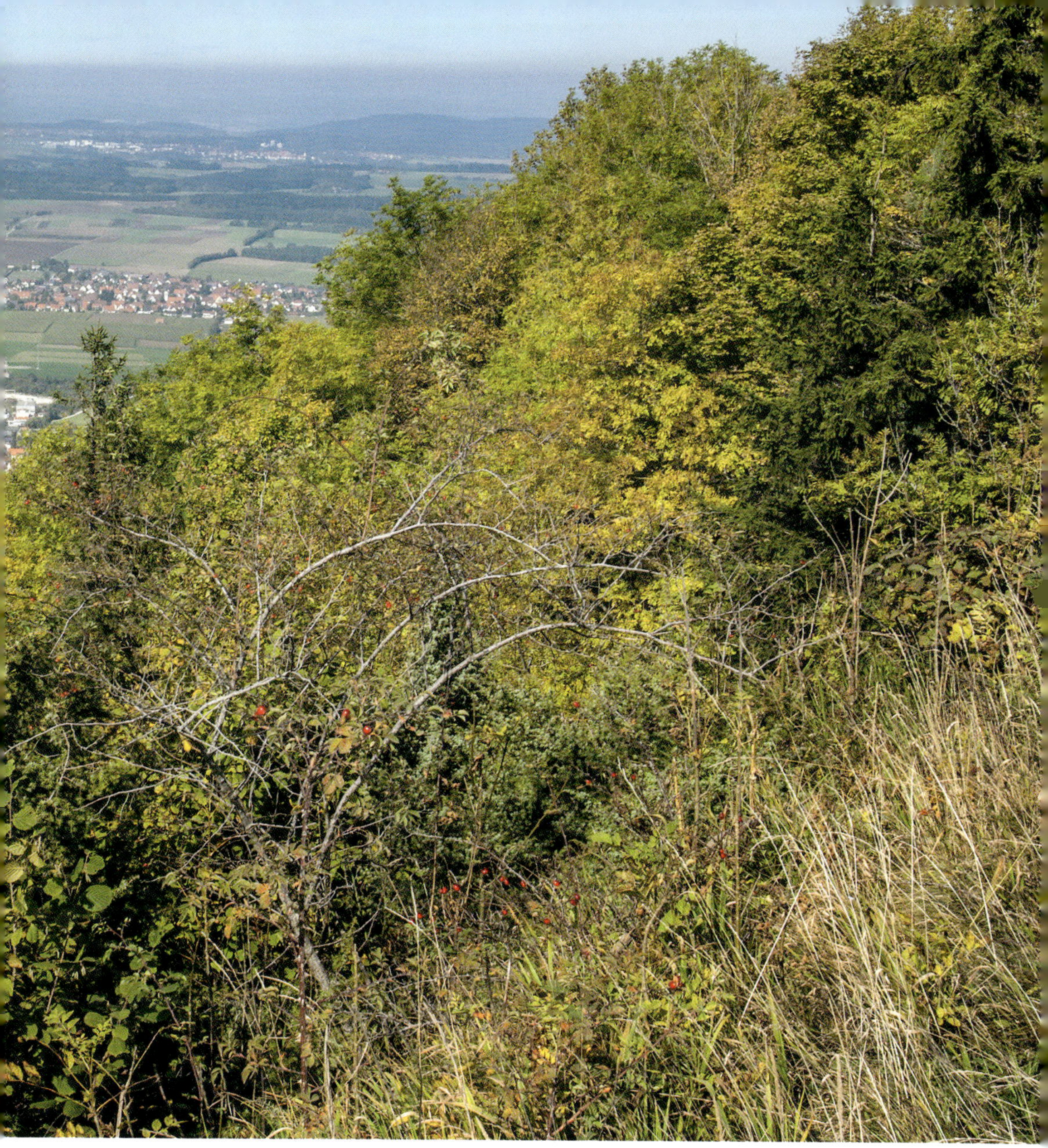

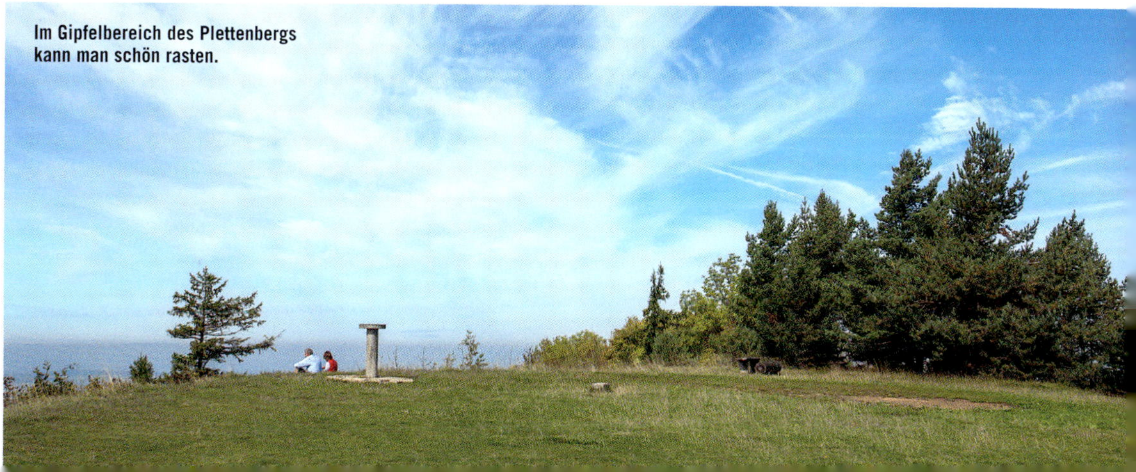

Im Gipfelbereich des Plettenbergs kann man schön rasten.

3 Vom Schlichemtal zum Lochenstein

Gespaltener Fels und Wenzelstein

mittel | 9 km | 385 hm | 3:30 Std.

Tourencharakter:
Die Tour verläuft auf teilweise breiten Wegen, im Bereich der Gipfel sind die Wege teilweise schmal.

Ausgangspunkt:
Hausen am Tann (745 m), Parken an der Kirche

Endpunkt:
Wie Ausgangspunkt

Anfahrt:
Auto: auf der B 27 nach Süden über Balingen bis Schömberg, hier links ab und weiter nach Hausen
Bahn/Bus: Mit dem Zug nach Balingen, mit der Buslinie 17 nach Meßstetten-Tieringen, dort mit der Buslinie 38 bis Hausen am Tann, ÖPNV-An- und -Abreise nur werktags sinnvoll

Karte:
Wanderkarte des Schwäbischen Albvereins Nr. 24, Albstadt – Balingen, 1:35 000

Einkehr:
Gasthaus Krone in Hausen

Tourismus-Info:
Touristikgemeinschaft Oberes Schlichemtal, Schillerstr. 29, 72355 Schömberg, Tel. 07427/94980
www.oberes-schlichemtal.de, sekretariat@gvv-os.de

Der Lochenstein wird aufgrund seiner Nähe zur Fahrstraße gern besucht. Ebenso ist der Übergang zum Plettenberg ein wirklich beliebtes Ausflugsziel. Unsere stillere Variante bringt uns von Süden aus dem Schlichemtal hinauf zu wunderbaren Aussichtspunkten wie Hoher Fels und auch zum Lochenstein.

Zum Gespaltenen Fels Von der Kirche in **A** Hausen am Tann folgen wir der roten Raute bergauf bis zum Ende der Ortschaft. Wir passieren einen Wasserbehälter und steigen hinauf zum Waldrand. Der Steig taucht nun in

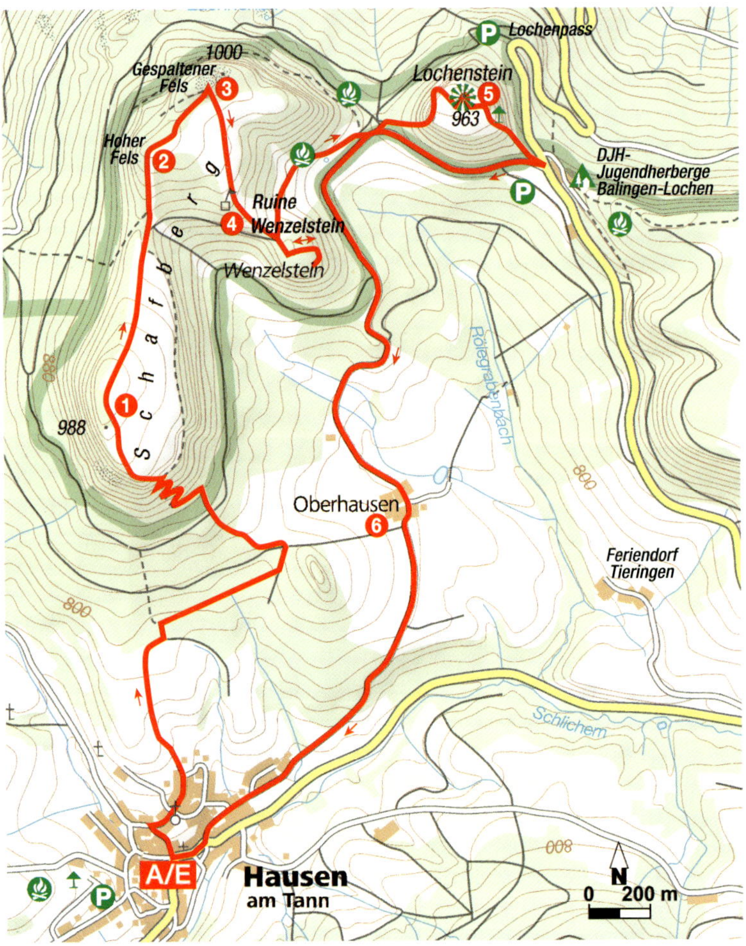

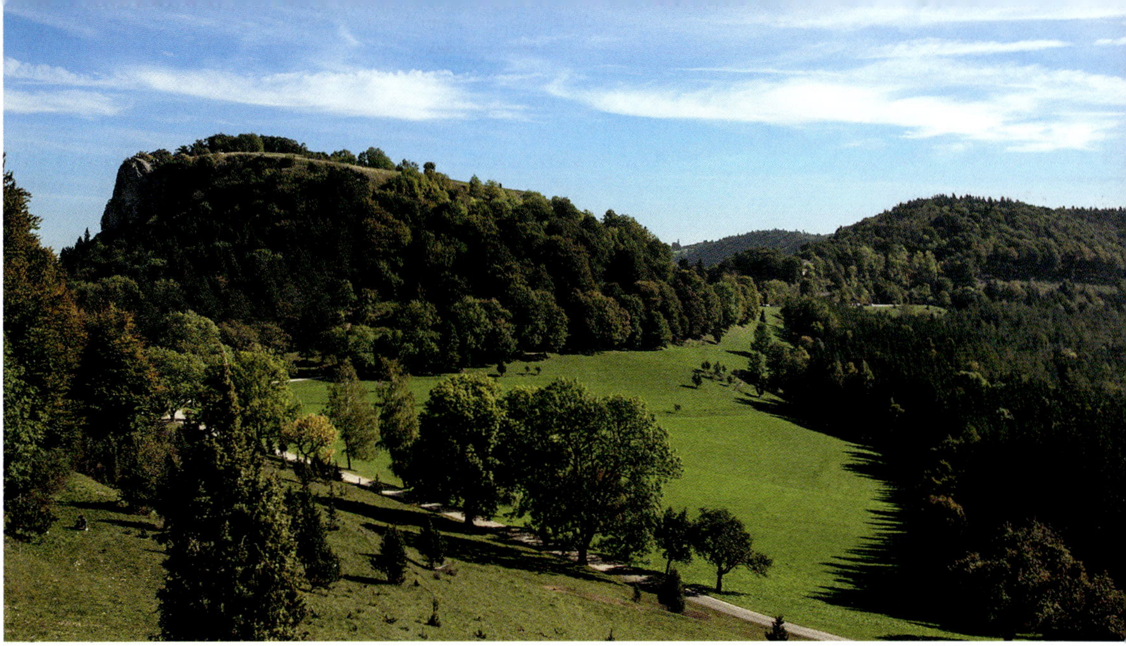

Blick hinüber zum Lochenstein

den Wald ein und klettert aufwärts bis zum zweiten kreuzenden Forstweg. Auf diesem gehen wir kurz nach rechts, bis wieder ein Weg einmündet. Nun biegen wir wieder nach links ab und steigen hinauf zur Hochfläche des 1 Schafbergs. An der linken Seite des Bergrückens bringen uns die Markierungen bis zum Schafbergsattel. Wir treffen nun auf den HW1, auf dem wir bergauf bis zum 2 Hohen Fels wandern. Hier genießen wir eine schöne Aussicht auf das Albvorland mit Balingen. Gegenüber erblicken wir den Plettenberg, zu dem der HW1 hinüberzieht. Wir spazieren weiter auf dem Wanderweg bis zum 3 Gespaltenen Fels.

Zurück nach Hausen Weiter wandern wir auf dem HW1 und gelangen in einen Sattel zwischen Wenzelstein und Vorderem Schafberg. Von hier bietet sich der kurze Abstecher zum 4 Wenzelstein an. Reste zeugen von der ehemaligen Burg Wenzelstein. Der Sage nach brach Ritter Ulrich von Wenzelstein mit dem Stauferkaiser Friedrich Barbarossa 1189 zum Kreuzzug zur Befreiung Jerusalems auf. Barbarossa erreichte sein Ziel nicht, da er vorher starb, und so kehrte Ritter Ulrich nach Hause zurück. Auf der Burg angekommen, war schnell klar, dass seine Frau ihm untreu geworden war. Tags drauf fand man die Burgherrin im grünen Jagdkleid zerschmettert im Burggraben. Ritter Ulrich verließ sein Schloss. Noch heute spukt dort in stürmischen Nächten eine grüne Frau.
Wieder zurück am Sattel, bringt uns der breite Wanderweg zum Lochengründle und in einen weiteren Sattel. Hier können wir nach links zum Lochenstein aufsteigen. Auch wenn der Gipfel immer sehr gut besucht ist, lohnt sich der steile Aufstieg trotzdem. Wir haben von hier absolut freie Rundumsicht, die im Norden sogar bis zur Burg Hohenzollern reicht. Hier unter dem 2013 neu aufgestellten Gipfelkreuz am 5 Lochenstein verweilen wir gerne. Für den Abstieg nehmen wir den in Richtung Lochenpassstraße bergab führenden Steig. Unterhalb des Berges gehen wir dann auf einem Fahrweg zurück zum Lochengründle. Wir wandern nun auf dem Oberhauser Weg nach Süden bis zum 6 Oberhauser Hof. Vom Oberhauser Hof spazieren wir auf der Straße zurück nach E Hausen am Tann.

4

Aussichtspunkt über Balingen

Alter Weg auf das Tieringer Hörnle

mittel 8,8 km 415 hm 3:00 Std.

Tourencharakter:
Zu Beginn Forstweg, zwischendurch schmale Wanderwege, Abstieg nur noch alte Markierungen

Ausgangspunkt:
Wanderparkplatz Linde am südlichen Ortsrand von Weilstetten (617 m)

Endpunkt:
Wie Ausgangspunkt

Anfahrt:
Auto: Auf der B27 bis Balingen, weiter in Richtung Albstadt bis Weilstetten
Bahn und Bus: Mit dem Zug über Balingen nach Frommern. Weiter zu Fuß (1,6 km) nach Weilstetten

Karte:
Wanderkarte des Schwäbischen Albvereins Nr. 24, Albstadt – Balingen, 1:35000

Einkehr:
Keine Einkehr

Tourismus-Info:
Stadt Balingen, Färberstr. 2, 72336 Balingen, Tel. 07433/170-0, www.balingen.de, infothek@balingen.de

Das Tieringer Hörnle ist ein beliebter Aussichtsgipfel am Nordrand der Schwäbischen Alb. Normalerweise pilgern die Besucher über einen wunderschönen Premiumwanderweg hinauf. Wir besteigen den Gipfel allerdings über den unbekannteren und wildromantischen Weg von Weilstetten. Der Abstieg führt dann über den ehemaligen HW1, der inzwischen verlegt wurde.

Zum Tieringer Hörnle Vom A Wanderparkplatz (617 m) tauchen wir zusammen mit dem breiten Forstweg in den Wald ein. Wir kommen an eine Wegteilung und folgen hier dem Steig, der geradeaus in Richtung »Felsenmeer« führt. Einen Forstweg überqueren wir und wandern auf dem Steig geradeaus weiter. Auf den nächsten Forstweg biegen wir kurz nach links ab, bis dieser wieder in einen Steig übergeht. Wir erreichen das märchenhafte Felsenmeer mit seinen moosübergossenen Felsen. Jetzt steigen wir in Kehren hinauf zur Hochfläche des 1 Tieringer Hörnles (956 m). Nach rechts nimmt uns der Steig mit zum nahen Gipfel, von dem wir eine traumhafte Aussicht genießen. Besonders der Tiefblick hinunter nach Balingen ist beeindruckend. Am Horizont erkennen wir sogar die Burg Hohenzollern. Auf dem Gipfel stehen einige Bänke, die zu einer gemütlichen Gipfelpause einladen.

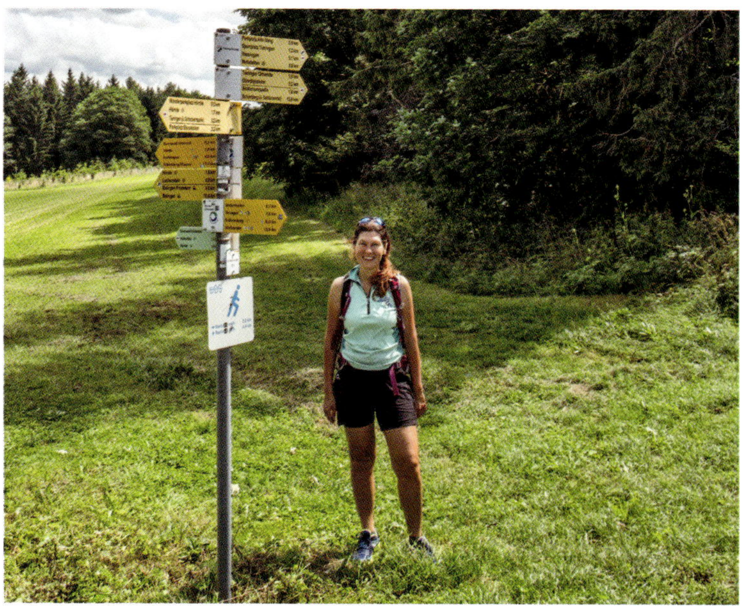

Bunter Schilderwald am Tieringer Hörnle

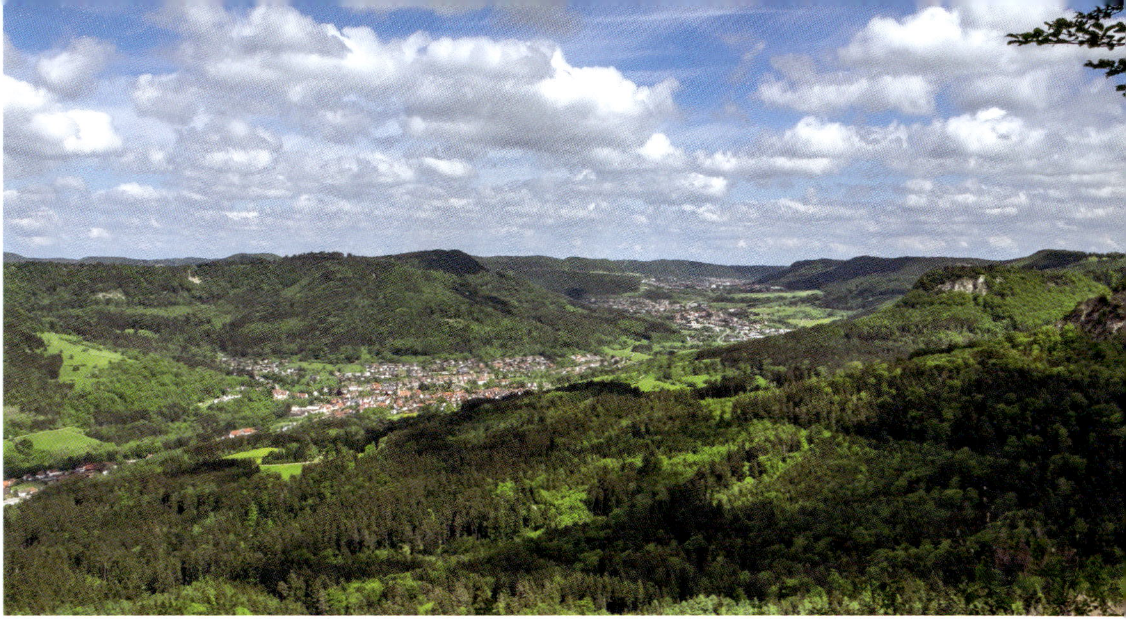

Grandiose Aussicht vom Tieringer Hörnle

Abstieg Vom Gipfel wandern wir am Anstiegsweg ein Stück zurück und gehen dann allerdings am Albtrauf weiter geradeaus bis zu einer Wegteilung im Wald. Hier zweigt nach links (kein Wegweiser) der alte HW1 ab. Dieser Steig ist aufgelassen und wird nicht mehr gepflegt. Einige alte Markierungen erkennen wir aber noch. Durch den Wald gelangen wir zu einem steilen Hang. Über diesen steigen wir vorsichtig hinunter in flacheres Gelände. Wir erreichen einen zugewachsenen Forstweg, auf dem wir in östlicher Richtung zu einem breiten Forstweg gelangen. Auf diesem wenden wir uns nach links und queren durch den Wald. Schließlich kommen wir wieder zum Aufstiegsweg. Auf diesem spazieren wir zurück zum **E** Wanderparkplatz Linde bei Weilstetten.

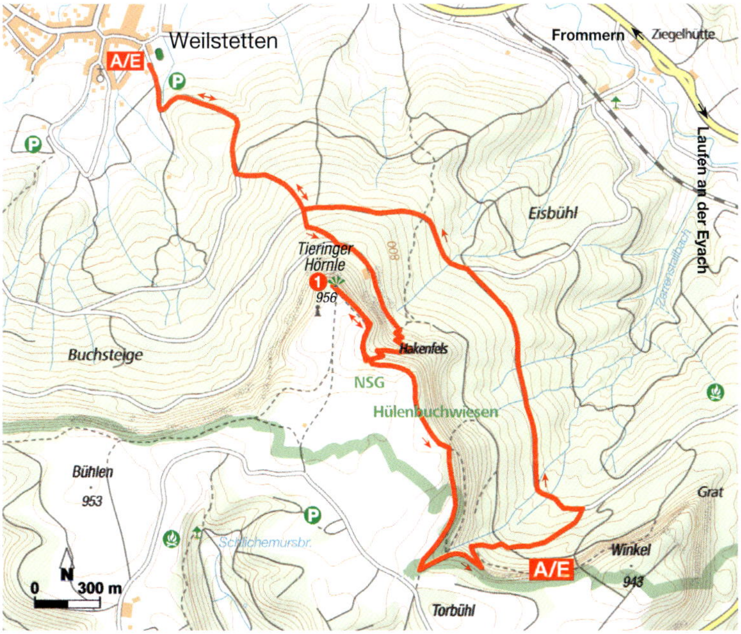

5

Aussichtspunkte auf der Zollernalb

Zum Torfelsen bei Meßstetten

mittel | 10,2 km | 150 hm | 3:00 Std.

Tourencharakter:
Zu Beginn gute Wanderwege am Albtrauf, später Rückweg auf breiten Wegen

Ausgangspunkt:
Meßstetten (907 m), Parkplatz beim Rathaus

Endpunkt:
Wie Ausgangspunkt

Anfahrt:
Auto: auf der B 27 nach Balingen, weiter Richtung Albstadt bis Lautlingen, dort rechts ab nach Meßstetten
Bahn/Bus: mit dem Zug nach Albstadt-Ebingen, dort mit der Buslinie 61 oder 63 nach Meßstetten

Karte:
Wanderkarte des Schwäbischen Albvereins Nr. 24, Albstadt – Balingen, 1:35 000

Einkehr:
Gaststätten in Meßstetten

Tourismus-Info:
Stadtverwaltung Meßstetten, Hauptstr. 9, 72469 Meßstetten, Tel. 07431/6349-0, www.stadt-messstetten.de, stadt@messstetten.de

Meßstetten liegt oberhalb von Albstadt auf der Albhochfläche. Sie ist eine der höchstgelegenen Städte Deutschlands. In der Umgebung von Albstadt entwickelten sich die Premiumwanderwege »Traufgänge«. Diese Wege sind beliebt, weshalb es auf anderen Wegen in der Umgebung ruhiger zugeht.

Zu den Torfelsen Vom Rathaus in A **Meßstetten** spazieren wir kurz entlang der Straße in Richtung Albstadt. Wir bleiben auf der Ebinger Straße, bis nach links die Freithofstraße abzweigt. An der nächsten Verzweigung gehen wir in die Kapellstraße und biegen dann nach links in die Adolf-Groz-Straße ab. An der Stelle, an der die Straße einen Rechtsbogen macht, wandern wir auf dem Wanderweg geradeaus zum Steilabfall des Albtraufs. Unsere Wanderung ist mit dem Symbol des Donau-Zollernalb-Weges beziehungsweise

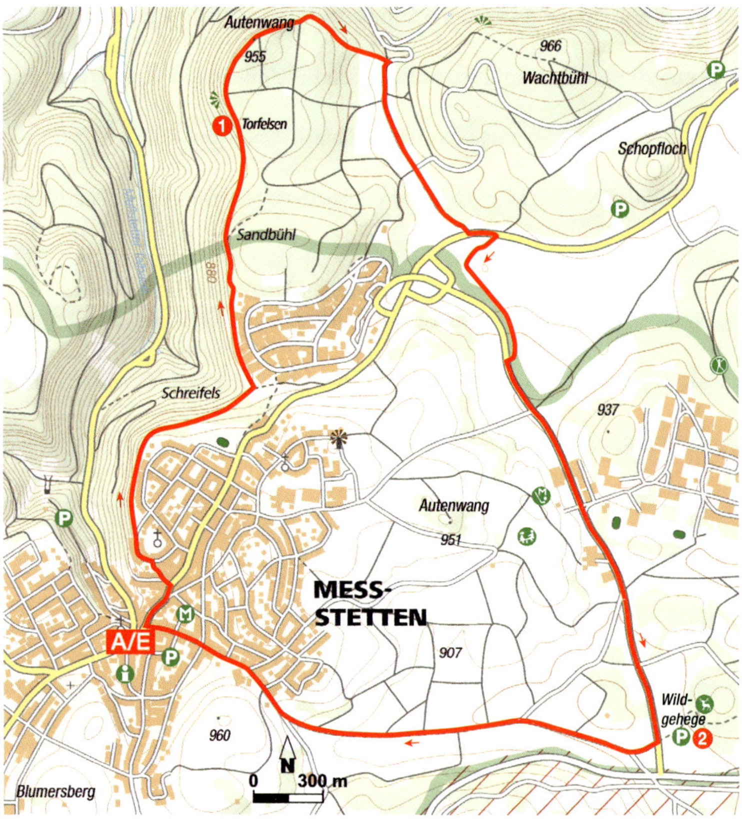

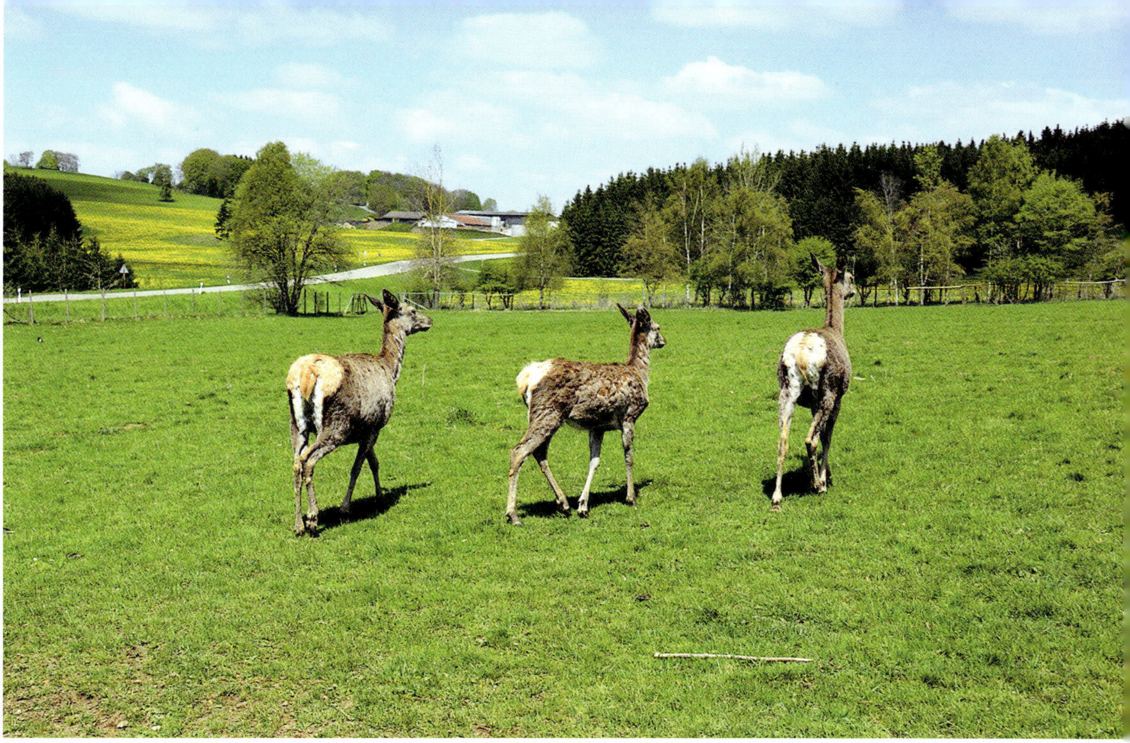

der roten Gabel des Schwäbischen Albvereins markiert. Wir wandern entlang des Steilabfalls zum Schreifels und weiter zu der Häusersiedlung Bueloch. Die Häuser passieren wir auf der linken Seite und gehen weiter bis zum 1 Torfelsen. An diesem herrlichen Aussichtspunkt bestaunen wir einen grandiosen Blick auf die umliegenden Erhebungen der Zollernalb.

Das Wildgehege bei Meßstetten zeigt heimische Wildarten.

Weiterweg zurück nach Meßstetten Nach einer gemütlichen Pause an dem Felsen wandern wir auf dem bezeichneten Weg am Albtrauf weiter. An einigen Aussichtspunkten können wir wieder die wunderbare Landschaft genießen. Der Weg macht bald einen Bogen nach rechts. Wir spazieren durch das Gewann Autenwang und erreichen schließlich einen geteerten Weg. Dieser bringt uns nach rechts bis zu der Häusersiedlung Bueloch. Dieses Mal passieren wir den Ort auf der rechten Seite. Wir kommen nun zur Landstraße L433 nach Albstadt. Auf dieser gehen wir ein kurzes Stück nach links, um dann den nach rechts abzweigenden Weg durch die Wiesen zu nehmen. Wir wandern an einer großen Doline vorbei, die uns eindrucksvoll daran erinnert, wie durchlöchert der Kalkstein der Alb an manchen Stellen ist. Der Mechanismus, der für die Schwäbische Alb typisch ist, nennt sich Karst. Über lange Zeit hat Regenwasser den Kalkstein in Rissen und Klüften so aufgelöst, dass entweder direkt die Doline entstanden ist oder zunächst eine Höhle, die dann später eingestürzt ist.

Bald gelangen wir zu einer Straße, auf der wir bis zur Zollernalbkaserne bleiben. Die Straße führt uns weiter bis zum Wildgehege. Am 2 Wildgehege biegen wir nach rechts ab und spazieren auf dem geteerten Weg durch die Wiesen zurück in Richtung Meßstetten. Am Volkskundemuseum vorbei wandern wir zurück zum Parkplatz am Rathaus von E Meßstetten. Eine Besichtigung des Volkskundemuseums lohnt, ausgestellt werden Töpferwaren, künstlerische Keramiken und ausgesuchte Kerb- und Flachschnitzereien.

6

Über die Albhochfläche nach Ringingen

Die Burgen von Burladingen

mittel | 15,7 km | 300 hm | 5:00 Std.

Tourencharakter:
Teilweise schmale Pfade, teilweise breite Wanderwege

Ausgangspunkt:
Burladingen (721 m), Ortsmitte

Endpunkt:
Wie Ausgangspunkt

Anfahrt:
Auto: auf der B 27 nach Hechingen und weiter über Jungingen nach Burladingen
Bahn/Bus: mit dem Zug nach Hechingen, dort umsteigen in die Hohenzollerische Landesbahn nach Burladingen

Karte:
Wanderkarte des Schwäbischen Albvereins Nr. 25, Burladingen – Sonnenbühl, 1:35 000

Einkehr:
Gaststätten in Burladingen

Tourismus-Info:
Stadtverwaltung Burladingen, Hauptstr. 49, 72393 Burladingen, Tel. 07475/892-156, www.burladingen.de, info@burladingen.de

Unsere Wanderung bei Burladingen führt in die wildromantische Burgenwelt der Schwäbischen Alb. Zuerst erkunden wir die Überreste der Burg Hochwacht. Später kommen wir an der kleinen Ruine Ringelstein vorbei. Kurz vor Ringingen besuchen wir noch Hohenringingen.

Zur Ruine Hochwacht Von der Ortsmitte in A Burladingen wandern wir auf der Hauptstraße nach Osten, bis nach links die Stettener Straße abzweigt. Ab hier begleitet uns die Markierung »Gelbes Dreieck«. Wir bleiben zunächst auf der Stettener Straße und biegen dann links in die Hochwacht ab. Hier wandern wir um die Linkskurve und weiter zur Straße Kreuzfelsen. Am höchsten Punkt der Straße klettert ein Steig nach rechts in den Wald. Wir gelangen zur Höllensteinhöhle, einer für die Schwäbische Alb typischen Karsthöhle, in der man Funde aus der Keltenzeit machte. Von der Höhle kraxeln wir weiter steil hinauf zur Stelle der 1 Ruine Hochwacht. Bei ihr handelt es sich um die ehemalige Burg Hohenburladingen, die wohl um 1100 von den edelfreien Herren von Burladingen erbaut wurde. Gegen 1300 wurde die Burg wieder aufgegeben. Heute zeugen nur noch die Überreste des Turmes von der Burg.

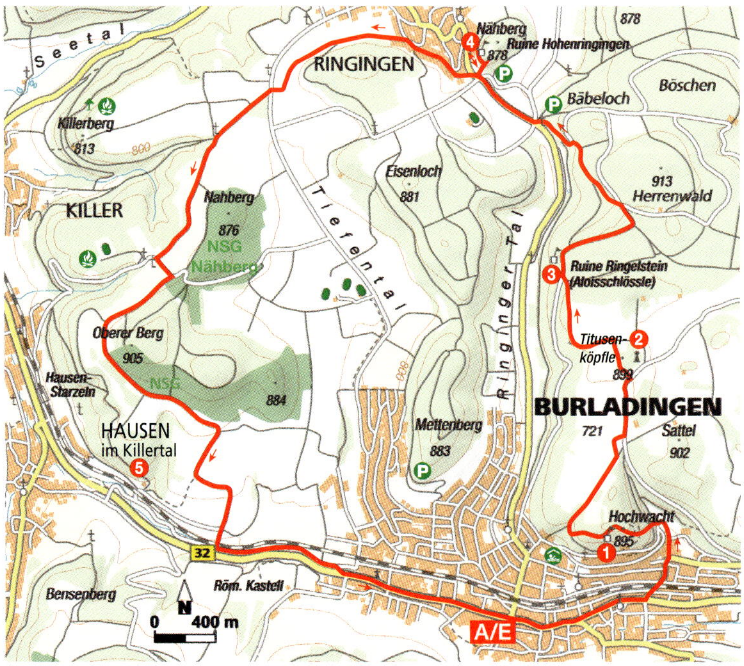

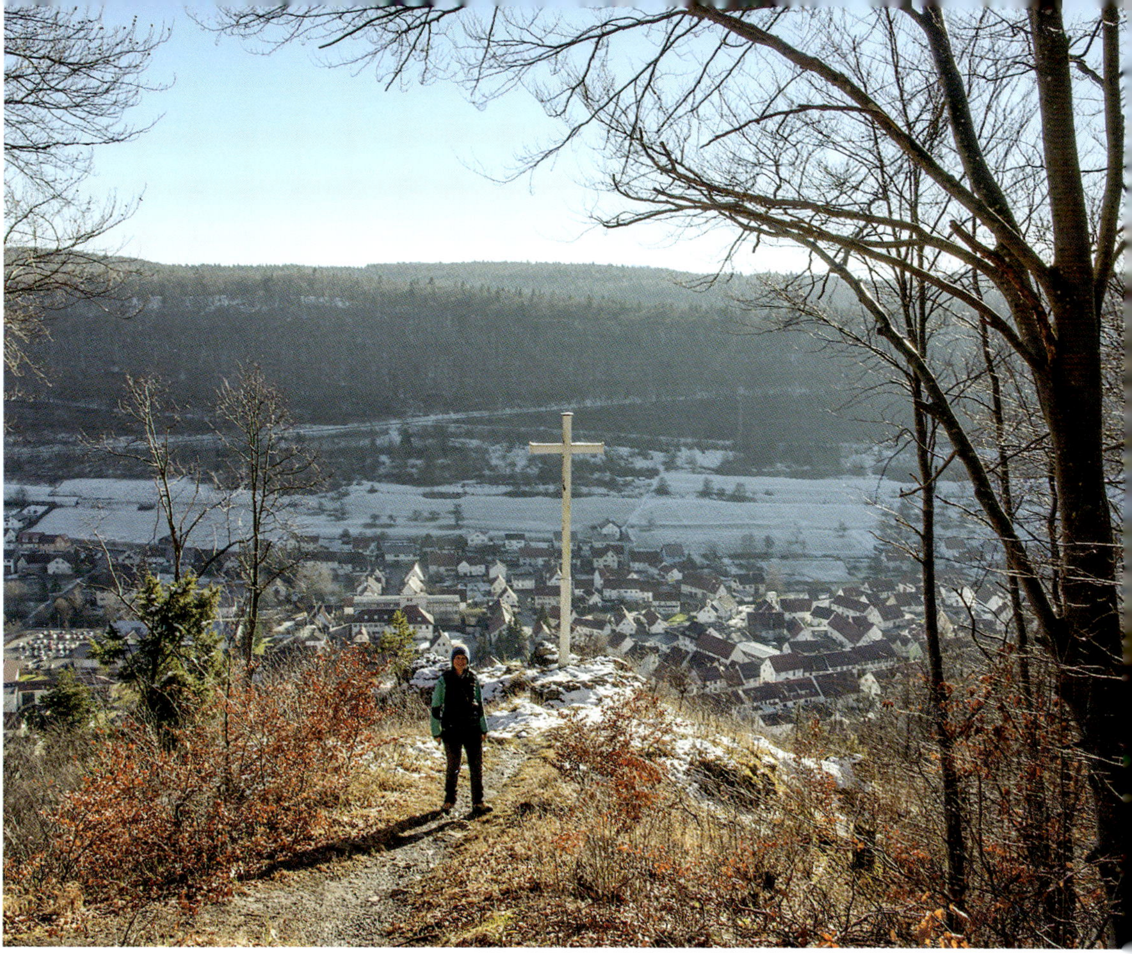

Vom Kreuzfelsen über Burladingen bietet sich eine schöne Aussicht auf den Ort.

Zur Ruine Ringelstein Von der Hochwart gehen wir ein paar Meter am Weg zurück und lassen uns bald vom gelben Dreieck in Richtung Ringingen führen. Kurz unterhalb der Burgruine sehen wir ein Kreuz auf einem Felsen stehen. Der kurze Abstecher hinunter zum Kreuzfelsen lohnt sich, genießen wir doch eine wunderbare Aussicht auf Burladingen. Der Weiterweg führt uns durch den Wald leicht abwärts. So kommen wir zum Waldrand, an dem wir noch ein Stück entlanggehen, und erreichen schließlich einen Fahrweg, in den wir einbiegen. Über freien Wiesen wandernd verlassen wir bald den Feldweg geradeaus und erreichen so das 2 Titusenköpfle. Auf der Nordseite spazieren wir wieder leicht abwärts und biegen dann scharf nach links zum Waldrand ab. Diesen entlang gehen wir nach rechts, tauchen später in den Wald ein und kommen zu einer Forststraße. Hier zweigt nach links ein Steig zur 3 Ruine Ringelstein, auch Aloisschlössle genannt, ab. Die Ruine wurde im 12. Jahrhundert erbaut und war bis in das 14. Jahrhundert bewohnt. Die Burg besteht aus einem einzigen Wohnturm, von dem heute noch sechs Meter hohe Mauern erhalten sind.

Weiterweg nach Ringingen Wir gehen auf dem Steig zurück zur Forststraße und wenden uns am Sendeturm nach rechts. An einer Linkskurve biegen wir nach links ab und steigen hinunter in Richtung Kreisstraße. Kurz vorher erreichen wir eine Einmündung einer Straße von rechts. Wir gehen weiter bergab und stehen schließlich auf einem kleinen Parkplatz. Hier

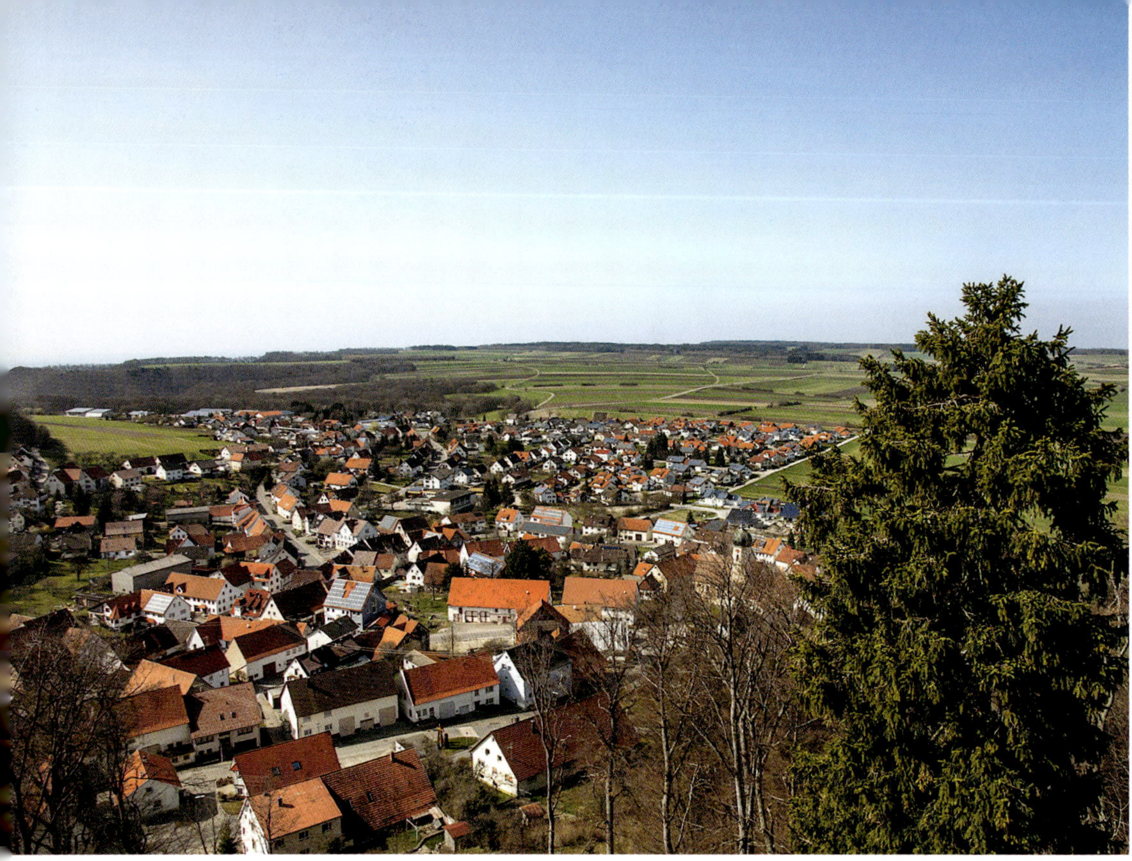

Von dem Turm der Burg Hohenringingen blicken wir hinunter auf Ringingen.

überqueren wir die Straße und wandern auf der linken Seite zum Parkplatz unter dem Nähberg. Von hier steigen wir hinauf zur 4 Ruine Hohenringingen. An der Burg lohnt sich der Aufstieg auf den Bergfried, der eine wunderbare Rundumsicht bietet. Die Burg wurde 1180 erstmals urkundlich erwähnt. Im 15. Jahrhundert zerfiel sie, erst 1972 restaurierte man die Ruine wieder.

Wir gehen wieder zurück zum Parkplatz und wenden uns nach rechts bis nach Ringingen. Auf der Helschlochstraße wandern wir am südwestlichen Ortsrand entlang bis zu einer Wegkreuzung. Hier folgen wir dem gelben Dreieck in Richtung Killer. Bald schon genießen wir den Blick zur Burg Hohenzollern. Wir bleiben auf dem Weg bis zur Teerstraße ins Tiefental. Diese überqueren wir und wandern auf der Teerstraße durch eine schöne Allee weiter bis zum Waldrand. Unser Weg führt nach links weiter (Wegweiser »Killer, Hausen – keine Markierungen«). Wir folgen dem Sträßlein am Waldrand entlang, bis wir an einem Feldkreuz nach links abbiegen können. Gleich danach biegt der Weg wieder nach rechts ab. Zu unserer Linken befindet sich das Naturschutzgebiet Nähberg. Der Schotterweg geht bald in eine Teerstraße über und führt um den Oberen Berg herum. Wir verlassen den Waldrand und kommen kurz danach zu einer Wiese. An deren Ende wenden wir uns nach rechts und bleiben auf dem Weg am Waldrand entlang. Im Wald biegen wir dann nach links ab und wandern auf einem Grasweg nach 5 Hausen im Killertal. Wir überqueren die Gleise und gehen an diesen entlang zur Wasserscheide mit dem ehemaligen Römerkastell, von dem fast nichts mehr zu sehen ist. Entlang der Bundesstraße wandern wir zurück nach E Burladingen.

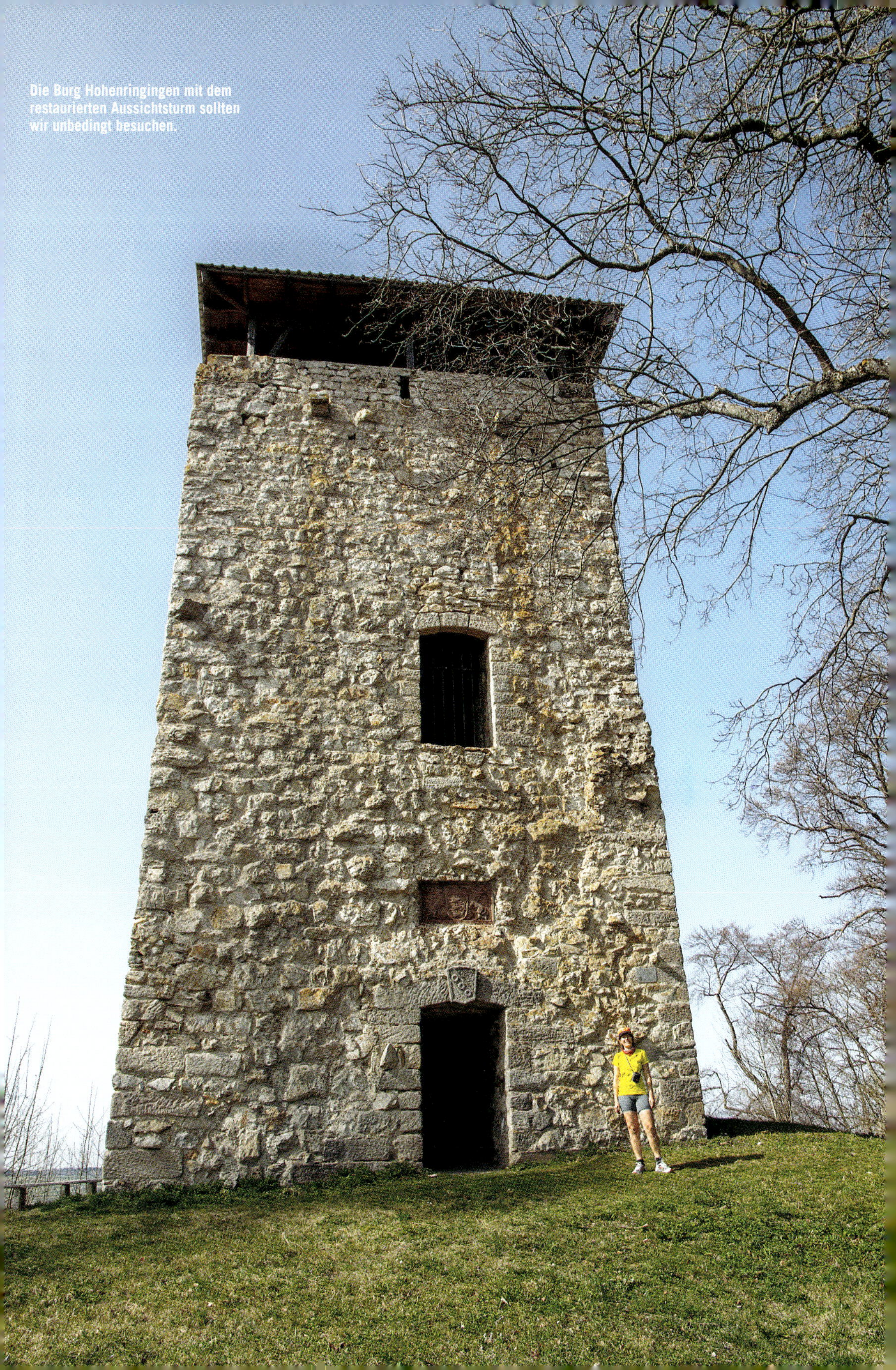

Die Burg Hohenringingen mit dem restaurierten Aussichtsturm sollten wir unbedingt besuchen.

7

Einsame Zeugen der Vergangenheit

Zu den Ruinen im Fehlatal

mittel | 12 km | 220 hm | 3:45 Std.

Tourencharakter:
Teilweise unmarkierte, schmale Wege (etwas Orientierungssinn erforderlich), teilweise breite Forstwege

Ausgangspunkt:
Gauselfingen (699 m), Parkplatz im Ort beim Bahnhof

Endpunkt:
Wie Ausgangspunkt

Anfahrt:
Auto: auf der B 27 nach Hechingen und weiter über Jungingen und Burladingen nach Gauselfingen
Bahn/Bus: mit dem Zug nach Tübingen oder Hechingen und weiter mit der Hohenzollerischen Landesbahn nach Gauselfingen

Karte:
Wanderkarte des Schwäbischen Albvereins Nr. 25, Burladingen – Sonnenbühl, 1:35 000

Einkehr:
Gaststätten in Gauselfingen

Westlich des Fehlatales befinden sich ein paar versteckte Burgruinen, die sich zu einer Rundtour verbinden lassen. Wir besuchen eher unbekannte Burgruinen auf stillen Wegen. Den Abschluss der Wanderung bietet die Etappe an der Fehla entlang nach Gauselfingen.

Zur Ruine Lägstein Vom Bahnhof in A Gauselfingen spazieren wir in Richtung Ortsmitte bis zur ersten Querstraße. Hier biegen wir nach rechts ab und überqueren die Gleise. Wir folgen der Straße aus dem Ort hinaus (Markierung »Gelbes Dreieck«). Nach einer scharfen Linkskehre führt rechts ein Steig in den Wald hinein (Wegweiser Ruine Lägstein). Der Steig klettert steil aufwärts, quert bald eine Forststraße und steigt weiter an zur 1 Ruine Lägstein, zu der wir schnaufend und schwitzend hinaufkraxeln. Die Ruine Lägstein wurde zwischen 1100 und 1150 erbaut und verfiel bereits im 14. Jahrhundert. Von der Burg sind noch Reste des Wohnturms und der Halsgraben erhalten. Sie ist eine der vielen Burgen auf der Schwäbischen Alb, die in der mittelalterlichen Blütezeit erbaut und schon 200 Jahre später wieder aufgegeben wurden.

Zur Ruine Hasenfratz Von der Ruine Lägstein gehen wir ein paar Meter aufwärts zu einem quer laufenden Forstweg. Hier wenden wir uns nach

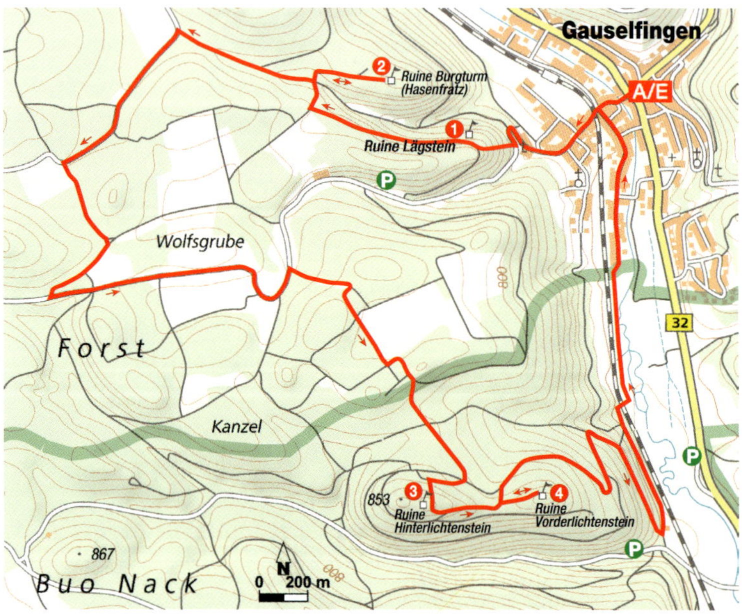

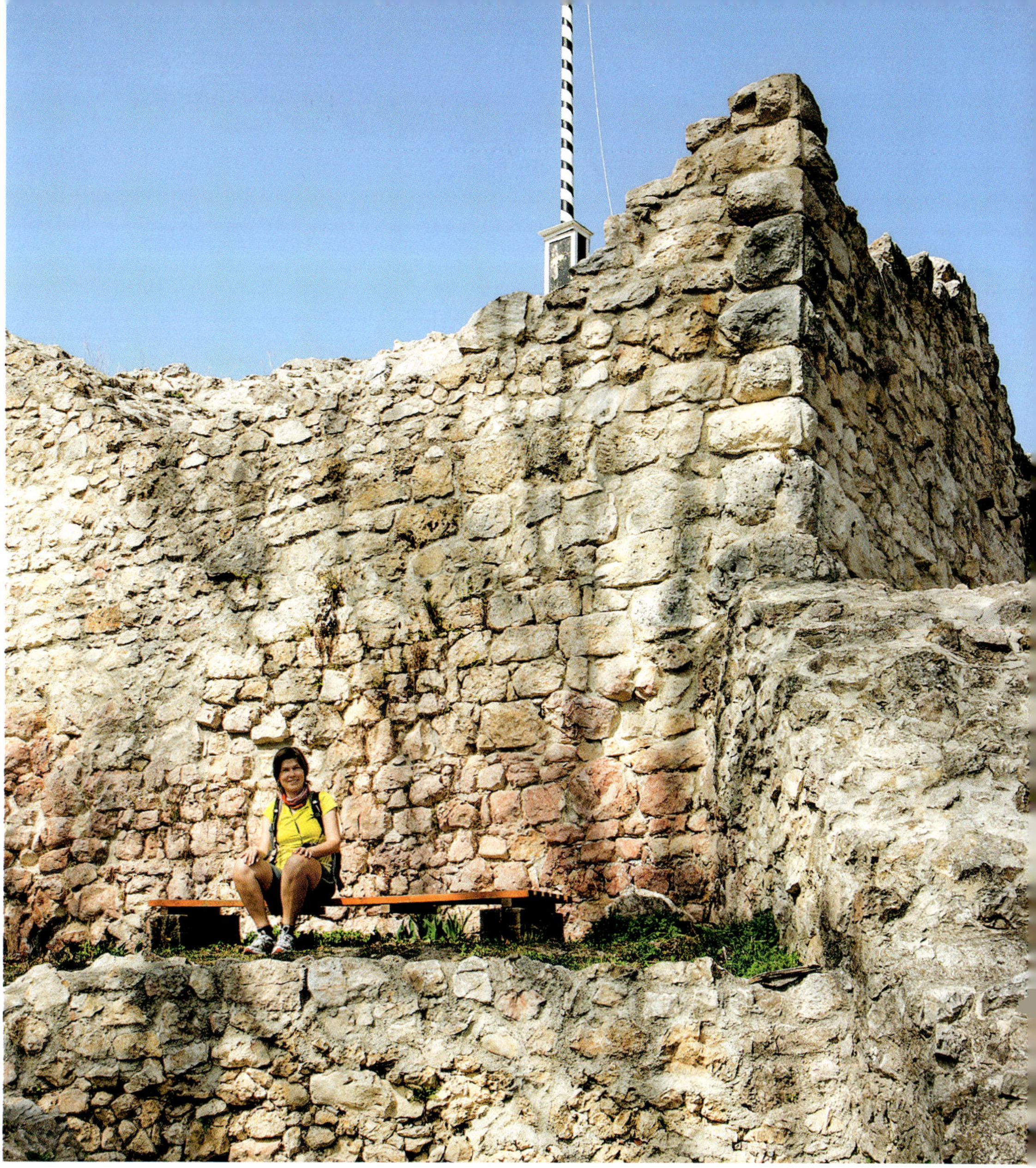

Die Burgruine Vorderlichtenstein wurde restauriert.

rechts und wandern ziemlich eben am Hang entlang. Wir kommen zu einer Lichtung, halten uns wieder rechts und steigen abwärts zu einem weiteren Forstweg. Gleich gegenüber zeigt uns ein Wegweiser den Weiterweg zur Ruine Burgturm. Der Steig zieht in den Wald hinein und hinauf zur **2** Ruine Burgturm, auch Hasenfratz genannt. Sie wurde genauso wie die Ruine Lägstein um 1150 erbaut und schon 100 Jahre später wieder aufgegeben. Heute sehen wir noch die Ruine des Bergfrieds und Mauerreste. An diesem stillen Ort verweilen wir ein wenig und hängen unseren Gedanken an die mittelalterlichen Burgherren nach.

Weiterweg zu den Ruinen Lichtenstein Von der Ruine Burgturm wandern wir am Pfad zurück zur Wegverzweigung an der Forststraße. Jetzt

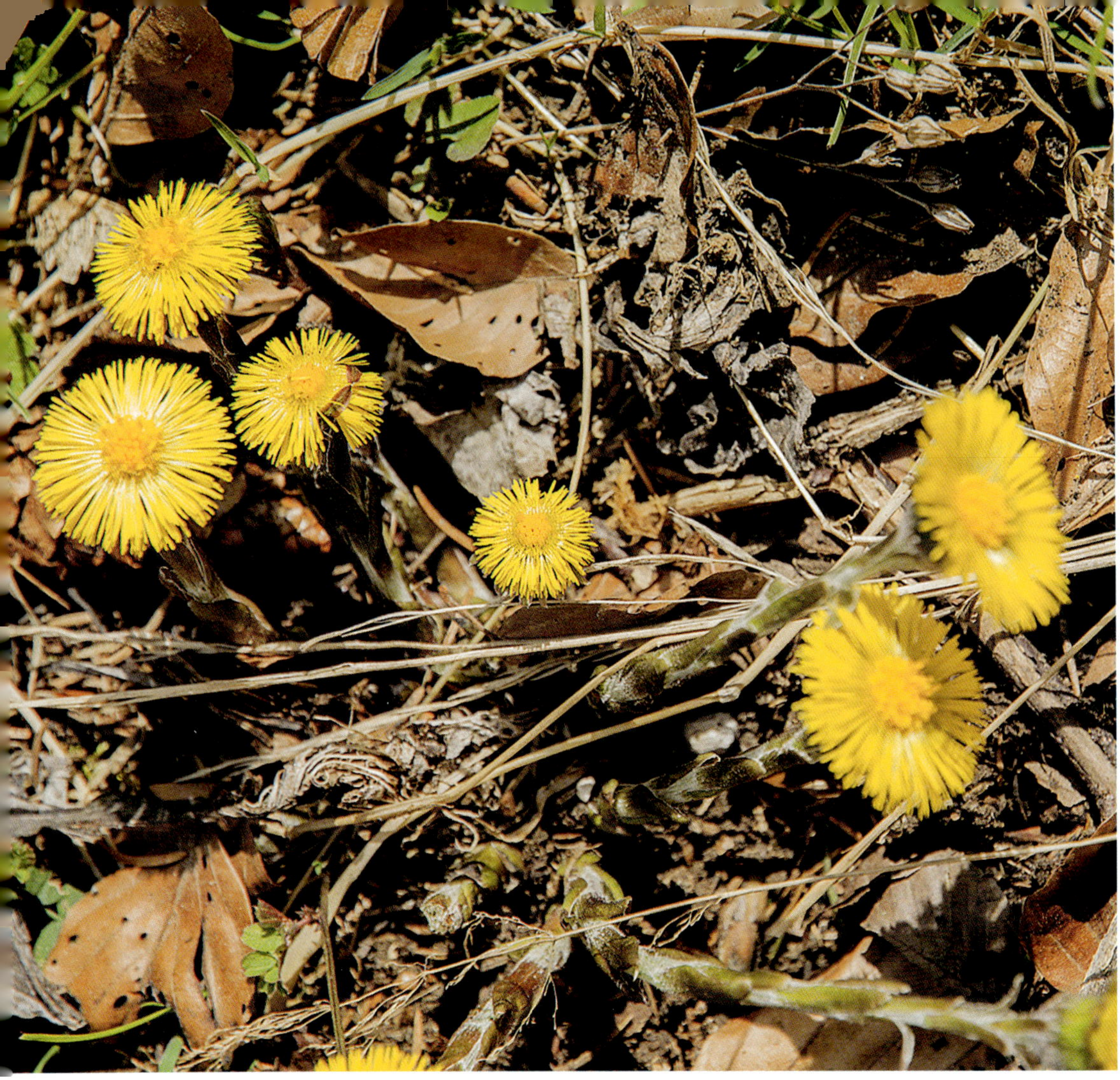

Farbtupfer am Wegesrand zwischen den Ruinen.

wenden wir uns nach rechts und erreichen schließlich eine Lichtung. Hier biegen wir nach links ab und folgen dem Forstweg zu einer weiteren Wegkreuzung. Auch hier befindet sich eine Lichtung, und wir zweigen ebenfalls wieder links ab. Kurz darauf an der nächsten Kreuzung nehmen wir den rechten Weg (Wegweiser »Ruine Lichtenstein«). Unser Weg führt uns an einer Lichtung entlang zu einer Bank und weiter zum Waldrand auf der anderen Seite. Hier biegen wir nach links ab und wandern zu einer weiteren, relativ großen Lichtung. Die Umgebung hier ist besonders hübsch und wird auch immer wieder gerne von Spaziergängern aufgesucht. Nach einer kleinen Rechts-Links-Kurve biegt nach rechts der Weg zu den Ruinen Lichtenstein ab. Wir wandern aufwärts zu einem Weg, dem wir kurz nach rechts folgen, gleich aber wieder nach links abbiegen. Wir kommen abermals zu einer Lichtung, tauchen danach wieder in den Wald ein, überqueren eine Forststraße und bleiben auf dem Steig weiter bis zu einer Kreuzung. Hinter dieser Kreuzung sehen wir eine Holzhütte. Der geradeaus ziehende Forstweg bringt uns zu einem weiteren, breiten Forstweg. Gegenüber beginnt der Steig, der hinauf zum Kamm und nach rechts zur **3** **Ruine Hinterlichtenstein** kraxelt. Der Name der Burg rührt von

den Herren von Lichtenstein her, die auf der Burg Vorderlichtenstein residierten. Vorderlichtenstein wurde ebenfalls wie die Ruinen Lägstein und Hasenfratz um 1150 bis 1180 erbaut. Hinterlichtenstein baute man dagegen etwas später, um 1200. Die Burgen wechselten in der Folge häufig den Besitzer. Einer der Nachkommen der Herren von Lichtenstein errichtete später dann die Burg Lichtenstein bei Honau, Reutlingen. Im Jahr 1827 ging der Besitz um die Ruinen Vorder- und Hinterlichtenstein an das Fürstentum Hohenzollern-Sigmaringen. 1996 gründeten Bürger aus Neufra den Verein zum Erhalt der Ruine Lichtenstein e. V. Im Anschluss daran sanierte der Verein bis Oktober 2010 die Ruine Vorderlichtenstein.
Zur **4** Ruine Vorderlichtenstein bringt uns der Steig von Hinterlichtenstein, der auf dem Kamm bis zur deutlich größeren Ruine verläuft. Beiden Ruinen muss man unbedingt einmal einen Besuch abstatten, da die Anlagen absolut sehenswert sind.

Zurück nach Gauselfingen Nach der Rast an der Ruine Vorderlichtenstein steigen wir auf einem Pfad hinunter zum Forstweg und wenden uns hier nach rechts. Der Weg fällt in zwei Kehren hinab ins Fehlatal. Hier erreichen wir den Rad- und Wanderweg, der uns durch das schöne Tal zurück nach **E** Gauselfingen bringt.

Am Weg zwischen Hinter- und Vorderlichtenstein präsentiert sich dieser blühende »Teppich«.

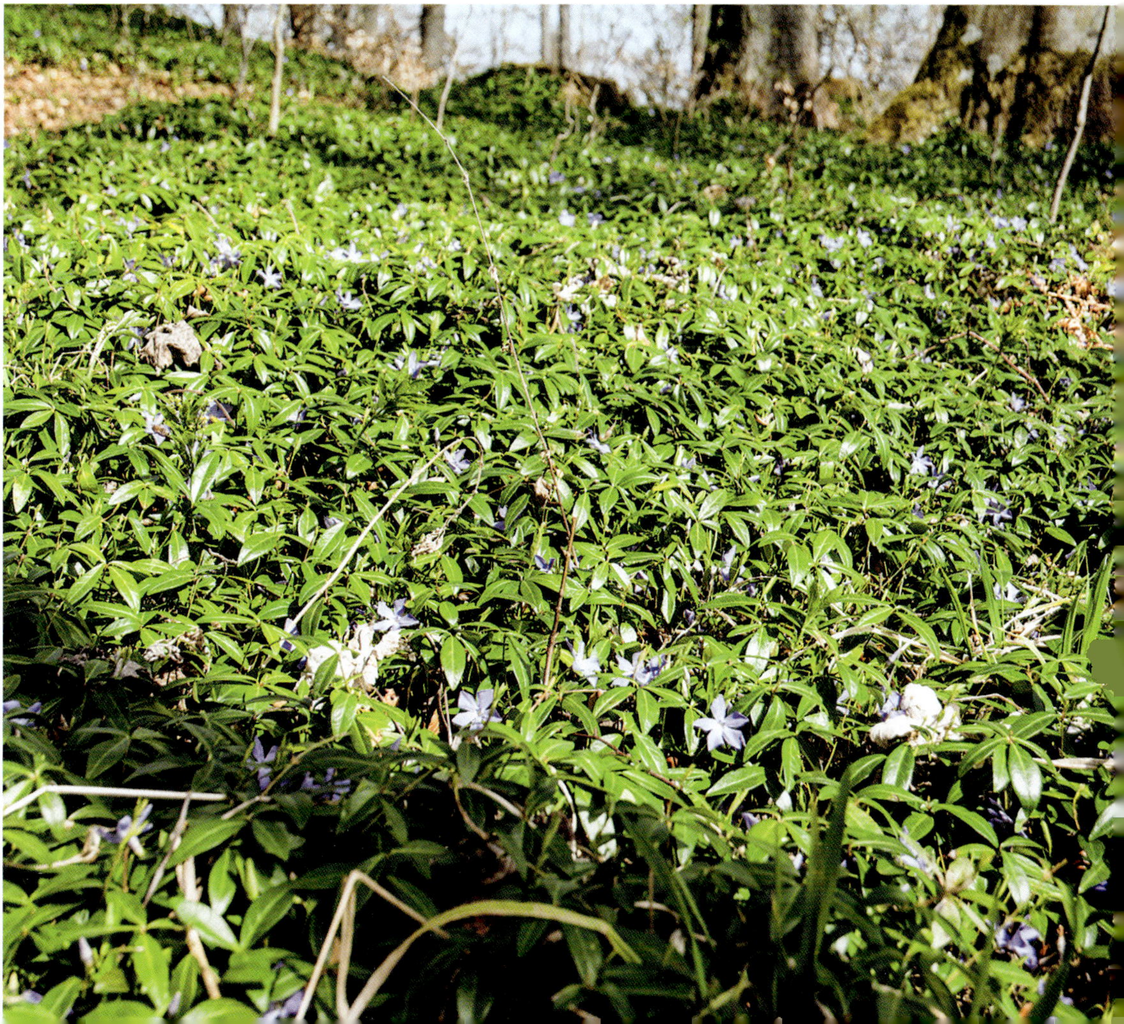

8 Am Albtrauf mit Burgblick

Himberg und Emmafelsen

mittel | 12,8 km | 400 hm | 4:30 Std.

Tourencharakter:
Zuerst Forstwege, später dann gut markierte Wanderwege

Ausgangspunkt:
Jungingen (597 m), Parkplatz im Ort bei der Kirche

Endpunkt:
Wie Ausgangspunkt

Anfahrt:
Auto: auf der B 27 nach Hechingen, kurz vorher abbiegen in Richtung Burladingen und weiter nach Jungingen
Bahn/Bus: mit dem Zug nach Hechingen, von dort mit der Hohenzollerischen Landesbahn weiter nach Jungingen

Karte:
Wanderkarte des Schwäbischen Albvereins Nr. 24, Albstadt – Balingen, 1:35 000

Einkehr:
Gaststätten in Jungingen

Tourismus-Info:
WFG Zollernalbkreis GmbH, Hirschbergstr. 29, 72336 Balingen, Tel. 07433/92 11 39, info@zollernalb.com, www.zollernalb.com

Von Jungingen steigen wir hinauf zum unbekannten Himberg. Nach der Grillhütte wandern wir auf dem HW1 am Albtrauf entlang in Richtung Raichberg. Unterwegs ergeben sich grandiose Ausblicke zur märchenhaften Burg Hohenzollern.

Zum Himberg Wir parken in **A** **Jungingen** im Killertal. Von dort spazieren wir an der Kirche vorbei und durch den Schulhof zu den Bahngleisen. Wir überqueren diese und folgen dem breiten Weg (Markierung HW1) in Richtung Hohenjungingen und Himberg. Im Wald erreichen wir eine Abzweigung zur **1** **Ruine Hohenjungingen**. Die Burg erbauten die Herren von Jungingen in der zweiten Hälfte des 12. Jahrhunderts. Im Städtekrieg von Reutlingen wurde sie aber schon 1311 zerstört. Heute sieht man von der Burg leider nichts mehr, trotzdem lohnt ein Abstecher auf den kleinen Hügel. Schließlich gehen wir am Anstiegsweg zurück zum Forstweg. Wir wandern nun, teilweise auf dem Forstweg, teilweise auf einem Steig schwitzend, hinauf zum aussichtsreichen **2** **Himberg** mit seiner kleinen Hütte. Hier nutzen wir die wunderschöne Gelegenheit für eine erste Pause und blicken hinab ins malerische Killertal.

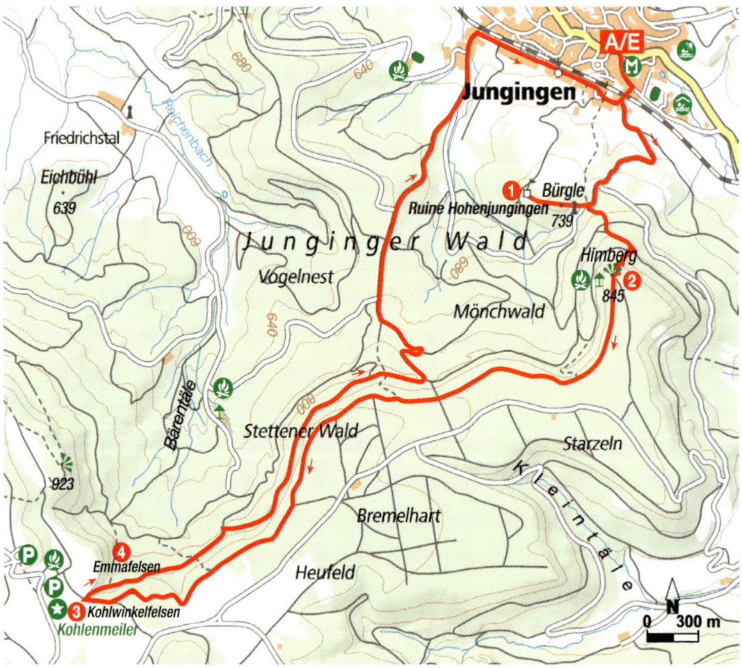

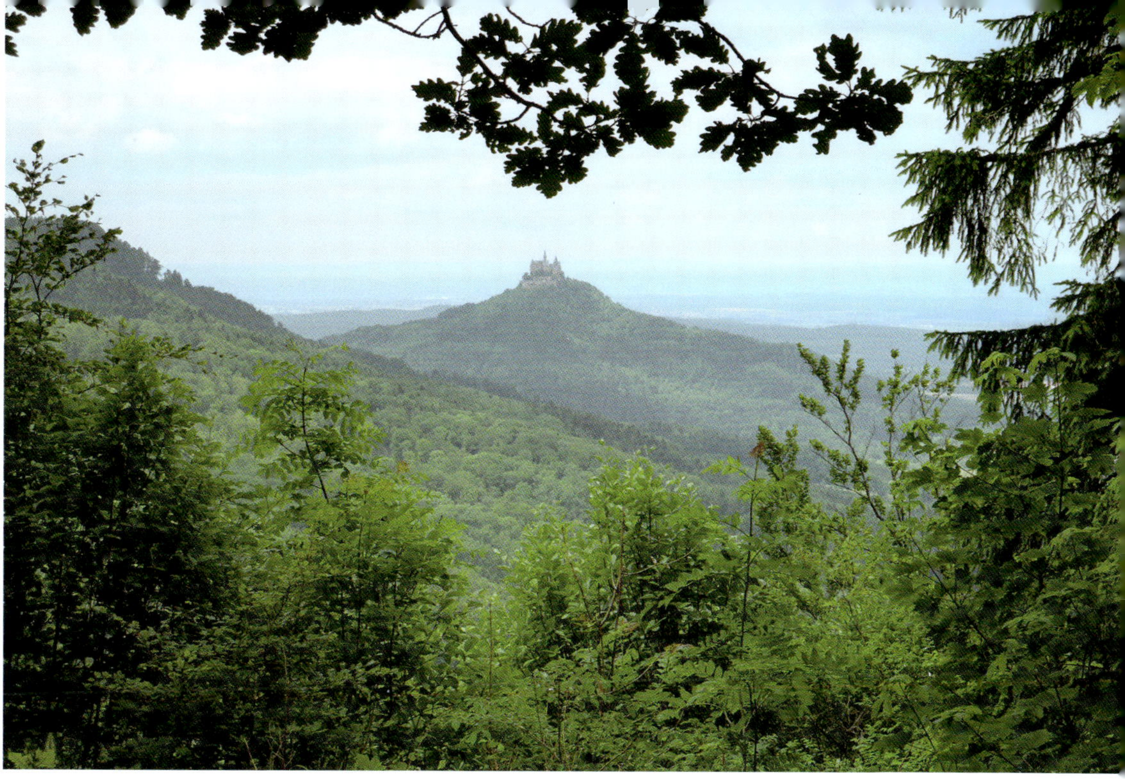

Von unserer Wanderung am Albtrauf blicken wir zur Burg Hohenzollern.

Am Albtrauf entlang Nun erwartet uns der schönste Abschnitt der Wanderung: Wir laufen vom Himberg aus immer am Albtrauf entlang. Zwar stehen am Albtrauf die vielen Laubbäume und Sträucher immer etwas im Weg und verhindern eine durchgehende Aussicht. Trotzdem finden wir immer wieder Stellen, an denen uns die Vegetation tolle Ausblicke gestattet. Und was für herrliche Blicke wir doch auf die malerische Burg Hohenzollern genießen, die mit ihren Türmchen wie aus einem Grimm'schen Märchen wirkt. Immer wieder bleiben wir stehen und staunen. Nach diesem grandiosen Abschnitt kommen wir zu den 3 Kohlwinkelfelsen. Wenig später treten wir aus dem schattigen Wald heraus und wandern auf einem Wiesenpfad weiter. Für kurze Zeit befinden wir uns nun auf einem beliebten Traufgang.

Emmafelsen und zurück nach Jungingen Bald schon verlassen wir den häufig besuchten Premiumwanderweg wieder nach rechts und steigen steil in Richtung der fantastischen 4 Emmafelsen ab. Die Felsen sind vor langer Zeit bei einem Bergrutsch vom Albtrauf heruntergestürzt. Die im Wald stehenden, mit Moos überzogenen Felsen sind ein verwunschener Ort. So bleiben wir stehen, und unsere Augen suchen nach Fabelwesen, die die Emmafelsen sicher ihr Zuhause nennen – natürlich vergeblich, und so wandern wir weiter. Wir folgen dem Weg geradeaus in Richtung Jungingen (Markierung »Blaue Raute«). Dieser führt unterhalb des Albtraufs entlang. An der nächsten Verzweigung gehen wir nochmals geradeaus, biegen dann aber bald nach links ab und lassen uns von dem Weg mit der Markierung »Rote Gabel« zurück nach E Jungingen bringen.

Burg Hohenzollern

Die Burg Hohenzollern bei Hechingen lohnt einen Besuch. Öffnungszeiten im Sommer (16. März bis 31. Oktober) täglich 10–17.30 Uhr, im Winter (1. November bis 15. März) täglich 10–16.30 Uhr, Eintritt mit Führung 12 €, www.burg-hohenzollern.com

9

Traufgang zu zwei Aussichtspunkten

Weilerwaldkopf und Köhlberg

mittel | 8,5 km | 270 hm | 3:00 Std.

Tourencharakter:
Zuerst Forstwege, dann gut markierte Wanderwege

Ausgangspunkt:
Jungingen (597 m), Parkplatz im Ort bei der Kirche

Endpunkt:
Wie Ausgangspunkt

Anfahrt:
Auto: auf der B 27 nach Hechingen, kurz vorher abbiegen in Richtung Burladingen und weiter nach Jungingen
Bahn/Bus: mit dem Zug nach Hechingen, von dort mit der Hohenzollerischen Landesbahn nach Jungingen

Karte:
Wanderkarte des Schwäbischen Albvereins Nr. 24, Albstadt – Balingen, 1:35 000

Einkehr:
Gaststätten in Jungingen

Tourismus-Info:
WFG Zollernalbkreis GmbH, Hirschbergstr. 29, 72336 Balingen, Tel. 07433/92 11 39, info@zollernalb.com, www.zollernalb.com

Oberhalb des Killertals erstreckt sich der Albtrauf vom Köhlberg zum Dreifürstenstein. Während der Dreifürstenstein beliebt ist, fristen der Weilerwaldkopf und der Köhlberg ein Schattendasein. Zu Unrecht, vor allem vom Köhlberg bestaunen wir einen wunderbaren Blick auf die Burg Hohenzollern.

Zum Weilerwaldkopf Vom Parkplatz in **A** Jungingen an der Kirche wandern wir entlang der Straße ein wenig ortsauswärts (in Richtung Hechingen). An einer nach rechts abzweigenden Straße erkennen wir einen Wegweiser zum Weilerwaldkopf. Wir folgen der Markierung »Rote Gabel« aufwärts in Richtung Friedhof. Die Orientierung ist nicht immer ganz einfach, deshalb achten wir ganz genau auf die Markierungen. Im Wesentlichen nimmt uns der Weg immer aufwärts mit. Wir verlassen Jungingen und wandern auf einem Schotterweg über Wiesen weiter bergan. Hier bietet sich erstmals ein schöner Blick zur märchenhaften Burg Hohenzollern. Wir gehen hinüber zum Waldrand und kommen zu einer Wegverzweigung. Die rote Gabel zeigt uns den Weiterweg, weshalb wir den rechten Weg einschlagen. Dieser schlängelt sich weiter durch den Wald, bis wir zu einer querenden Forststraße kommen. Die hier stehende Bank ist ein erster, willkomme-

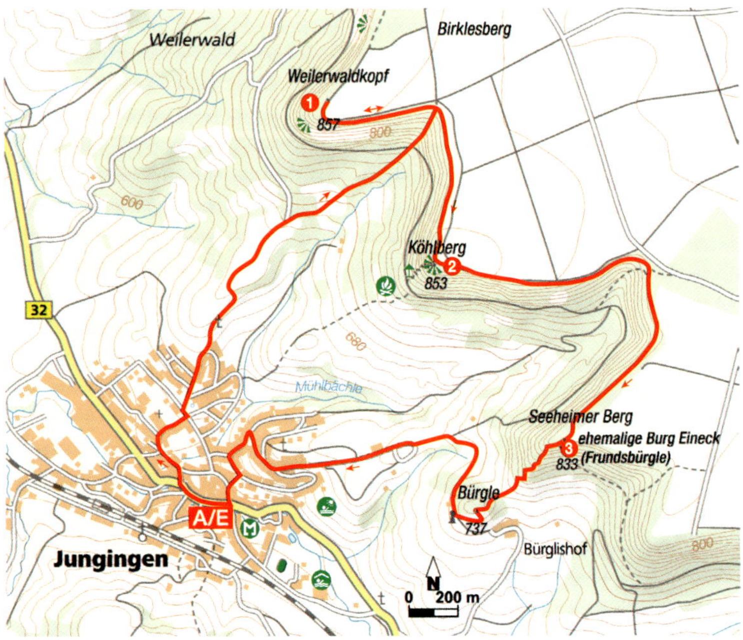

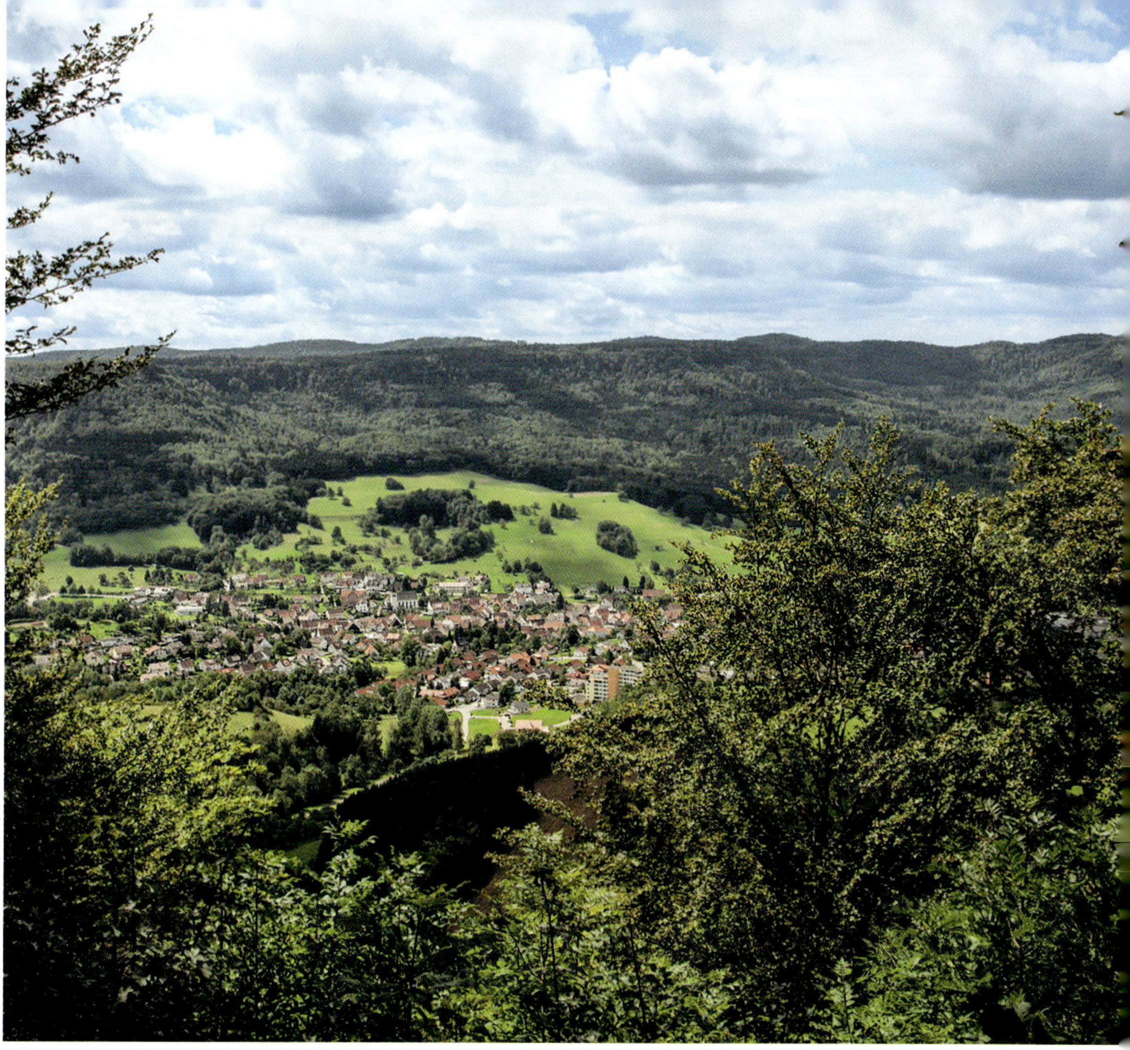

Vom Weilerwaldkopf blicken wir hinunter auf Jungingen.

ner Rastplatz. Am Baum nebenan erkennen wir auch gleich die Markierung für unseren weiteren Aufstieg zum Albtrauf. In zahlreichen Kehren steigen wir durch den schattigen Wald aufwärts, bis wir oben auf den HW1 treffen. Wir befinden uns nun direkt zwischen Weilerwaldkopf und Köhlberg. Zuerst statten wir dem 1 Weilerwaldkopf einen Besuch ab. Hierzu folgen wir dem HW1 nach links. Am Albtrauf entlang wandern wir bis zur Bank auf diesem kleinen Albgipfel. Der Blick durch die Blätter der Bäume präsentiert uns Jungingen und im Hintergrund die Burg Hohenzollern. So lässt es sich rasten.

Zum Köhlberg Nach einer kurzen Pause am Weilerwaldkopf machen wir uns an den Weiterweg zum Köhlberg. Zuerst gehen wir am bekannten Weg zurück in die Senke zwischen beiden Gipfeln. Wir wandern nun weiter am HW1 den Albtrauf entlang. Dabei finden sich neben unserem Weg immer wieder alte Grenzsteine. Wir kommen bald zum 2 Köhlberg mit der Grillstelle und der daneben stehenden Hütte. Der Gipfel ist viel freier als der Weilerwaldkopf, weshalb wir auf den beiden Bänken eine längere Pause einlegen. Die Aussicht zur Burg Hohenzollern und hinunter nach Jungingen ist einfach wunderbar.

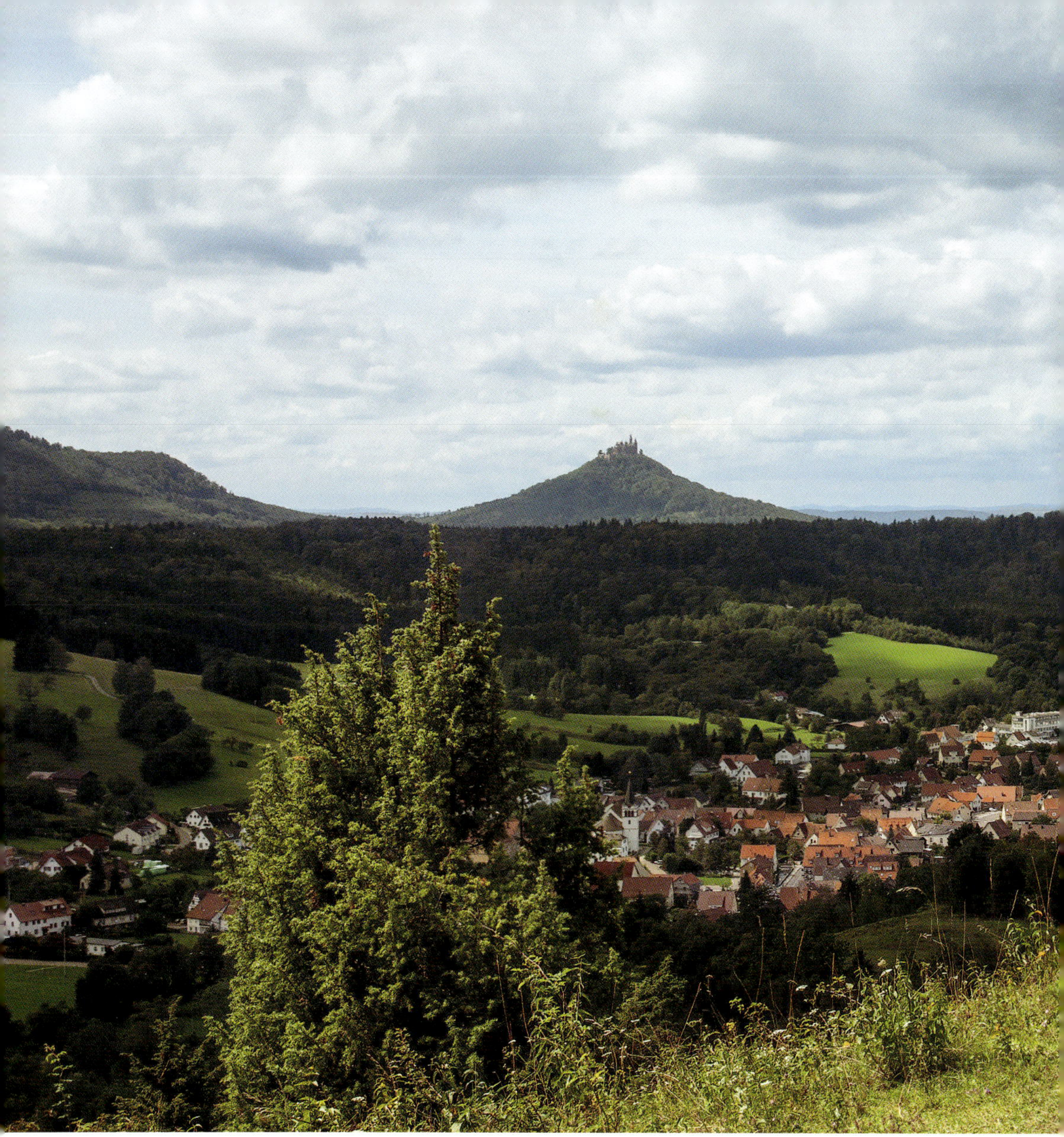

Am Bürgle oberhalb von Jungingen. Wir blicken bis zur Burg Hohenzollern.

Über die Burg Eineck nach Jungingen Nach unserer Gipfelrast setzen wir unsere Wanderung fort. Vom Köhlberg wandern wir ein paar Meter Richtung Albhochfläche und treffen dort auf einen Forstweg, in den wir nach rechts einbiegen. Plötzlich zweigt der HW1 wieder nach rechts in den Wald ab. Achtung, die Abzweigung ist leicht zu übersehen. Wir folgen dem Steig weiter am Albtrauf entlang, treffen noch einmal auf den Forstweg und biegen anschließend wiederum nach rechts in den Wald ab. In einer Senke ignorieren wir das Schild Jungingen und bleiben auf dem HW1, der am Albtrauf leicht aufwärts steigt. Wir kommen zur ehemaligen **Burg Eineck** 3, von der aber nicht mehr viel zu sehen ist. Lediglich ein Schild erinnert noch an die Burg.
Unser Steig bringt uns nun steil durch den Wald bergab. Bei Nässe müssen wir hier besonders achtgeben. Nach dem Wald betreten wir eine wunderschöne Wacholderwiese, die abermals einen großartigen Blick auf die Burg

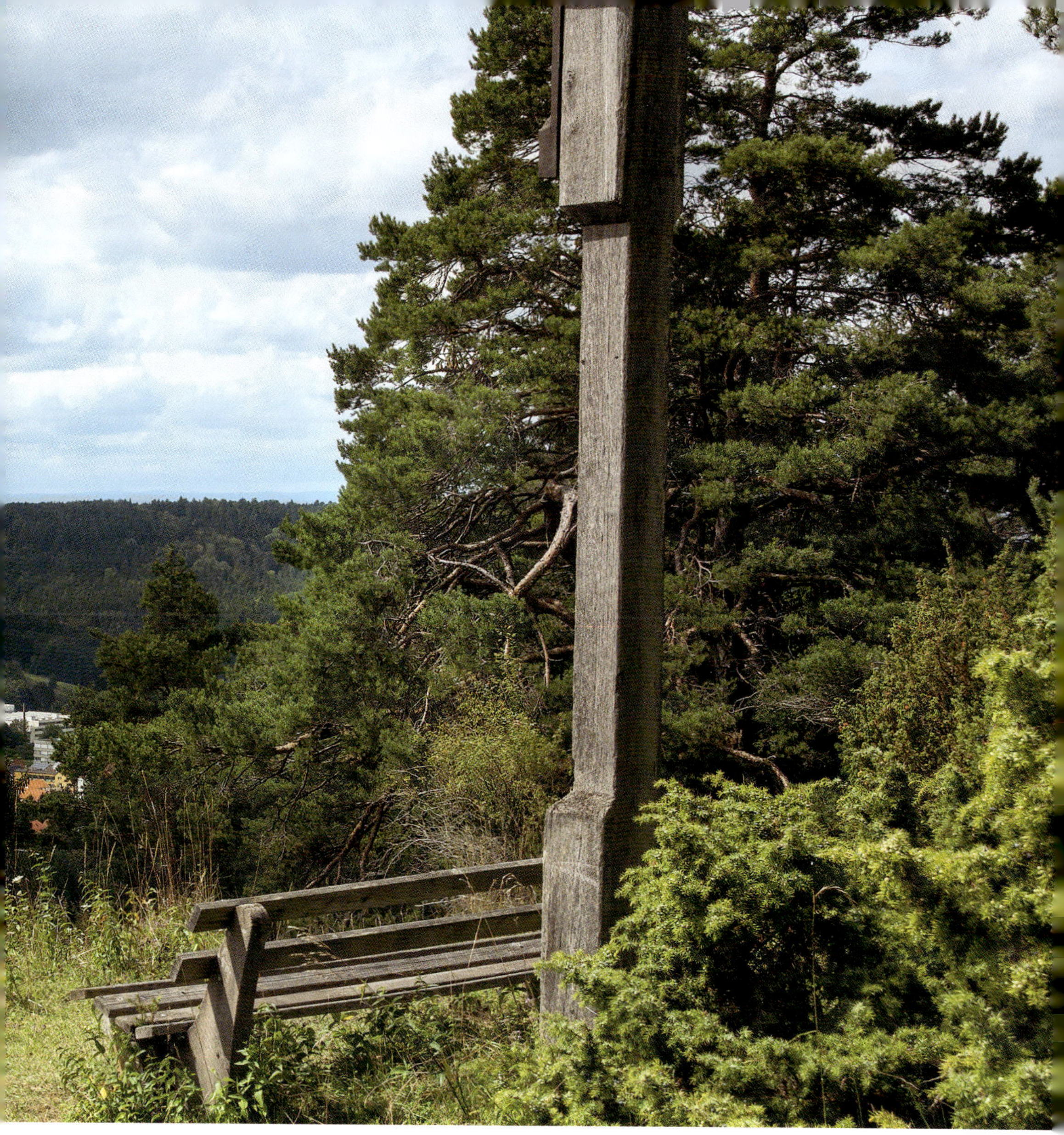

Hohenzollern bietet. Auch eine Bank lädt zu einer gemütlichen Rast ein. Wir ignorieren den direkten Weg nach Jungingen und steigen noch schnell hinauf zum Bürgle, einem Aussichtspunkt mit Bank und Kreuz direkt über Jungingen. In einem Bogen wandern wir unter diesem hindurch und treffen nach einem kleinen Waldstück wieder auf den direkten Weg, der kurz zuvor an der Wacholderheide abzweigte. Über die Wiese wandern wir abwärts Richtung Jungingen. Wir kommen auf einen Forstweg, der uns zu den ersten Häusern des Ortes begleitet. Durch die Straßen wandern wir abwärts zur Hauptstraße und zum Parkplatz an der Kirche in E Jungingen. Ein kurzer Besuch der Kirche St. Sylvester lohnt sich, befindet sich doch seit 1935 am Gnadenaltar eine Kopie des Gnadenbildes der Mutter Gottes aus Einsiedeln in der Schweiz. Bis heute kommen deshalb immer wieder Wallfahrer nach Jungingen.

10 Stille Wege zum bekannten Wanderziel

Auf den Dreifürstenstein

mittel 14,6 km 340 hm 5:00 Std.

Tourencharakter:
Teilweise schmale, verwachsene Wege, aber auch breite Wege und Straßen

Ausgangspunkt:
Mössingen-Talheim (570 m), Parkplatz am Sportplatz

Endpunkt:
Wie Ausgangspunkt

Anfahrt:
Auto: auf der B 27 nach Nehren und weiter an Mössingen vorbei nach Talheim und Richtung Bergrutschparkplatz bis zum Parkplatz am Sportplatz
Bahn/Bus: mit dem Zug nach Mössingen und mit dem Anruf-Sammel-Taxi nach Talheim (Tel. 07473/7501, Anmeldung mindestens 30 Minuten vor Abfahrt)

Karte:
Wanderkarte des Schwäbischen Albvereins Nr. 24, Albstadt – Balingen, 1:35 000

Einkehr:
Gaststätten in Talheim und Mössingen

Tourismus-Info:
Stadt Mössingen, Freiherr-vom-Stein-Straße 20, 72116 Mössingen, Tel. 07433/370-120, tourismus@moessingen.de, www.moessingen.de

Der Dreifürstenstein ist eines der bekanntesten Wanderziele in der Umgebung. Wir besteigen den Gipfel allerdings auf ruhigen Wegen und treffen nur am Gipfel mit seiner grandiosen Aussicht auf die Heerscharen an Wanderern.

Zum Dreifürstenstein Vom Parkplatz bei **A** Talheim gehen wir über die Straße und am Sportplatz vorbei. Dabei überqueren wir auch den Bach. An der folgenden Wegverzweigung halten wir uns rechts und lassen uns von dem Sträßchen taleinwärts bringen. An einer weiteren Kreuzung nehmen wir den rechten Weg am Bach entlang. Kurz darauf biegen wir nach rechts ab und wandern aufwärts. Dort, wo der Weg flacher wird, müssen wir an einem Baum nach links abbiegen. Wir befinden uns hier auf dem alten Wegverlauf des HW1. Diesen hat man inzwischen auf die andere Talseite verlegt. Wir erkennen die Abzweigung an dem alten Wegweiser, bei dem das Schild abmontiert wurde. Durch eine wunderschöne Blumenwiese wandern wir hinüber zum Waldrand. Der Weg wächst leider ziemlich zu, weshalb man leicht an der Abzweigung vorbeigeht. Zu empfehlen ist hier eine lange Hose, da die Zeckengefahr auf der Schwäbischen Alb nicht unterschätzt

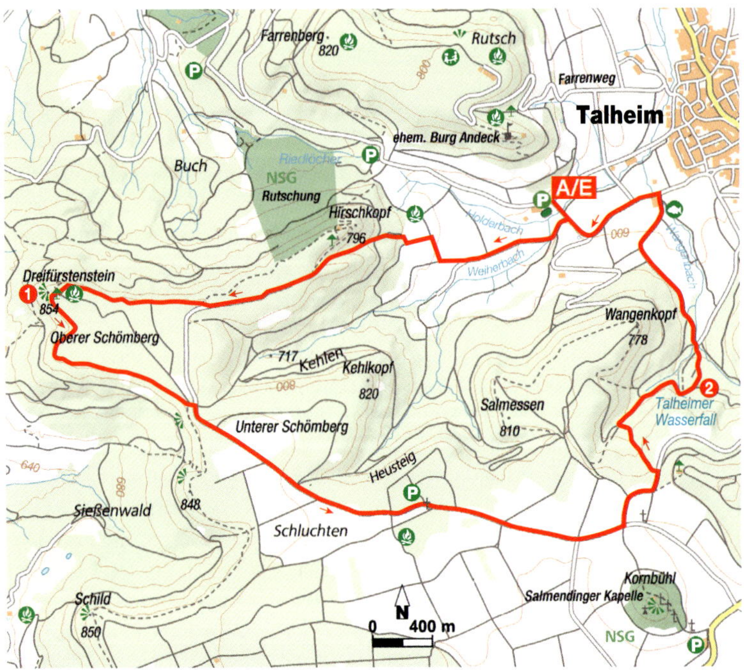

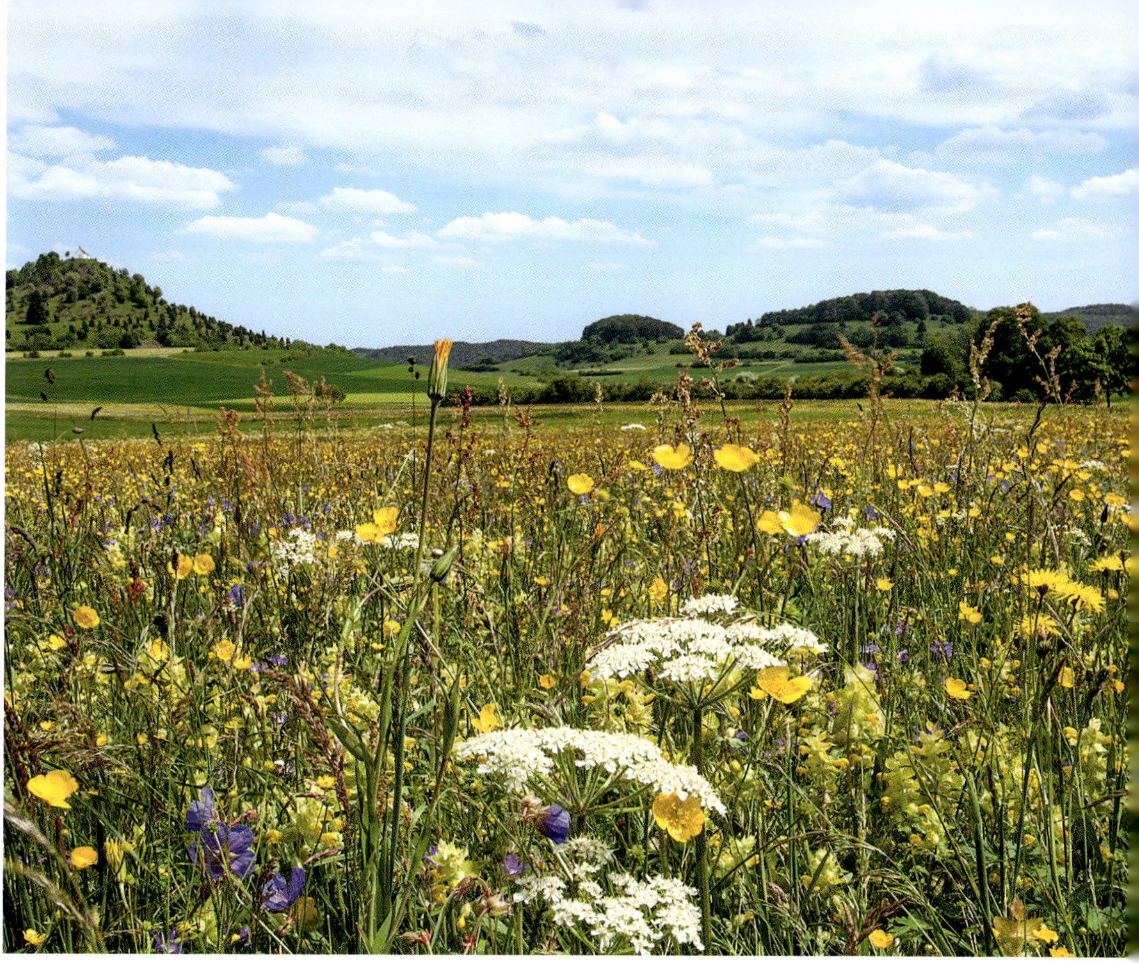

Wunderschöne Blumenwiese auf der Albhochfläche vor dem Kornbühl

werden darf. Sobald wir am Waldrand ankommen, sehen wir die alte Markierung des HW1. Findet man die Abzweigung nicht oder ist der Weg zu stark zugewachsen, so können wir auch auf der Straße weitergehen, um dann auf den Dreifürstensteig zu treffen, der über den Bergrutsch am Hirschkopf hinauf zum Dreifürstenstein zieht.
Ein wenig Wegsuche lohnt allerdings. Ist das erste Stück geschafft, klettert der noch gut erkennbare alte HW1 in schöner Wegführung im Wald aufwärts. Eine quer laufende Forststraße kreuzen wir und schnaufen auf einem steilen Steig weiter bergauf. Oben irritiert ein wenig, dass die Wegweiser immer noch auf unserem Weg nach unten zeigen. Wir erreichen einen Forstweg, der uns ein Stück des Weges mitnimmt. Schließlich schickt uns der Wegweiser »Dreifürstenstein« auf dem Dreifürstensteig in Richtung Gipfel. Der Steig zieht immer am Albtrauf entlang, bis wir endlich am berühmten **1** Dreifürstenstein stehen. Wir befinden uns hier am höchsten Punkt des Landkreises Tübingen. Dementsprechend schön ist die Aussicht auf das Albvorland und die traumhafte Burg Hohenzollern.
Der Dreifürstenstein verdankt seinen Namen den Grenzen der drei Territorien, die bis 1806 auf seinem Gipfel zusammentrafen. Diese waren Hohenzollern-Hechingen, Württemberg und Fürstenberg. Nach einer Sage haben sich die drei Fürsten am Dreifürstenstein zu Gesprächen an einem runden Steintisch getroffen. Dabei konnte jeder in seinem eigenen Gebiet sitzen. Allerdings kam diese Sage wahrscheinlich erst Mitte des 19. Jahrhunderts auf

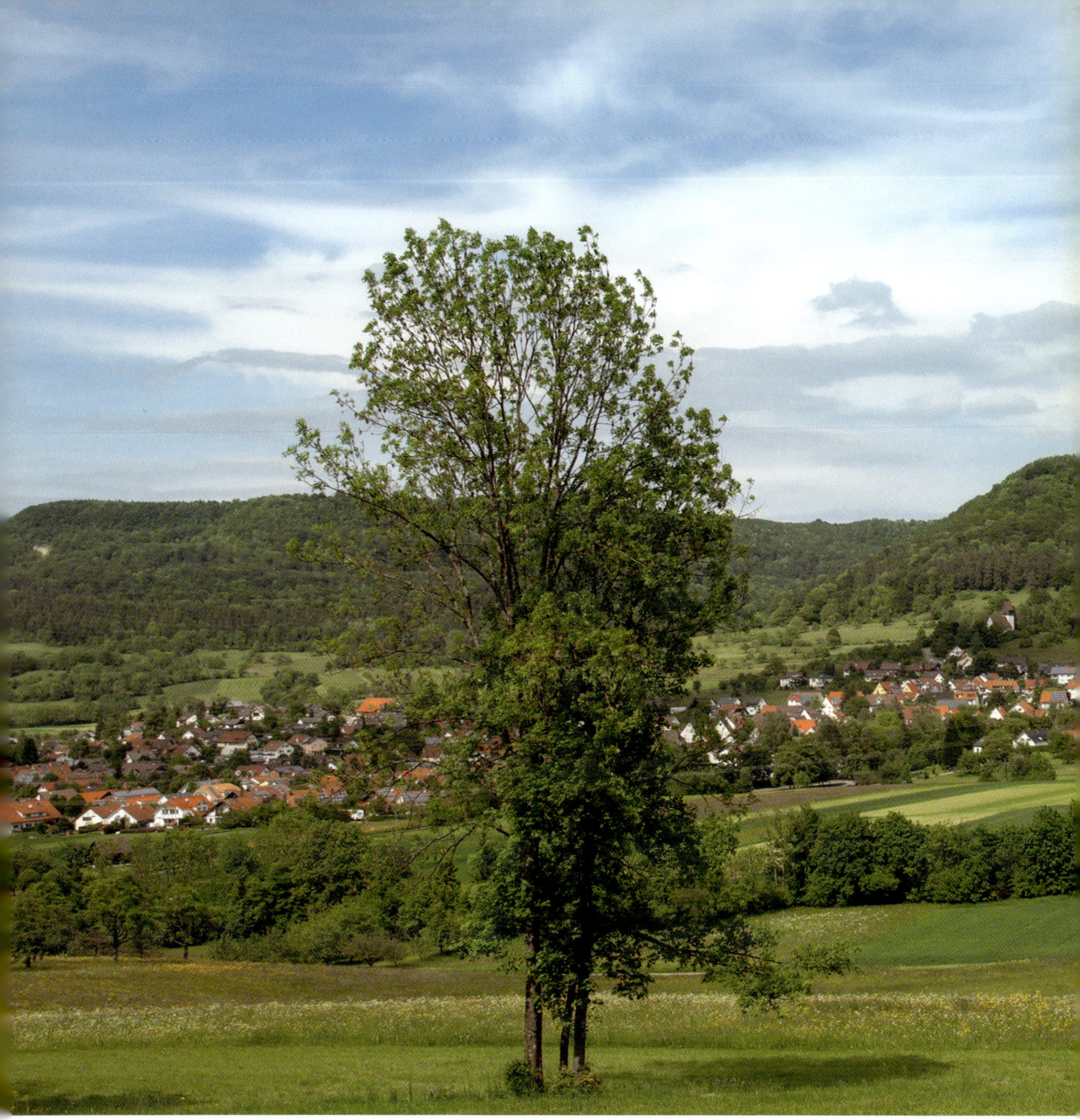

Zum Ende der Wanderung erhalten wir einen schönen Blick auf Talheim.

und die Fürsten haben sich tatsächlich nie an diesem Ort getroffen. Schön ist die Vorstellung trotzdem, und so hängen wir ein wenig unseren Gedanken nach, während wir die Aussicht bewundern.

Zum Talheimer Wasserfall Nach der Pause am Dreifürstenstein folgen wir dem HW1 am Albtrauf entlang in Richtung Weilerwaldkopf. Wir treffen auf einen Forstweg, der uns auf freies Gelände bringt. Auf der Straße wandern wir zum Parkplatz Schluchten. Der Belag wechselt von Schotter zu Teer. Wir bleiben auf der Straße bis unter den Kornbühl mit seiner Kapelle. Hier biegen wir auf einer Straße nach links ab. Diese verlassen wir am Beginn des Waldes gleich wieder nach links. Dabei sollte man ein wenig achtsam sein, da die Abzweigung leicht zu übersehen ist. Der Weg führt zuerst über eine Wiese, dann steil durch den Wald bergab. Bei Nässe kann es hier ganz schön rutschig werden. Im Tal angekommen, biegen wir auf eine Forststraße nach

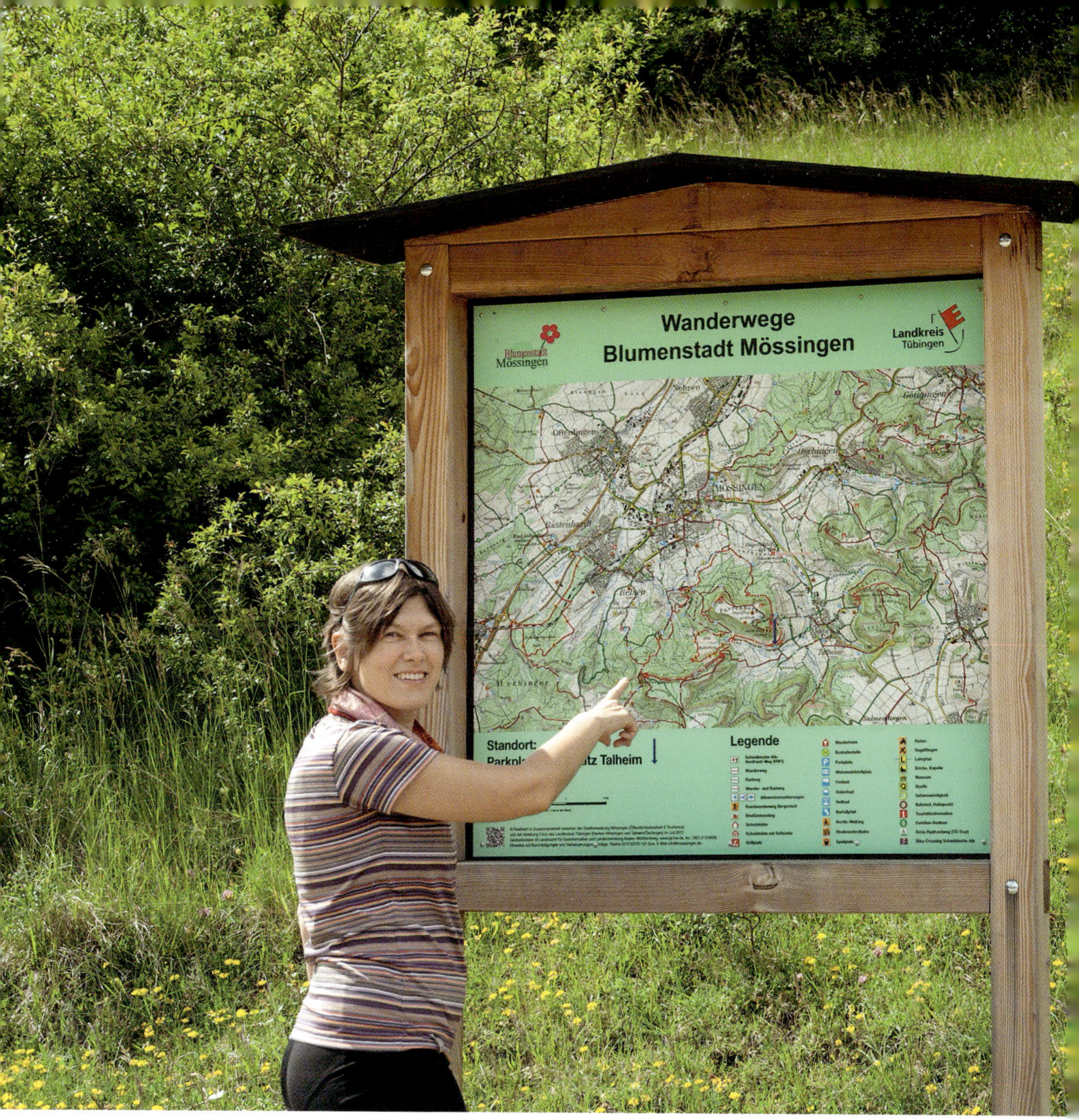

rechts ab. Eine von links einmündende weitere Forststraße ignorieren wir und wählen die geradeaus ziehende Straße. Diese macht einen Rechtsknick und bringt uns zum **2** Talheimer Wasserfall. Die moosige Stufe führt nur nach intensiven Regenfällen Wasser. Trotzdem ist der kleine Wasserfall ein schöner Kontrast in der Waldlandschaft, während das im Wasser glitzernde Moos selbst wie ein kleiner Märchenwald für Zwerge scheint.

Die Blumenstadt Mössingen bietet viele schöne Wanderwege. Unsere Tour bringt uns auf den Dreifürstenstein.

Nach Talheim Direkt nach dem Wasserfall zweigen wir nach links auf einen Steig ab. Wir wandern entlang des Baches bis zu einer Forststraße. Hier nehmen wir die linke Forststraße (ohne Markierung) und spazieren am Waldrand entlang. Am Ende des Waldes fällt der Weg ab und wir wandern über die Wiesen zum quer verlaufenden HW1. Wir biegen nach links ab und folgen dem Sträßchen bis zu einem Brunnen. Hier nehmen wir den rechten Weg und wandern zurück zum Parkplatz bei **E** Talheim.

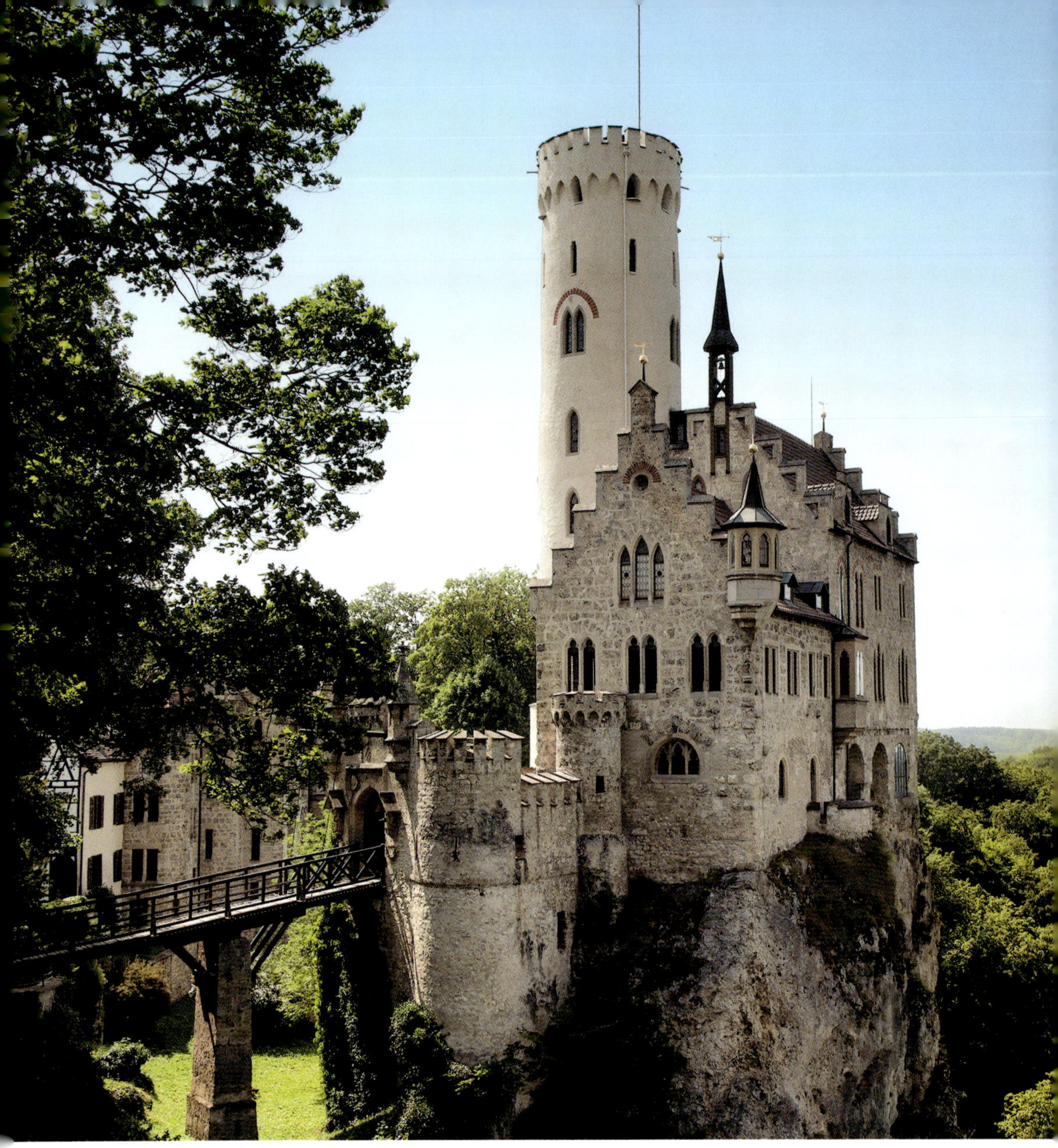

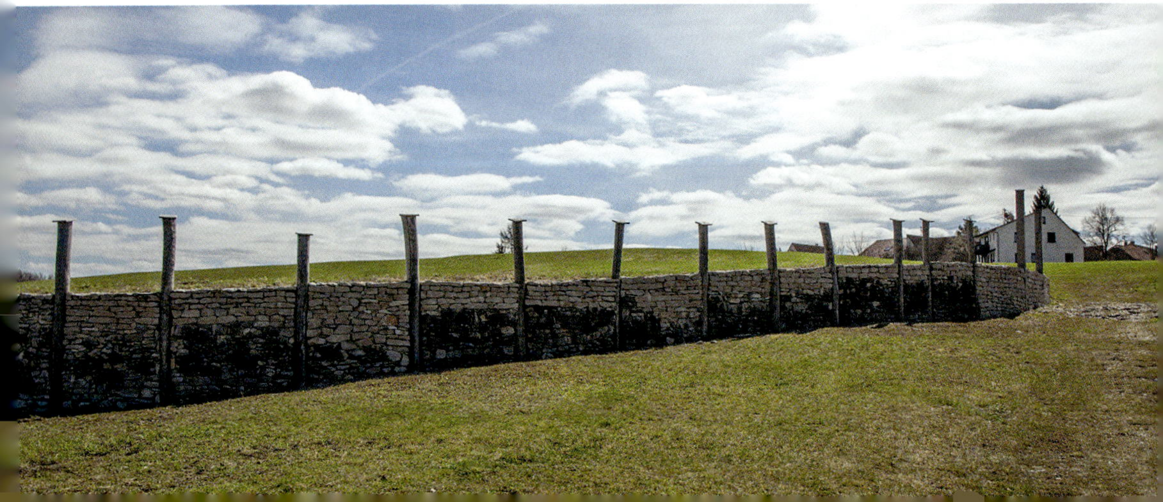

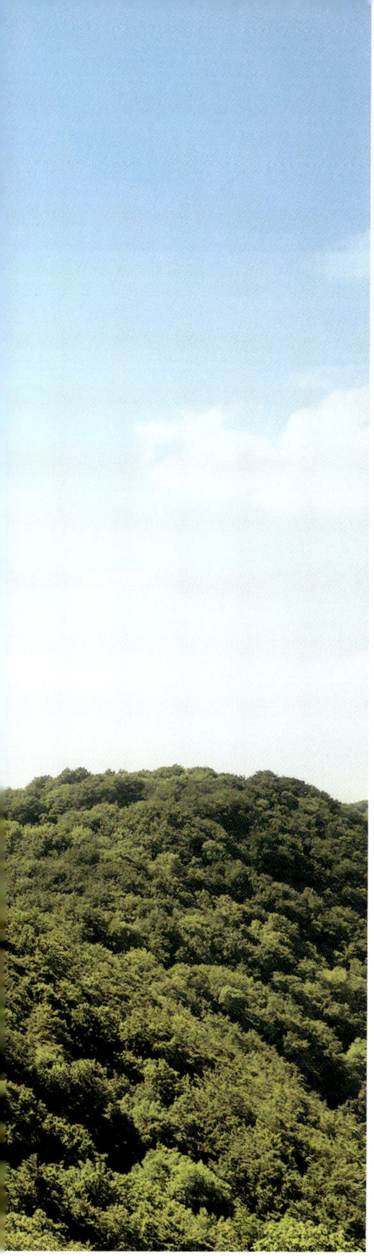

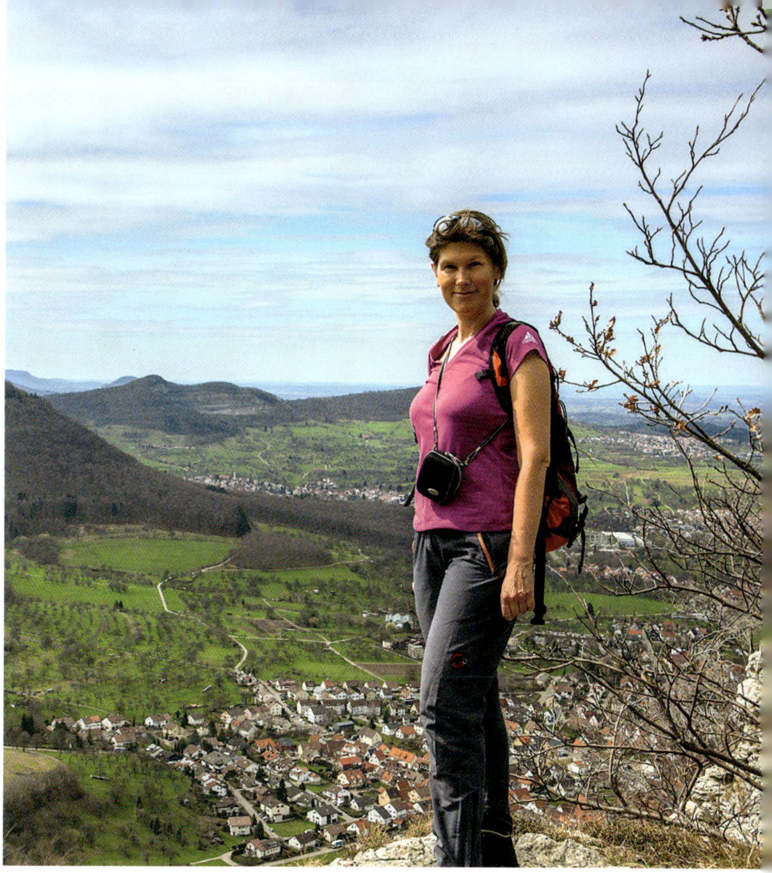

Reutlinger Alb

Schloss Lichtenstein auf der Reutlinger Alb (oben links), das Tor am Heidengraben bei Erkenbrechtsweiler (unten links), auf dem Mädelesfels (oben rechts), der Einstieg zur Langen Steige bei Strohweiler (unten rechts).

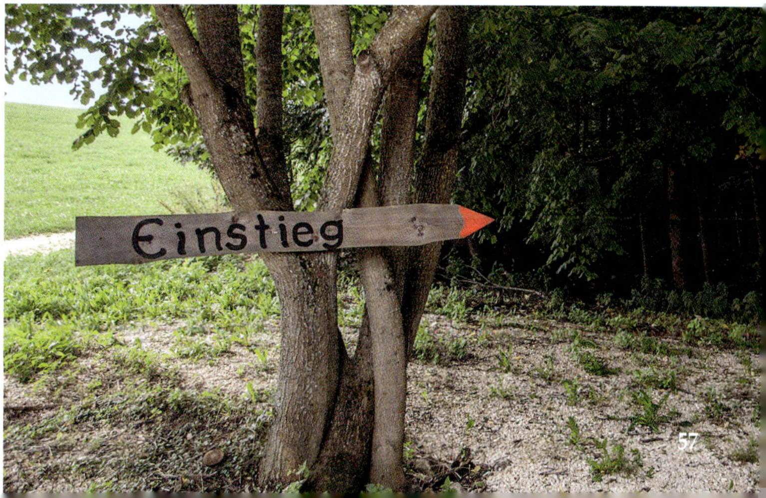

11

Zu Kirchkopf und Riedernberg

Stiller Steig zu Aussichtskanzel

mittel | 5,5 km | 210 hm | 3:00 Std.

Tourencharakter:
Teilweise schmale, verwachsene Wege, aber auch breite Wege und Straßen

Ausgangs-/Endpunkt:
Mössingen-Talheim (570 m), Parkplatz oberhalb des Friedhofs

Anfahrt:
Auto: auf der B27 nach Nehren und weiter an Mössingen vorbei nach Talheim und Richtung Kirche mit Friedhof. Am Friedhof vorbei zum Parkplatz.
Bahn und Bus: mit dem Zug nach Mössingen und mit dem Anruf-Sammel-Taxi nach Talheim (Tel. 07473/7501, Anmeldung mindestens 30 Minuten vor Abfahrt)

Wegverlauf:
Talheim – Dreifürstenstein – Talheimer Wasserfall – Talheim

Karte:
Wanderkarte des Schwäbischen Albvereins Nr. 24, Albstadt – Balingen, 1:35 000

Einkehr:
Gaststätten in Talheim und Mössingen

Infos:
Stadt Mössingen, Freiherr-vom-Stein-Straße 20, 72116 Mössingen, Tel. 07433/370-0, www.moessingen.de, info@moessingen.de

Der Riedernberg wird auf dem HW1 überschritten. Insgesamt steht er dabei allerdings etwas abseits der bekannteren Nachbarn Roßberg, Bolberg und Dreifürstenstein. Höhepunkt dieser Wanderung ist jedoch der kleine Kirchkopf, der auf einem schmalen Steig erstiegen wird und einen beeindruckenden Tiefblick auf Talheim bietet. Einen schönen Abschluss bildet der neue Wegverlauf des HW1 am Ende unserer Wanderung.

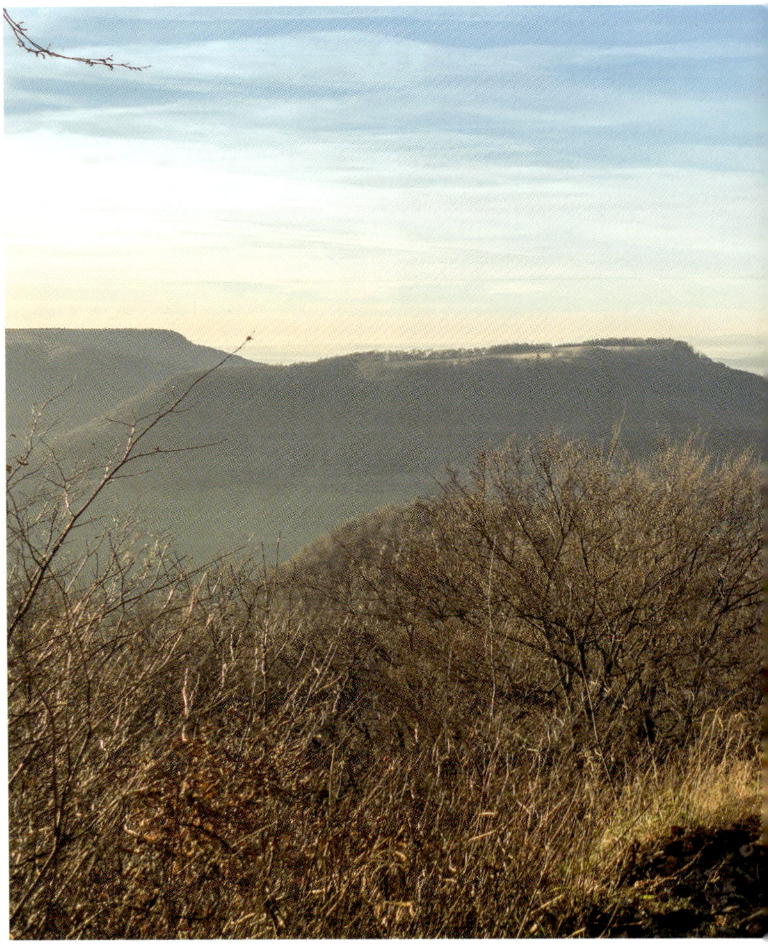

Vom Riedernberg genießen wir eine wunderbare Aussicht nach Mössingen und ins Albvorland.

Zum Kirchkopf Vom Parkplatz oberhalb des Friedhofes von A Talheim (570 m) wandern wir auf dem Forstweg noch ein kleines Stück geradeaus, bis uns ein Schild nach links in Richtung Kirchkopf schickt. Der schmale Steig windet sich in vielen Kehren durch den Wald bergauf. Nach gut 200 Höhenmetern wird das Gelände flacher und wir erreichen den 1 Kirchkopf (771 m), der direkt über Talheim liegt. Dementsprechend beeindruckend ist der Tiefblick hinunter in den Ort. Wir gönnen uns eine kurze Pause und genießen die Aussicht und Ruhe hier oben.

Anschließend machen wir uns an den Weiterweg zum Riedernberg. Hierfür folgen wir dem vom Kirchkopf nach Nordwesten ziehenden Kamm. Bis zu einem Sattel folgen wir noch einem

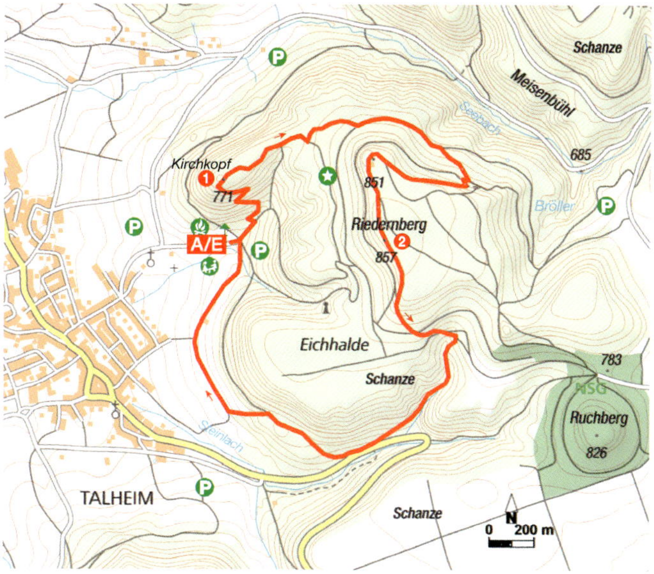

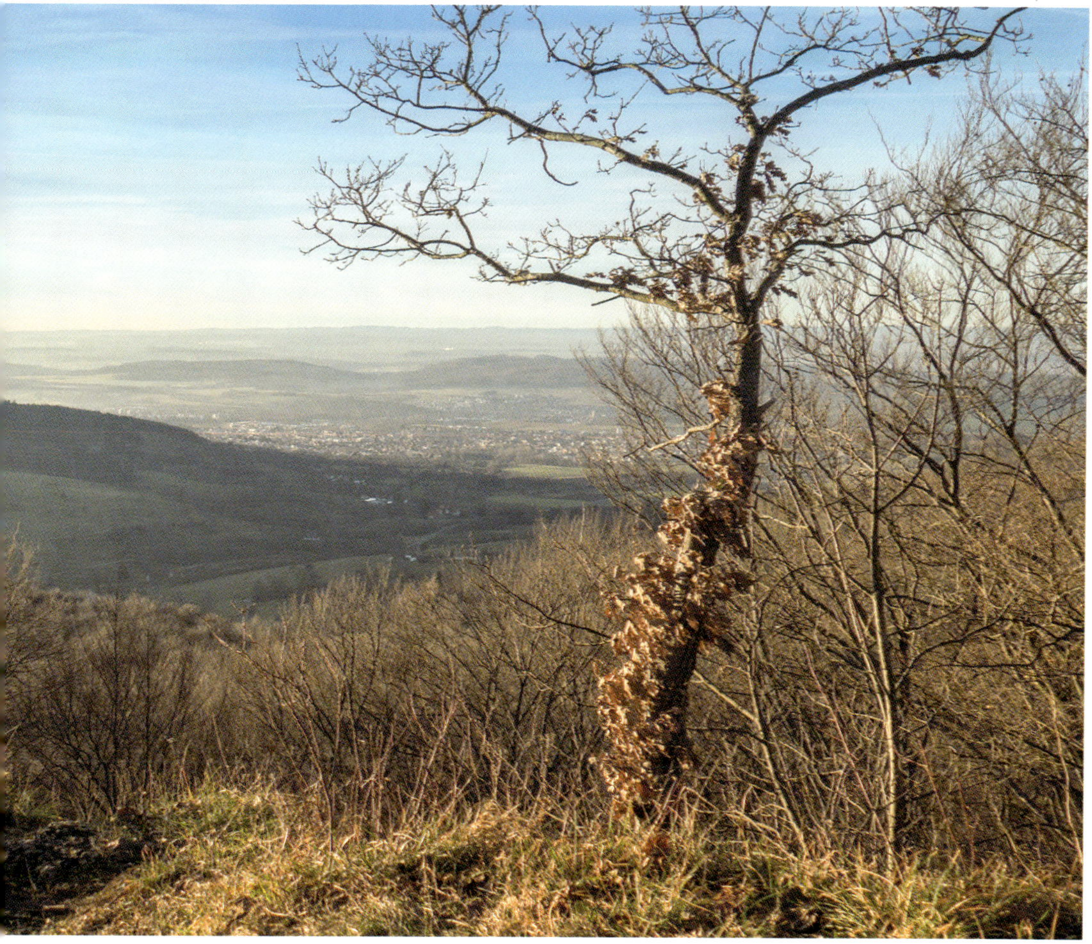

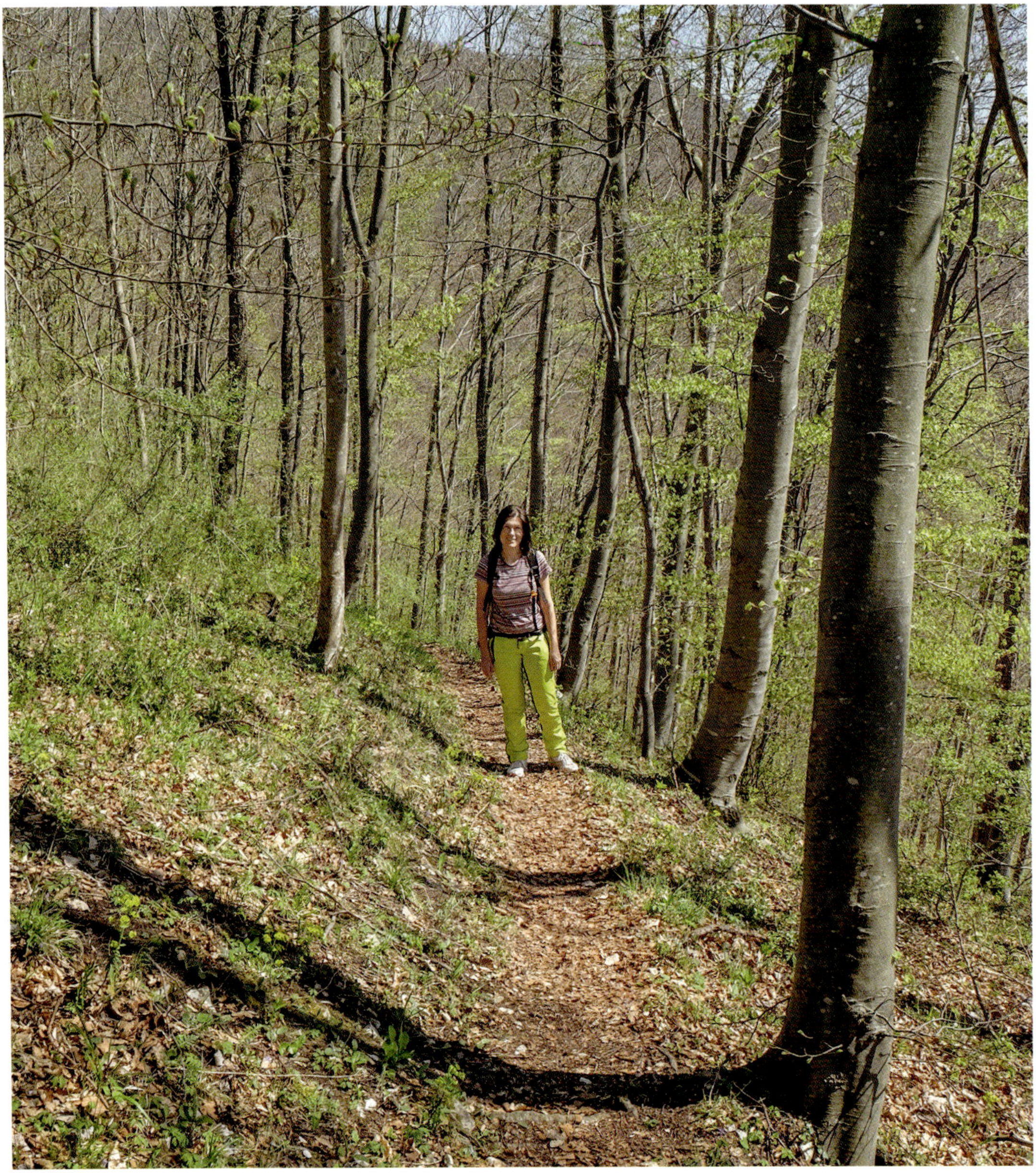

Ein schöner Waldweg führt auf den Kirchkopf.

kleinen Steig, der sich bald mehr und mehr verliert. Mehr oder weniger weglos bzw. auf einem schlecht gepflegten Waldweg steigen wir bergauf, bis wir auf einen Forstweg treffen. Auf diesem wandern wir nach links um die Nordausläufer des Riedernberges, bis wir auf den HW1 treffen, der vom Bolberg herüberkommt. Wir verlassen nun unseren breiten Forstweg und folgen dem schmalen Steig des HW1 steil hinauf zur Albtraufkante. Der Weg bringt uns zum höchsten Punkt auf dem **2** Riedernberg (856 m). Auf dem Gipfel befinden sich eine kleine Schutzhütte sowie eine Grillstelle. Vom Riedernberg genießen wir eine wunderbare Aussicht auf Talheim, das Albvorland sowie die umliegenden Berge am Albtrauf. Ein

wirklich schöner Platz für eine gemütliche Pause.
Anschließend machen wir uns an den Abstieg. Hierfür folgen wir weiter dem HW1 in südlicher Richtung. Der Weg führt bergab bis zur Talheimer Steige, der Straße, die von Talheim nach Melchingen führt. Früher wechselte der HW1 die Straßenseite und führte weiter in Richtung Dreifürstenstein. Inzwischen wurde der Weg verlegt. Er führt nun oberhalb von Talheim bis zum Wanderparkplatz und dann hinunter in den Ort. Hierfür biegen wir an der Straße nach rechts ab. Der neue Weg führt nun sehr aussichtsreich oberhalb von Talheim zurück zum **E** **Wanderparkplatz.**

Theater Lindenhof in Melchingen

Wenn man von Talheim über die Steige auf die Albhochfläche fährt, gelangt man nach Melchingen. Hier befindet sich die Spielstätte des Theaters Lindenhof, eines Regionaltheaters auf der Schwäbischen Alb. Für das Stück mit historischem Bezug zum Mössinger Generalstreik von 1933, das das Theater Lindenhof auf dem alljährlich stattfindenden Kulturherbst der Stadt Mössingen aufgeführt hat, erhielt es 2014 den BKM-Preis Kulturelle Bildung vom Beauftragten der Bundesregierung für Kultur und Medien. Wenn man also mal keine Lust zum Wandern hat, lohnt sich trotzdem ein Ausflug nach Melchingen auf die Alb zum Theater Lindenhof. Weitere Informationen unter www.theater-lindenhof.de

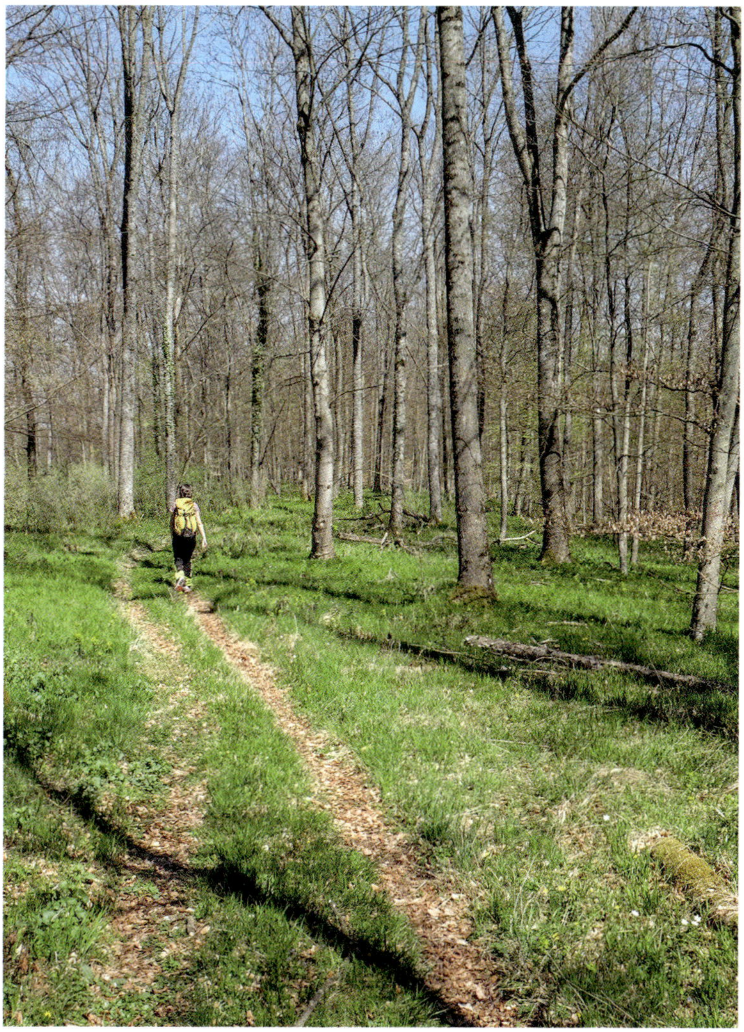

Vom Kirchkopf führen zu Beginn deutliche Wegspuren in Richtung Riedernberg.

12

Panoramablick auf das Steinlachtal

Von Öschingen auf den Bolberg

mittel 8,7 km 340 hm 3:00 Std.

Tourencharakter:
Teilweise Forstwege, teilweise schmale Wanderwege

Ausgangspunkt:
Öschingen (568 m), Parken am Friedhof oberhalb der Kirche

Endpunkt:
Wie Ausgangspunkt

Anfahrt:
Auto: auf der B27 bis Nehren, weiter an Mössingen vorbei Richtung Öschingen
Bahn/Bus: mit dem Zug nach Mössingen und mit dem Anruf-Sammel-Taxi nach Öschingen (Tel. 07473/7501, Anmeldung mindestens 30 Minuten vor Abfahrt)

Karte:
Wanderkarte des Schwäbischen Albvereins Nr. 25, Burladingen – Sonnenbühl, 1:35 000

Einkehr:
Gaststätte Krone in Öschingen, Gaststätten in Mössingen

Tourismus-Info:
Stadt Mössingen, Freiherr-vom-Stein-Straße 20, 72116 Mössingen, Tel. 07433/370-120, tourismus@moessingen.de, www.moessingen.de

Der Bolberg ist ein beliebtes Ausflugsziel. Am Gipfel befinden sich eine Hütte des Albvereins und eine Grillstelle. Den großartigen Blick vom Bolberg genießen wir von einer der dort stehenden Bänke. Statt des kurzen Marsches von Sonnenbühl her wählen wir den wunderschönen Anstieg von Öschingen über den Meisenbühl.

Zum Meisenbühl Vom Parkplatz am Friedhof oberhalb der Kirche in A Öschingen wandern wir auf der Straße geradeaus bergauf und folgen der Markierung »Blaue Gabel« in Richtung Waldrand. Der Ort Öschingen wird 1101 zum ersten Mal als Escingen urkundlich erwähnt. Wahrscheinlich haben hier die Angehörigen eines Esco oder Asco gewohnt. Allerdings weiß man hierüber nichts.
Schon hier verweilen wir immer wieder und blicken zurück, denn das Panorama, das sich uns bietet, ist wunderschön. Der gutmütige Wanderweg klettert nun steiler durch den lichten Wald aufwärts, bis wir die freien Wiesen des 1 Meisenbühl erreichen. Vor allem im Frühjahr blühen hier jede Menge Blumen, und wir können uns kaum sattsehen. Den kurzen Abstecher nach links hinauf zum Filsenberg nehmen wir mit und können die Aussicht bewundern. Es gibt Vermutungen, dass hier auf dem Filsenberg möglicher-

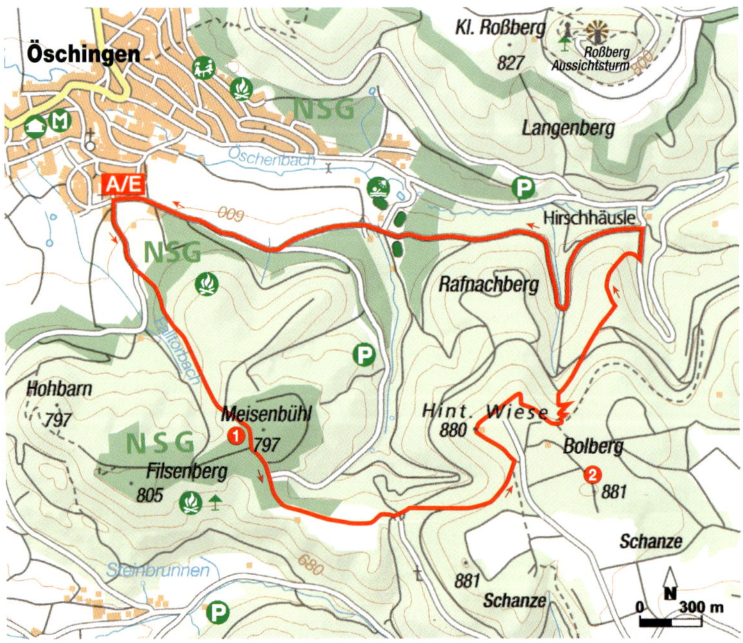

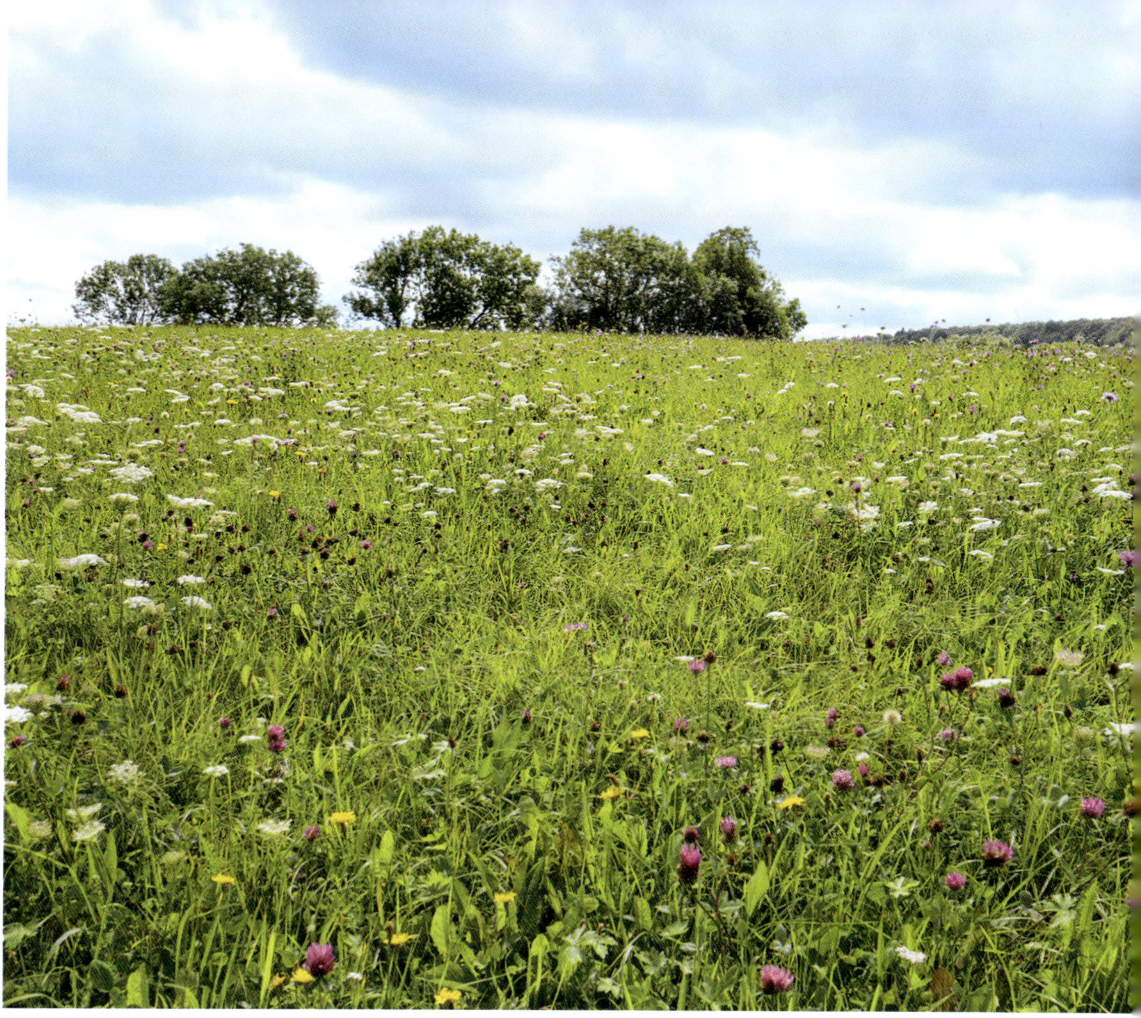

Am Meisenbühl finden sich schöne Blumenwiesen.

weise einmal eine Ringburg stand. Verdenken könnte man es den Bauherren nicht, bietet doch dieser Platz einen wirklich schönen Ausblick. Auch zu unserem Gipfelziel können wir bereits hinaufschauen: Die Hütte am Bolberg lässt sich zwischen dem Grün der Blätter ausmachen. Hier am Meisenbühl hat der Interessierte am besten auch ein Blumenbestimmungsbuch dabei, um die klangvollen Namen der vielen Blüher nachschlagen zu können.

Zum Bolberg Mit der blauen Gabel überqueren wir die Wiesenflächen des Meisenbühls zu einer Hütte. Danach biegt der Weg leicht nach links ab und bringt uns hinüber zum Waldrand. An einer Kreuzung nehmen wir den geradeaus führenden Weg (Markierung »Blaue Gabel«), auf dem wir hinauf zum Albtrauf schnaufen. Hier ist der Weg gerne etwas nass und rutschig. Schließlich sind wir oben und biegen nach links ab. Wir lassen uns von dem Steig am Albtrauf entlang zum Gipfelplateau des 2 Bolbergs bringen. Schon stehen wir an der Willmandinger Albvereinshütte und der Grillstelle. Vorne am Albtrauf lassen wir uns auf eine der hier aufgestellten Bänke nieder. Denn von hier oben genießen wir eine grandiose Aussicht auf das Steinlachtal, das vor unseren Füßen ausgebreitet liegt. Bei gutem Wetter können wir im Norden den Stuttgarter Fernsehturm sehen. Eine Orientierungstafel benennt die Erhebungen, die wir nah und fern ausmachen können.

Rückweg nach Öschingen Nach der ausgiebigen Rast auf dem Bolberg machen wir uns an den Abstieg zurück nach Öschingen. Hierfür überschreiten wir den Gipfel und spazieren auf dem Weg am Albtrauf entlang in Richtung Nordosten. Nach einem Knick biegt der Weg nach Südwesten ab und führt zu einer Wegverzweigung. Wir folgen nun dem HW1, der steil nach links abwärts fällt. Wir kommen zu einer Forststraße, auf der wir uns kurz nach rechts wenden. Wenig später schickt uns ein Wegweiser wieder nach links. Wiederum geht es ziemlich steil bergab, bis wir erneut eine Forststraße erreichen. In diese biegen wir ein, verlassen sie aber bald darauf wieder nach links. Dabei handelt es sich um einen unmarkierten Abzweig der ersten Forststraße. Diese Straße nimmt uns auf gleicher Höhe Richtung Westen mit. Dabei gehen wir einen tiefen Bachgraben aus. Den Wald verlassen wir direkt oberhalb des Öschinger Freibads. An heißen Sommertagen empfiehlt sich ein Abstecher hinunter zum schön gelegenen Bad. Am gegenüberliegenden Hang sehen wir die Überreste eines Bergrutsches aus dem Sommer 2013, der so schlimme Ausmaße erreichte, dass die unterhalb befindlichen Häuser evakuiert werden mussten und teilweise unbewohnbar wurden. Wir wandern auf dem Weg weiter nach Westen und kommen oberhalb von Öschingen zurück zu den ersten Häusern. Jetzt treffen wir auf unseren Anstiegsweg und sind in wenigen Minuten zurück am Parkplatz bei der Kirche in E Öschingen.

Gemütlich geht es über die Wiesenflächen in Richtung Bolberg.

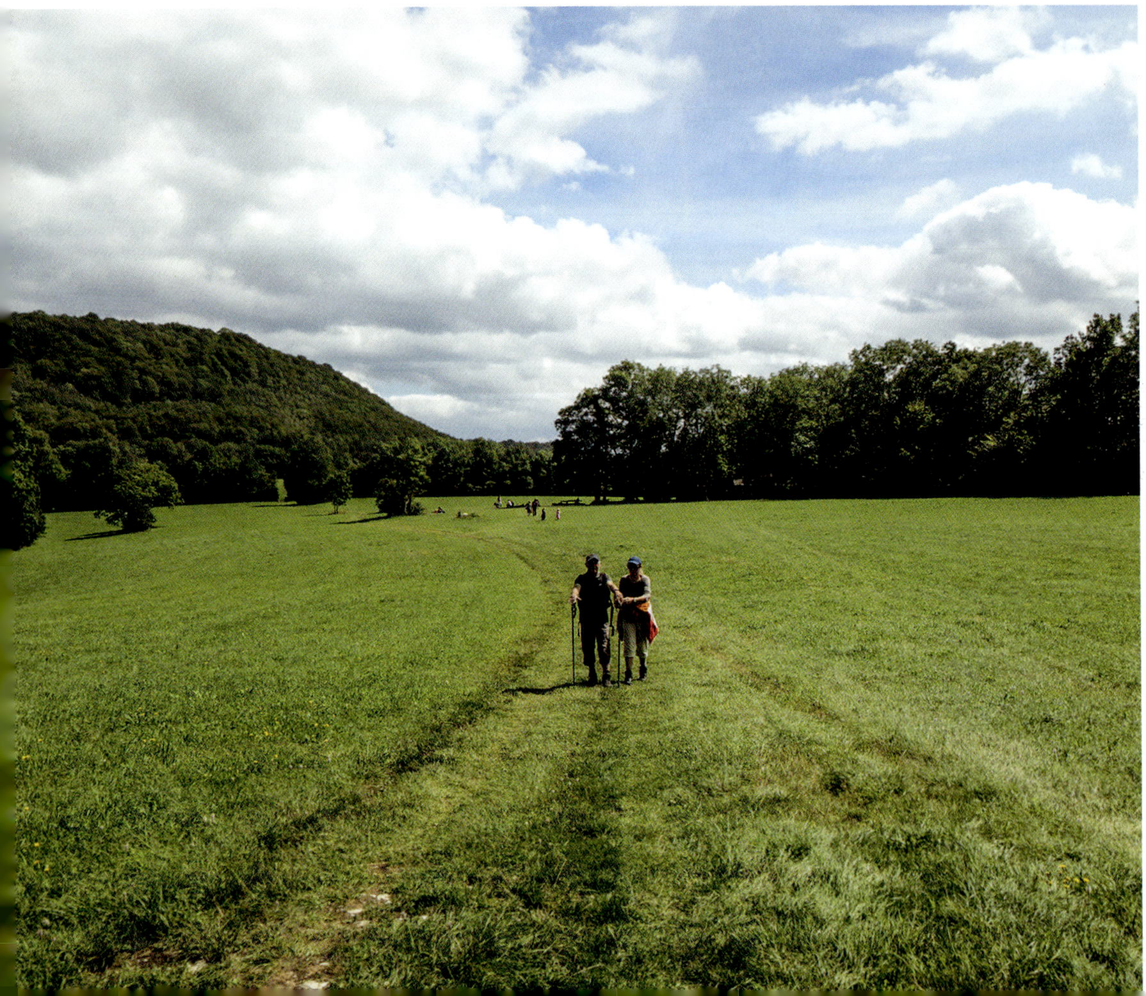

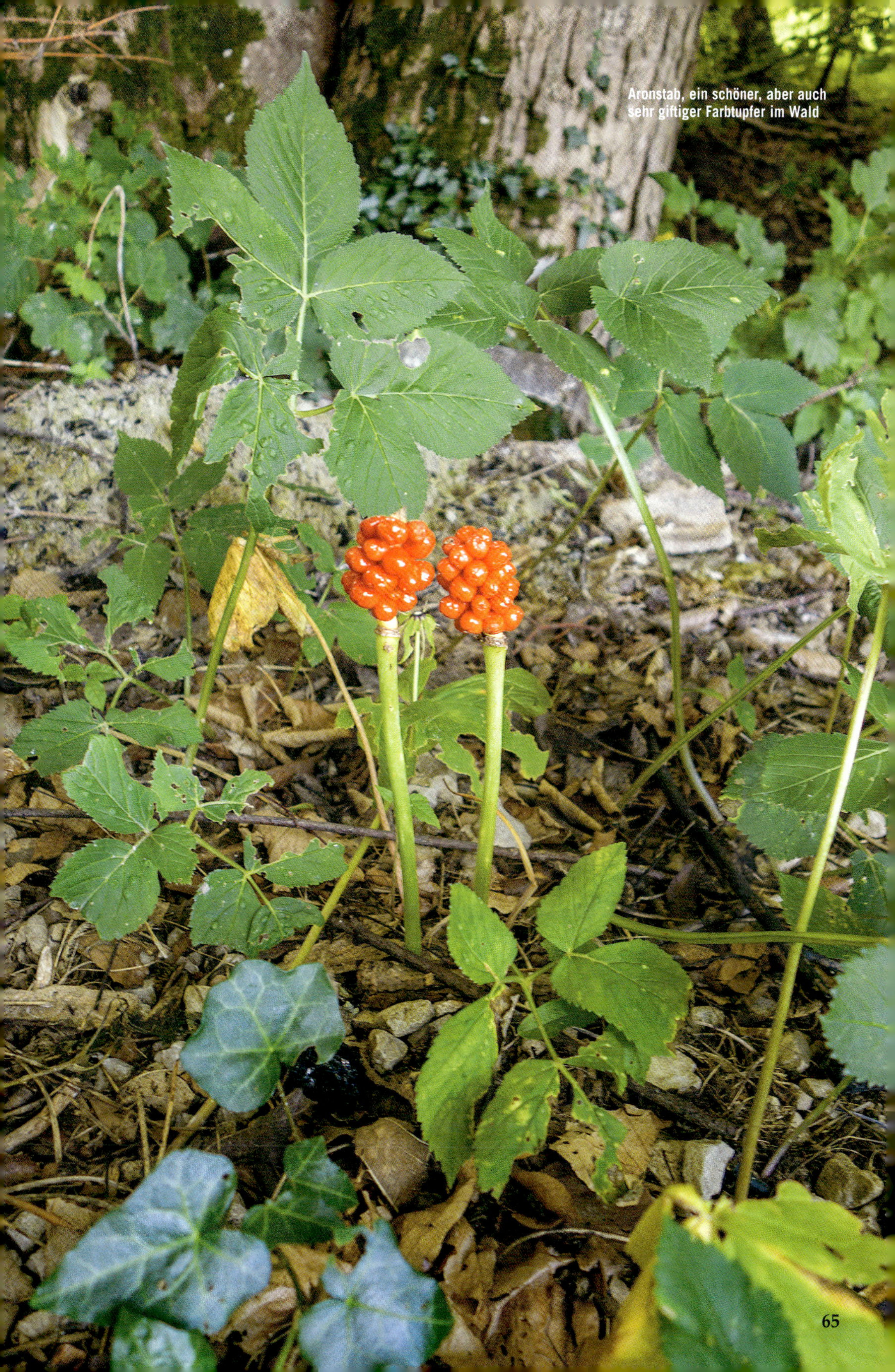

Aronstab, ein schöner, aber auch sehr giftiger Farbtupfer im Wald

13

Stille Wege zum Aussichtsturm

Auf den Roßberg bei Gönningen

mittel · 7,5 km · 310 hm · 3:00 Std.

Tourencharakter:
Schmale, steile Steige, teilweise Trittsicherheit erforderlich

Ausgangspunkt:
Straße zwischen Öschingen und Gönningen (580 m)

Endpunkt:
Wie Ausgangspunkt

Anfahrt:
Auto: auf der B 27 bis Nehren, weiter an Mössingen vorbei nach Öschingen und in Richtung Gönningen. Auf der linken Seite an einem Feldweg befindet sich eine Parkmöglichkeit für drei Autos. Alternativ in Öschingen parken
Bahn/Bus: mit dem Zug nach Mössingen und mit dem Anruf-Sammel-Taxi nach Öschingen (Tel. 07473/7501, Anmeldung mindestens 30 Minuten vor Abfahrt). Weiter zu Fuß zum Ausgangspunkt

Karte:
Wanderkarte des Schwäbischen Albvereins Nr. 25, Burladingen – Sonnenbühl, 1:35000

Einkehr:
Wanderheim am Roßberg, Mo und Di Ruhetag

Tourismus-Info:
Stadt Mössingen, Freiherr-vom-Stein-Straße 20, 72116 Mössingen, Tel. 07433/370-120, tourismus@moessingen.de, www.moessingen.de

Der Roßberg ist sicherlich kein Geheimtipp. Dafür sorgt das Wanderheim auf seinem Gipfel, das ein beliebtes Ausflugsziel ist. Viele kommen mit dem Auto bis hier herauf. Wir haben uns für diese Tour den schönen Albvereinsweg über die Nordwestseite ausgesucht.

Zum Schönberger Kapf Direkt am A Parkplatz finden wir ein Schild »Roßberg«. Wir überqueren die L385 zwischen Öschingen und Gönningen und folgen der Markierung »Blaues Dreieck« in den Wald. Am schmalen Steig kraxeln wir schnaufend und schwitzend ziemlich direkt aufwärts. Wir überqueren einen Forstweg und gehen weiter geradeaus nach oben. Nach einem kurzen Flachstück wandern wir an den steileren Hang heran. In einigen Kehren schlängelt sich der Steig hinauf. Nach der letzten Kehre zieht der Weg ziemlich lang nach links. Jetzt gehen wir am schmalen Pfad an ein paar Felsen vorbei. Aufgrund des steil nach links abfallenden Geländes sollten wir für den Anstieg einigermaßen trittsicher und auf gutem Schuhwerk unterwegs sein. Nach dem steilen Weg durch den schönen Wald sind wir völlig überrascht, als wir plötzlich auf einer großen Wiesenfläche stehen. Et-

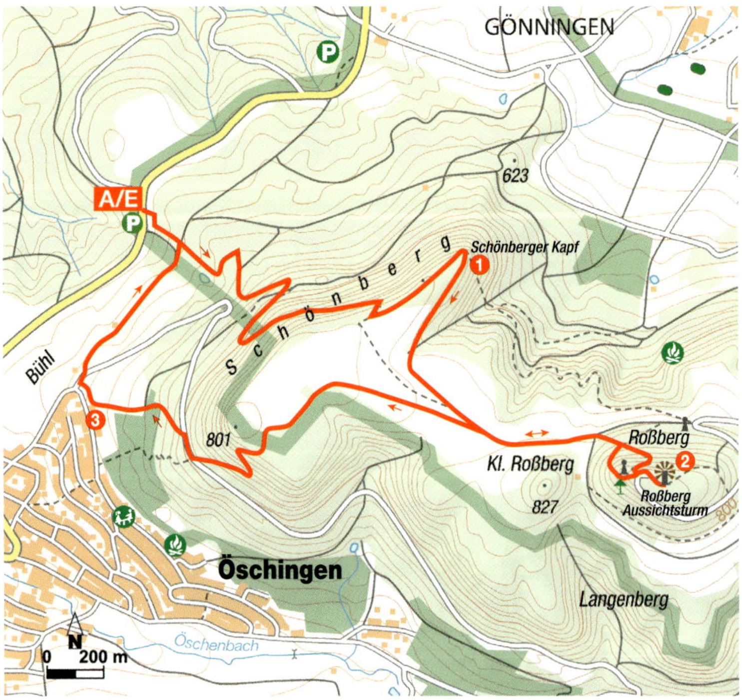

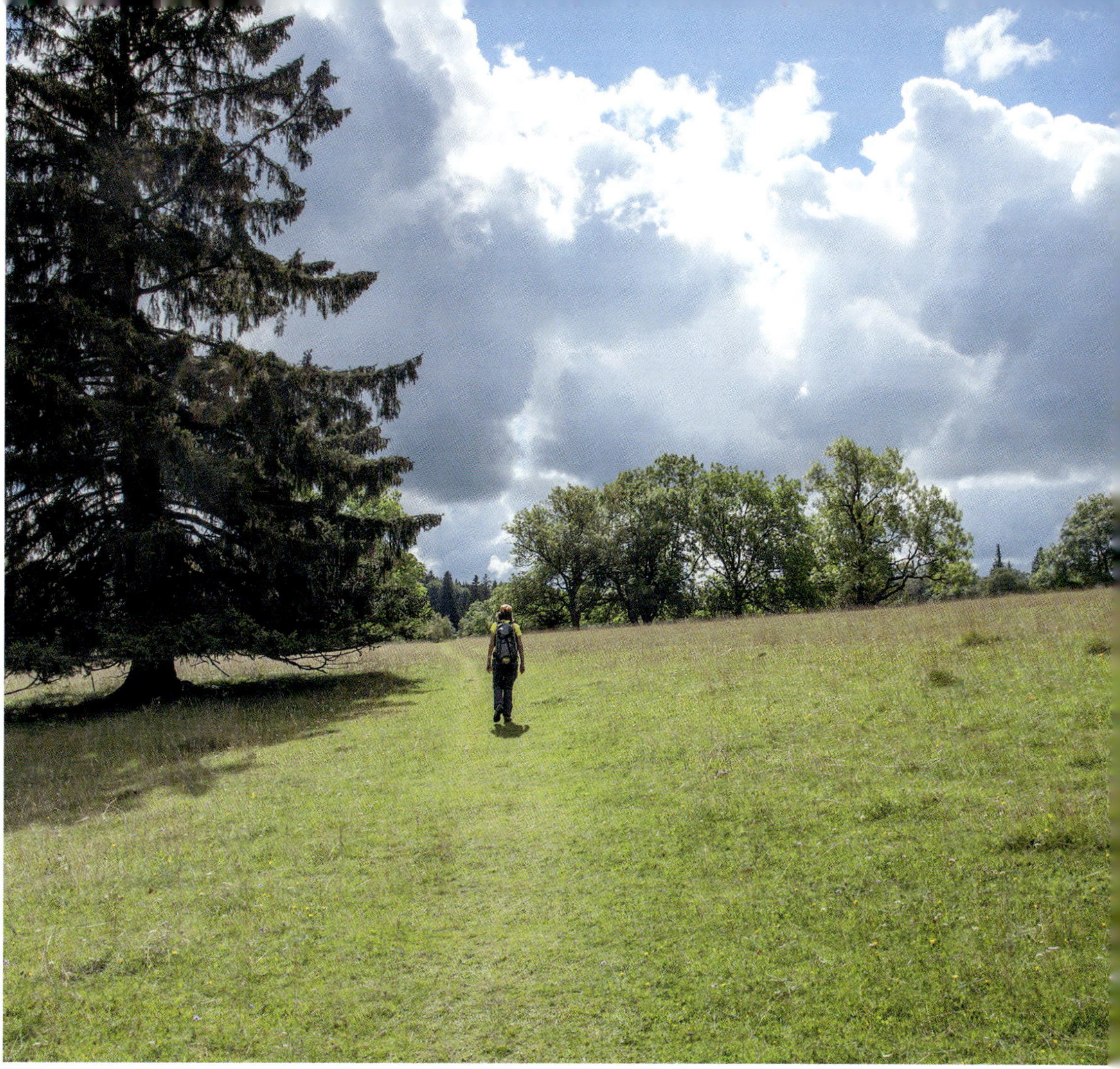

was links von unserem Weg befinden sich ein Grillplatz und ein paar Bänke mit einem Tisch. Nach dem steilen Anstieg haben wir uns eine kleine Pause verdient. Der Aussichtsturm am Roßberg ist von hier bereits sichtbar. Es empfiehlt sich aber noch einen kleinen Abstecher zum Aussichtspunkt **1** Schönberger Kapf zu unternehmen. Ein Wegweiser schickt uns in den Wald hinein. Nach 400 Metern stehen wir am Albtrauf und bestaunen einen wunderbaren Ausblick auf Gönningen und Reutlingen. Eine Bank lädt zu einer kleinen Rast ein.

Auf der Roßbergwiese

Zum Roßberg Um wieder zum Wanderweg zum Roßberg zu gelangen, müssen wir nicht wieder den gleichen Weg zurückgehen, sondern können den rechts von der Bank beginnenden Steig nutzen. Dieser bringt uns aus dem Wald heraus auf eine Wiese. Am Waldrand entlang spazieren wir hinüber zum Wanderweg. Über die wunderschönen Blumenwiesen gehen wir weiter in Richtung Roßberg. An einem großen Baum entdecken wir ein Schild. Hier zweigt später unser Abstiegsweg nach Öschingen ab. Wir gehen aber weiter geradeaus, bis wir zu einer breiten Straße kommen. Diese überqueren wir und tauchen gegenüber gleich wieder in den Wald ein. Der Weg

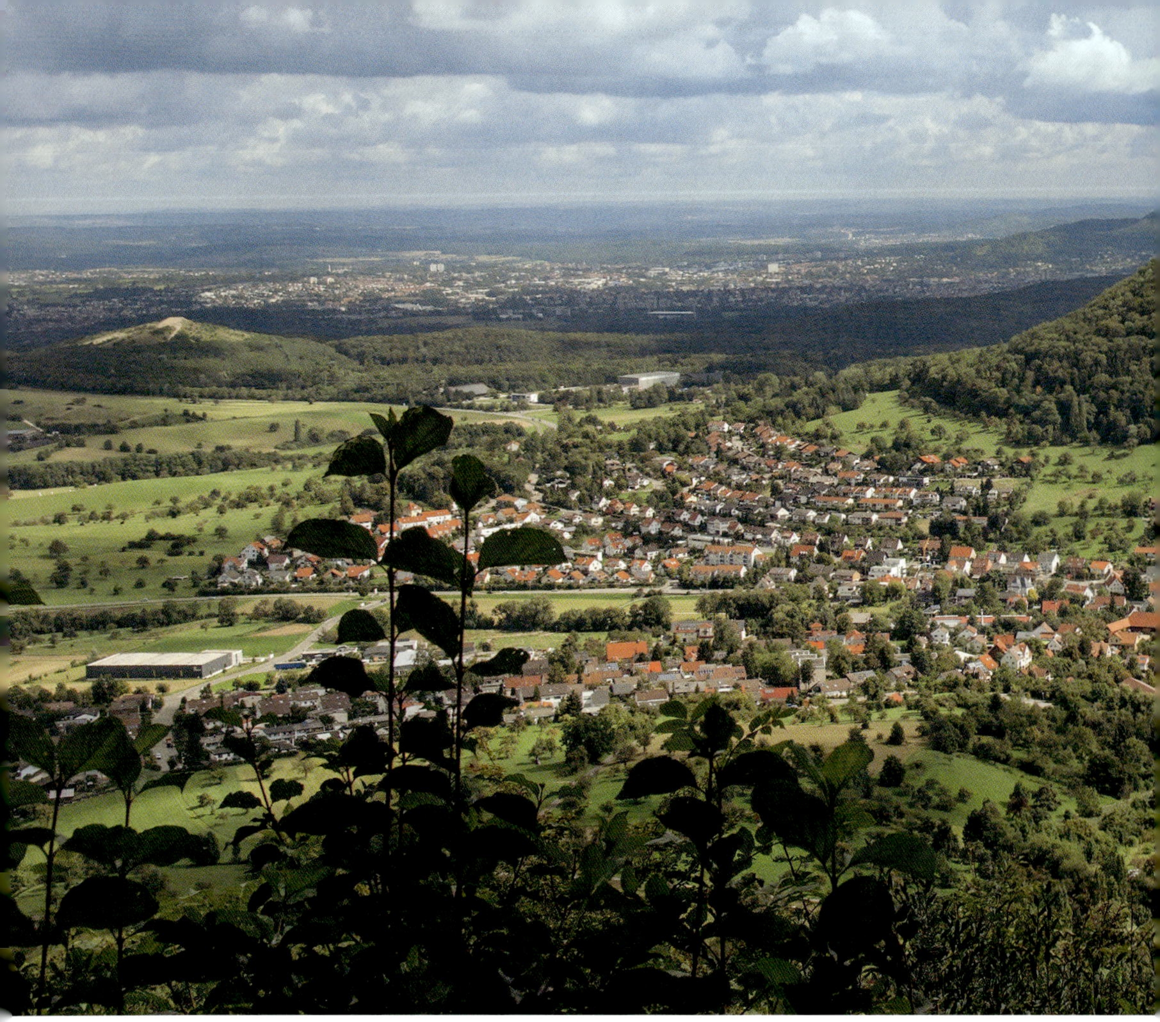

Von der Bank am Schönberger Kapf blicken wir hinunter auf Gönningen.

zieht steil aufwärts zu einer Verzweigung. Hier entscheiden wir uns für den rechten Steig (Jägersteig), der uns weiter steil aufwärts schwitzen lässt. Kurz unterhalb des Roßbergs führen Steigspuren nach links hinaus. Wir folgen den Spuren (Trittsicherheit erforderlich) zu einem schönen Aussichtspunkt, an dem sich eine Bank und das Quenstedt-Denkmal befinden. Hier oben genießen wir eine grandiose Aussicht auf Mössingen, Gomaringen, Tübingen und die umliegenden Orte. Von hier sind es nur wenige Meter bis zum Wanderheim am **2 Roßberg**, das für seine gute Küche bekannt ist. Eine Einkehr lohnt sich allemal. Auch die Besteigung des Roßbergturmes lassen wir uns nicht entgehen. Bestaunen wir doch von ganz oben das herrliche Panorama der Schwäbischen Alb.

Abstieg nach Öschingen Nach der Einkehr im Wanderheim machen wir uns wieder an den Abstieg. Da wir beim Aufstieg dem Jägersteig gefolgt sind, nehmen wir nun den anderen Steig. Wir gehen kurz zurück in Richtung Denkmal, biegen aber direkt davor nach rechts ab. Der Weg nimmt uns steil hinunter zur Wegverzweigung mit, die wir schon vom Aufstieg kennen. Auf bekanntem Weg wandern wir hinunter zur Roßbergwiese und zum großen Baum mit den Schildern. Hier biegen wir nach links ab und wandern über die Wiese am Waldrand entlang in Richtung Öschingen. Kurz nachdem

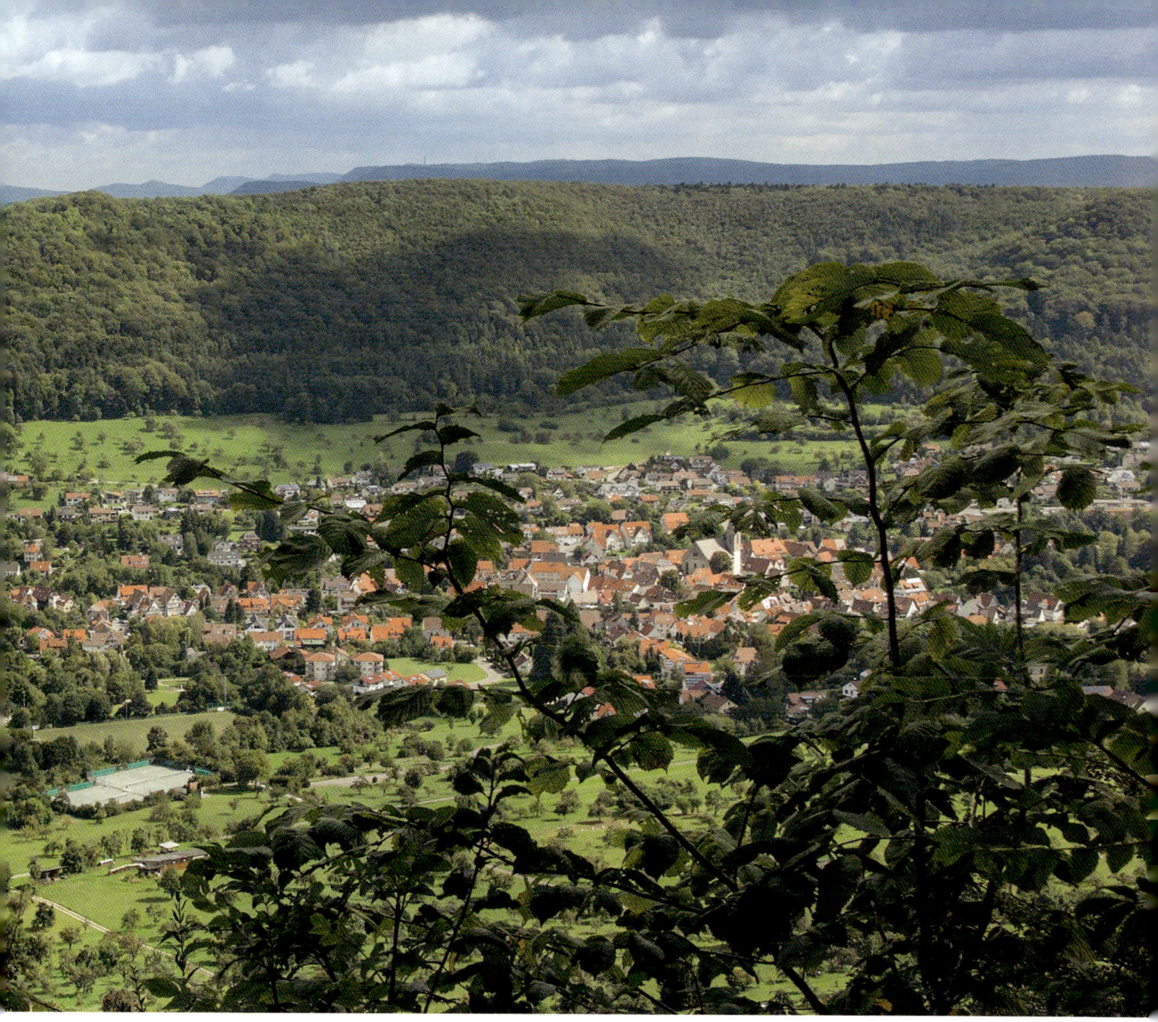

wir den Wald betreten haben, zweigt nach links ein Steig zu einem Aussichtspunkt ab. Das blaue Dreieck führt uns aber in Richtung Öschingen. Der Weg fällt steil bergab. An einer Kehre steht eine Bank und zwischen den Blättern der Bäume kann man ein wenig in die Ferne schauen. Der Steig bringt uns abwärts bis zu einer Forststraße. Diese überqueren wir und gehen auf dem Albvereinssteig weiter abwärts in Richtung Öschingen. Am Waldrand bei einer Bank schickt uns ein Wegweiser zu einem Panoramablick nach rechts. Unterhalb eines Wasserbehälters, direkt bei einem Schild »Naturschutz« biegen wir nach links ab und wandern über einen Wiesenweg abwärts zu den obersten Häusern von **3** Öschingen. Wir gehen zwischen den Häusern hindurch und wandern auf der Panoramastraße nach rechts, bis sie in einen Feldweg übergeht. Wir nehmen den flach geradeaus führenden Weg (nicht den steiler nach oben ziehenden) und wandern oberhalb der Straße über Wiesen und kurze Waldstücke zum Wald. Hier treffen wir auf den Albvereinssteig, den wir beim Anstieg zum Roßberg schon genutzt haben. Diesem folgen wir nach links bis zur Straße und zum **E** Parkplatz. Ist man mit den öffentlichen Verkehrsmitteln angereist beziehungsweise hat man keinen Parkplatz gefunden und muss sein Auto in Öschingen abstellen, wandert man am Beginn der Tour entlang der Straße bis zum Albvereinssteig auf den Roßberg.

14

Von Gammertingen ins Fehlatal

Eulenloch und Ruine Baldenstein

leicht · 12,1 km · 220 hm · 4:00 Std.

Tourencharakter:
Überwiegend gute, problemlos zu gehende Wanderwege

Ausgangspunkt:
Gammertingen (667 m), Parkplatz an der B 32 (Richtung Sigmaringen)

Endpunkt:
Wie Ausgangspunkt

Anfahrt:
Auto: auf der B 27 bis Nehren, weiter an Mössingen vorbei über Talheim nach Gammertingen
Bahn/Bus: mit dem Zug nach Gammertingen

Karte:
Wanderkarte des Schwäbischen Albvereins Nr. 25, Burladingen-Sonnenbühl, 1:35 000

Einkehr:
Gaststätten in Gammertingen

Tourismus-Info:
Stadt Gammertingen, Hohenzollernstr. 5, 72501 Gammertingen, Tel. 07574/406-0, info@gammertingen.de, www.gammertingen.de

Diese Wanderung führt uns von Gammertingen zur Höhle des Eulenloches. Weiter geht es nach Neufra ins Fehlatal und zur märchenhaft gelegenen Ruine Baldenstein. Danach wandern wir zurück ins romantische Tal der Lauchert und nach Gammertingen.

Zum Eulenloch Vom Wanderparkplatz an der B 32 bei A Gammertingen spazieren wir in die Ortsmitte und weiter auf der B 32 in Richtung Neufra. Nach der Bahnunterführung biegen wir rechts ab und folgen dem Weg (Wegweiser »Gelbes Dreieck«). Der Weg führt talaufwärts bis zu einem breiten Waldweg, der uns zum sehenswerten 1 Eulenloch bringt. Diese Höhle ist 14 Meter lang, 15 Meter breit und acht Meter hoch. Will man ihr Inneres erkunden, empfiehlt es sich, eine Taschen- oder Stirnlampe mitzubringen.

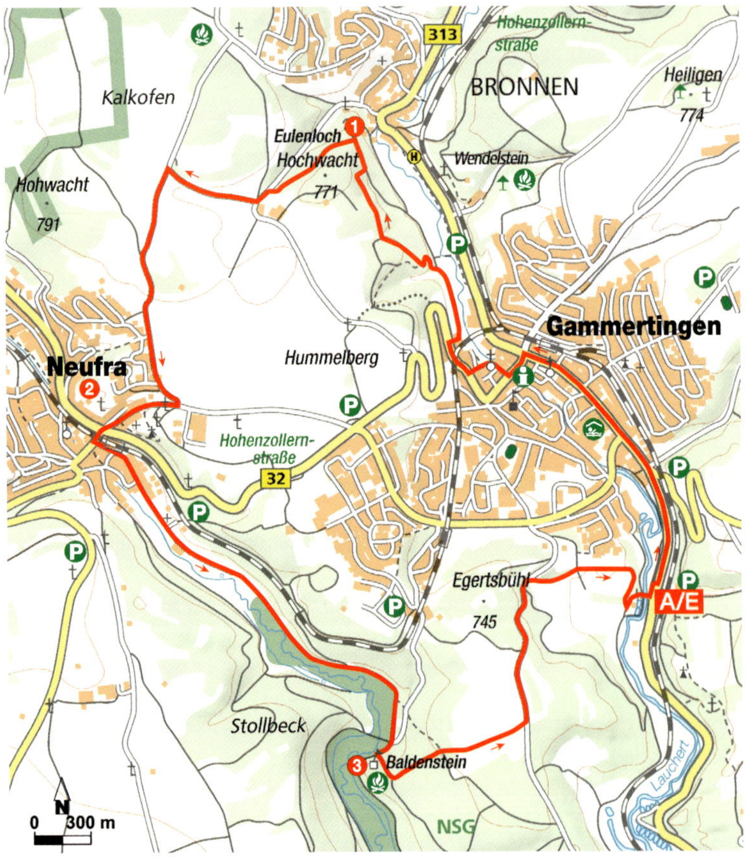

Nach Neufra Für den Weiterweg wandern wir mit der Markierung des gelben Dreiecks entlang einer Schlucht. Wir erreichen eine Straße, die uns kurz nach links bergauf mitnimmt. Inzwischen haben wir die Markierung verlassen und bleiben auf dem Sträßchen nach rechts bis zu einem Querweg, wo wir uns nach links wenden. Wir gehen entlang der Häuser von Neufra. Vor dem Industriegebiet biegen wir nach rechts ab und wandern an der Hochbergkapelle vorbei nach **2** Neufra. Kurios ist in Neufra der sogenannte Wolfstein. Er erinnert an die letzte Wolfsjagd in Hohenzollern-Sigmaringen. Schließlich hat man das Tier 1831 bei Gauselfingen erlegt und präpariert. Isegrim, wie er im Volksmund genannt wurde, residiert heute im Hubertussaal auf Schloss Sigmaringen.

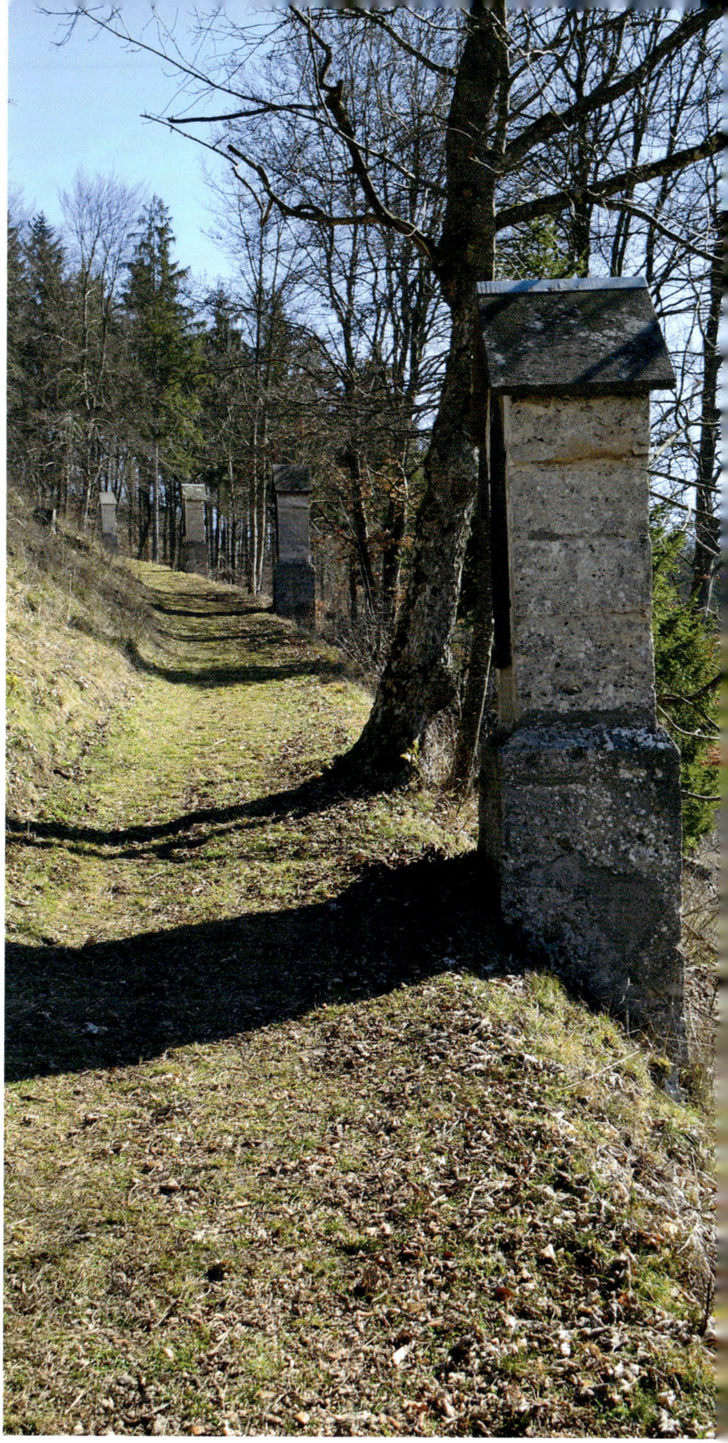

Dieser Stationenweg führt von Neufra zur Hochbergkapelle.

Ruine Baldenstein und Gammertingen Wir überqueren die Hauptstraße und gehen kurz die Rathausstraße entlang. Dort biegen wir aber gleich wieder nach links in die Bahnhofstraße ab und gehen weiter am Friedhof vorbei (Wegweiser »Gelbes Dreieck«). Nun wandern wir durch das wildromantische Fehlatal, das hier zum Naturschutzgebiet erklärt wurde. Wir spazieren durch das Fehlatal und genießen die Stille. An dem Punkt, an dem das Fehlatal einen Linksknick macht, steigen wir dann hinauf zur **3** Ruine Baldenstein, die auch Altes Schloss genannt wird. Die Grafen von Gammertingen erbauten sie in der zweiten Hälfte des 11. Jahrhunderts. 1150 wurde sie durch einen Brand zerstört. Die Ruine legte man in den Jahren 1963 bis 1965 frei und setzte sie instand. Bei Grabungen wurden interessante Funde gemacht, die auf das Leben der Bewohner schließen lassen. Nach Gammertingen zurück nimmt uns die Markierung »Gelbe Gabel« mit durch den Wald. Wir kommen zu einer Lichtung – an der Wegverzweigung biegen wir nach links ab und wandern am Waldrand entlang. Der Weg führt abwärts und an der Kläranlage vorbei zur B32. An dieser spazieren wir zurück nach **E** Gammertingen.

15

Drei Ruinen auf der Sonnenalb

Hohenerpfingen, Hohenmelchingen und Holstein

mittel | 13,5 km | 340 hm | 4:30 Std.

Tourencharakter:
Teilweise Pfade, vielfach aber breite Wanderwege

Ausgangspunkt:
Sonnenbühl-Erpfingen (731 m), Parkplatz am Ortsende

Endpunkt:
Wie Ausgangspunkt

Anfahrt:
Auto: auf der B 27 bis Nehren, weiter an Mössingen vorbei über Talheim nach Melchingen und Erpfingen. Parkplatz am Ortsende in Richtung Stetten auf der rechten Seite
Bahn/Bus: mit dem Zug nach Reutlingen und mit der Buslinie 7635 Richtung Burladingen nach Erpfingen

Karte:
Wanderkarte des Schwäbischen Albvereins Nr. 25, Burladingen – Sonnenbühl, 1:35 000

Einkehr:
Gaststätten in Stetten und Erpfingen

Tourismus-Info:
Rathaus Undingen, Hauptstr. 2, 72820 Sonnenbühl-Undingen, Tel. 07128/925-18, info@sonnenbuehl.de, www.sonnenbuehl.de

Wir besuchen die Ruinen Hohenerpfingen, Hohenmelchingen und Holstein. Vor allem die Ruine Holstein liegt wildromantisch im Wald. Unterwegs trifft man auf den Qualitätswanderweg »Grenzgänger«, den man bald aber wieder verlässt.

Zur Ruine Hohenmelchingen Vom Wanderparkplatz bei **A** Erpfingen bringen uns die Markierungen »Gelbes Dreieck« in Richtung Melchingen. Wir kommen zur **1** Sommerrodelbahn und tauchen in den Wald ein. Diesen verlassen wir und gehen an einer Wegkreuzung geradeaus weiter zu einem Rastplatz im Hirschental. Für eine Pause ist es fast noch zu früh, und so wandern wir geradeaus weiter zur **2** Ruine Hohenmelchingen. Hier neh-

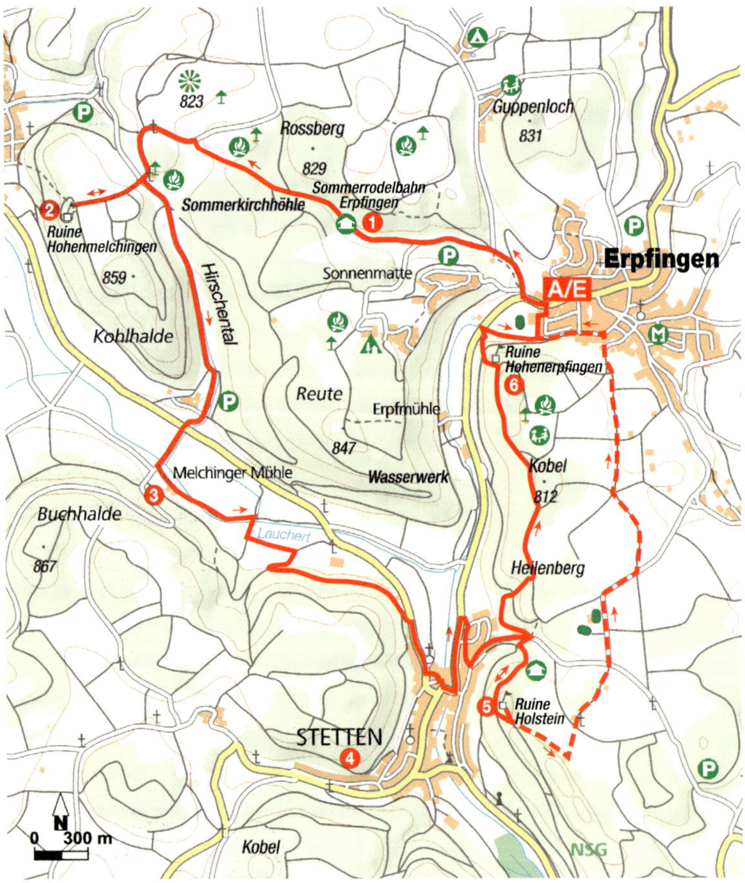

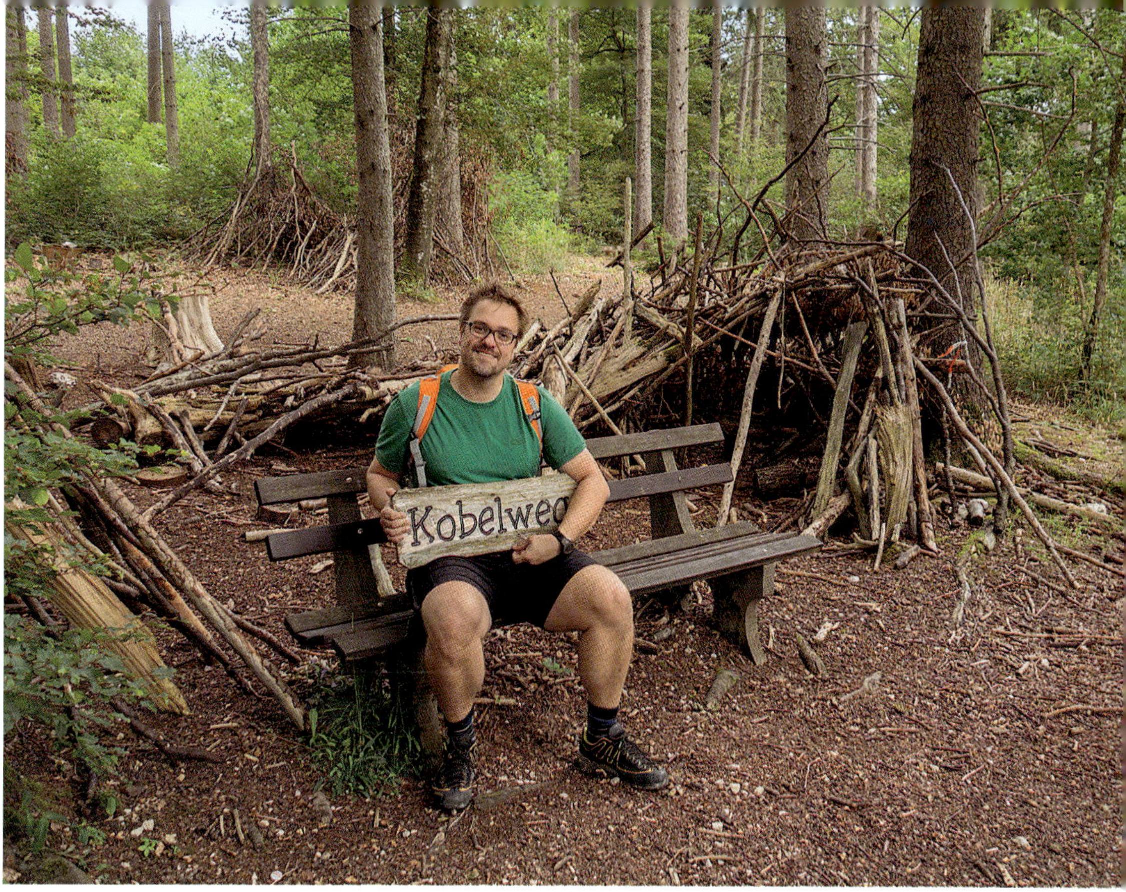

men wir uns Zeit und erkunden die weite Burganlage. Die Ruine Hohenmelchingen wurde im 12. Jahrhundert erbaut. Erstmals erwähnt wurde sie 1344, weil die Grafen von Württemberg sie als Lehen an Burkhard von Melchingen gaben. Ob sie zerstört oder einfach nur aufgegeben wurde, ist heute unklar. Auf alle Fälle nannte man 1580 die Burg schon Burgstall. So wurden zum damaligen Zeitpunkt verfallene Burgen genannt. 1979–1984 wurde die Ruine wieder instand gesetzt. Sie ist eine der größten Burganlagen auf der Sonnenalb.

Zwischen den Ruinen Holstein und Hohenerpfingen ist eine kurze Verschnaufpause angesagt.

Zur Ruine Holstein Von der Ruine Hohenmelchingen wandern wir zurück zum Rast- und Spielplatz im Hirschental. Unser Weiterweg bringt uns durch das malerische Hirschental zur Sommerkirchhöhle. Dabei handelt es sich um einen Felsüberhang, unter dem man in den 1940er-Jahren Tierknochen und Steinwerkzeuge von Jägern der Steinzeit fand. Weiter wandern wir durch das Tal zum Wanderparkplatz und zur L385. Diese überqueren wir und erreichen die 3 Melchinger Mühle. Nun spazieren wir am linken Ufer der Lauchert entlang bis zur nächsten Brücke. Hier überqueren wir wieder die Straße und wandern weiter an der Lauchert entlang. An der nächsten Wegkreuzung biegen wir nach rechts und erreichen 4 Stetten unter Holstein. Dort gehen wir auf der Brücke über die Lauchert und wählen anschließend die Hinterburgstraße in Richtung Sportplatz. Nach der Abzweigung der Heilenbergstraße führt rechts ein Weg aufwärts. Diesem folgen wir, bis wir auf den mit dem gelben Dreieck markierten Wanderweg stoßen. Auf diesem wandern wir hinauf zur 5 Ruine Holstein, die wildro-

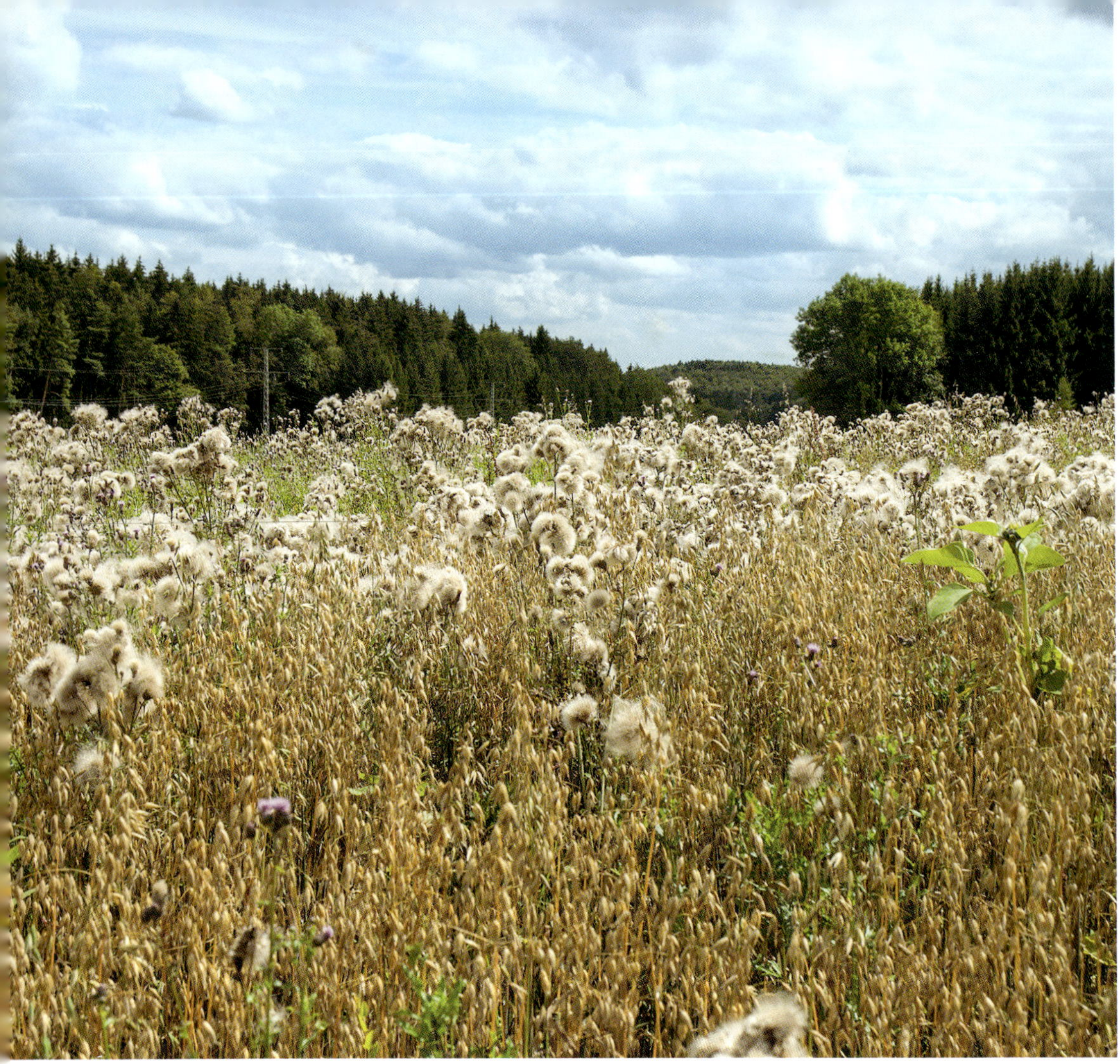

Spätsommer auf der Alb

mantisch im Wald liegt. Der Name kommt vom Hohlen Stein, auf dem sie steht. Wir können die Ruine auf einem schmalen Steig umrunden. Dabei kommen wir zum Hohlen Stein und zu einer kleinen Höhle, die nur mit Hilfe von Eisenklammern zu erreichen ist. Auch der letzte Weg hinauf zur Ruine ist mit Klammern gesichert. Die Ruine Holstein wurde um 1275 erbaut. Ab 1388 wechselte sie mehrfach den Eigentümer und blieb bis 1474 bewohnt. 1585 wurde der Turm abgebrochen. Insgesamt ist von der Ruine noch ziemlich viel erhalten. 1985 wurde sie von der Stadt Burladingen wieder instand gesetzt.

Zurück nach Erpfingen Am Aufstiegsweg wandern wir zurück, gehen aber nun nicht mehr Richtung Stetten, sondern lassen uns vom gelben Dreieck in Richtung Hohenerpfingen mitnehmen. Hierfür überqueren wir die Straße und wandern am Waldrand entlang, bis der Weg nach rechts aufwärts zieht. Wir biegen nach links ab und gehen ein kurzes Stück am Waldrand entlang. Nach einem kleinen Waldstück kommen wir nochmals an ein Feld, tauchen wieder in den Wald ein und gehen weiter durch diesen zur 6 Ruine Hohenerpfingen. Hohenerpfingen wurde im 12. Jahrhundert

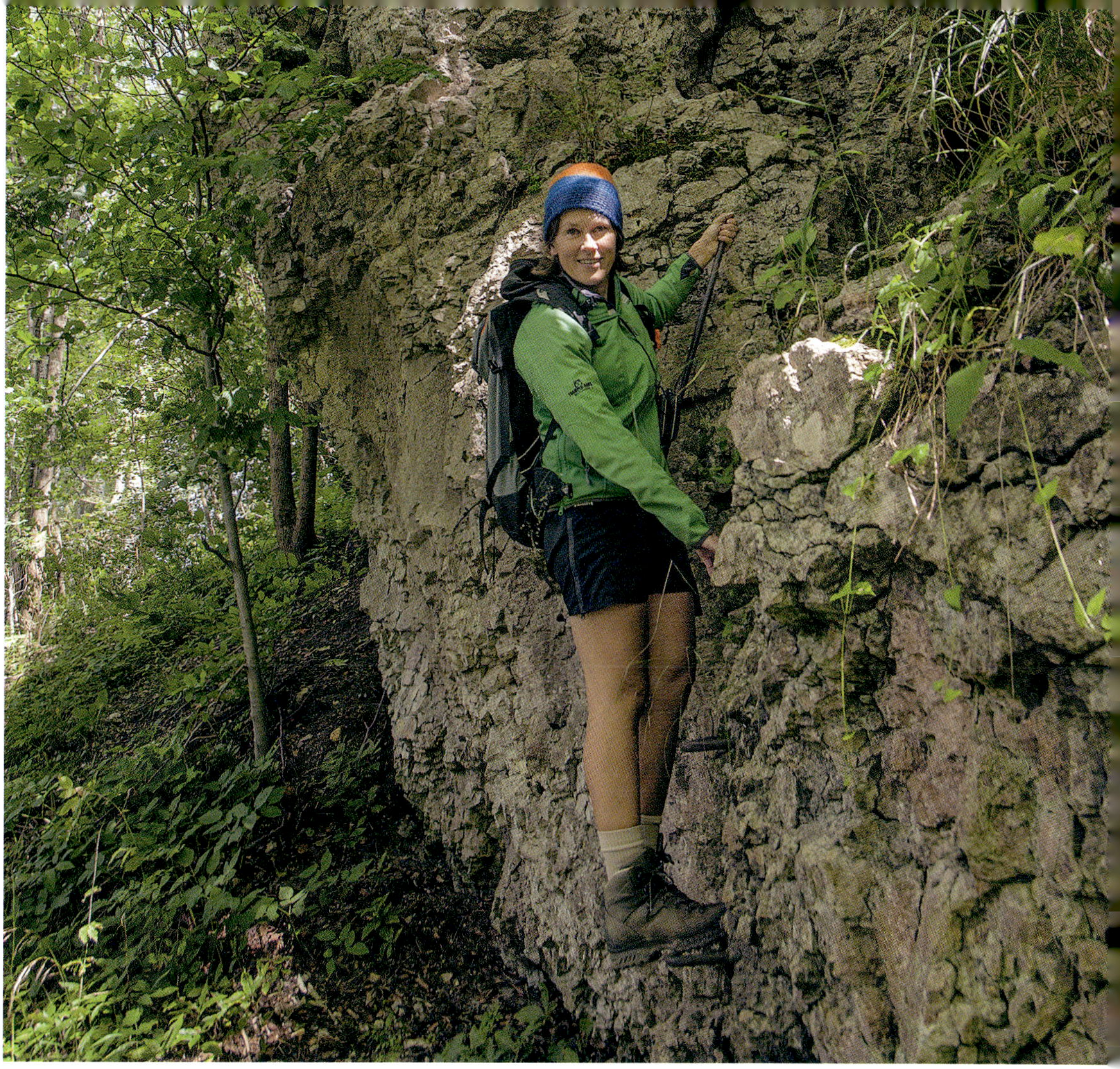

Diese kleine Klettereinlage finden wir unterhalb der Burg Holstein.

erbaut. Bewohnt war sie bis zum 15. Jahrhundert. Um 1800 ging die Burg in den Besitz der Gemeinde Erpfingen über, die sie 1838 an Herzog Wilhelm von Urach verkaufte. 1985 wurde die Burg, von der ein elf Meter hoher Ruinenrest erhalten ist, restauriert. Von der Ruine wandern wir auf einem Pfad hinunter nach E Sonnenbühl-Erpfingen und zum Parkplatz.

Kürzere Variante Es ist auch eine kürzere Tourenvariante möglich. Dabei lassen wir die Ruine Hohenmelchingen aus. Wir steigen stattdessen direkt hinauf nach Hohenerpfingen und folgen der gelben Raute bis zur Ruine Holstein. Dort gehen wir durch den Torbogen und geradeaus zur nächsten Wegkreuzung. Hier biegen wir in den nach links abzweigenden Forstweg (Richtung Hörschwang) ein. Am Waldrand macht der Weg einen Bogen und wir wandern zu einer Wegkreuzung. Geradeaus geht es an dem Gebäude vorbei und weiter zu Geflügelstallungen. Weiter geradeaus nimmt uns der Weg mit bis zum Sportplatz. An der nächsten Wegkreuzung wenden wir uns kurz nach rechts. Den nächsten nach links abzweigenden Weg nehmen wir und wandern zurück bis nach Erpfingen. Im Ort spazieren wir nach links zurück in Richtung Parkplatz.

16

Gemütlicher, netter Spaziergang

Schäferweg bei Pfronstetten

leicht | 4,4 km | 80 hm | 1:30 Std.

Tourencharakter:
Breite Wanderwege und Wiesenpfade

Ausgangspunkt:
Wanderparkplatz Lehrtal (692 m) an der Aichelauer Brücke

Endpunkt:
Wie Ausgangspunkt

Anfahrt:
Auto: auf der B 27 bis Reutlingen und über Lichtenstein und Engstingen nach Pfronstetten. Dort den Wegweisern Phaenopfad folgen
Bahn/Bus: mit dem Zug nach Reutlingen und mit der Buslinie 7607 nach Pfronstetten. Bei Anreise mit öffentlichen Verkehrsmitteln beginnt die Wanderung direkt in Pfronstetten.

Karte:
Wanderkarte des Schwäbischen Albvereins Nr. 25, Burladingen – Sonnenbühl, 1:35 000

Einkehr:
Gaststätten in Pfronstetten, Schäferei Fauser

Tourismus-Info:
Gemeindeverwaltung Pfronstetten, Hauptstr. 25, 72539 Pfronstetten, Tel. 07388/9999-0, info@pfronstetten.de, www.pfronstetten.de

Diese kleine Rundtour ist ein gemütlicher Spaziergang, der mit dem Erlebnisweg Phaenopfad beginnt. Gerade Kinder kommen voll auf ihre Kosten. Für das Erkunden des Pfades nehmen wir uns etwas mehr Zeit. Der Schäferweg dagegen ist ein stiller, unmarkierter Abschnitt.

Der Phaenopfad Unser Spaziergang beginnt direkt unterhalb des Parkplatzes im Lehrtal an der A Aichelauer Brücke. Beim 1 Phaenopfad handelt es sich um einen Erlebnispfad, der die Besucher regelrecht in Erstaunen versetzt. Es werden 17 physikalische, akustische oder optische Phänomene vorgestellt. Vor dem Besuch des Weges sollte man unbedingt die Broschüre kaufen, die am Beginn des Weges erworben werden kann. Dort werden alle Stationen erklärt und wir können die Phänomene, die auf dem Pfad vorgestellt werden, besser verstehen. Im Winter, vom 1. November bis Ende April, ist der Phaenopfad geschlossen, dies sollte man bei einem Besuch berücksichtigen.

Der Schäferweg Am Ende des Erlebnisweges folgen wir dem breiten Forstweg weiter durch das Lehrtal. Wir kommen zu einer Teerstraße und biegen in diese nach links ein. Rechts sehen wir einen ehemaligen, in einen

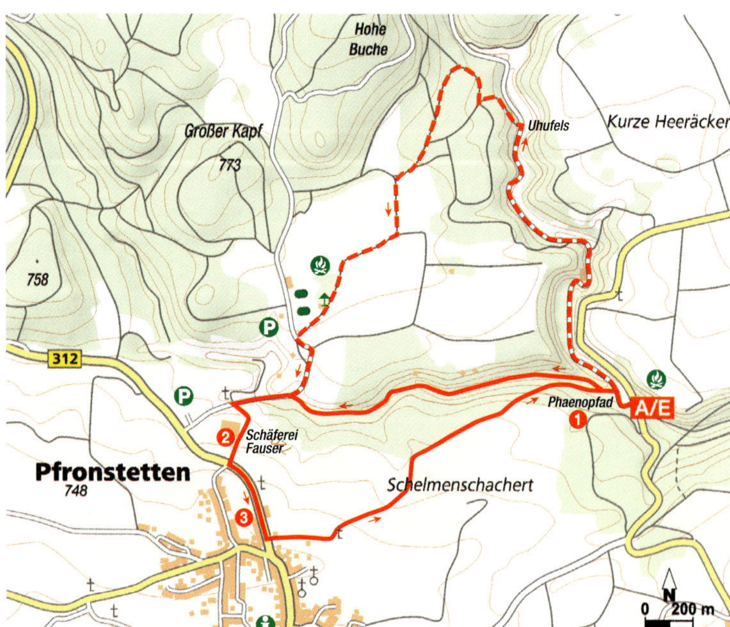

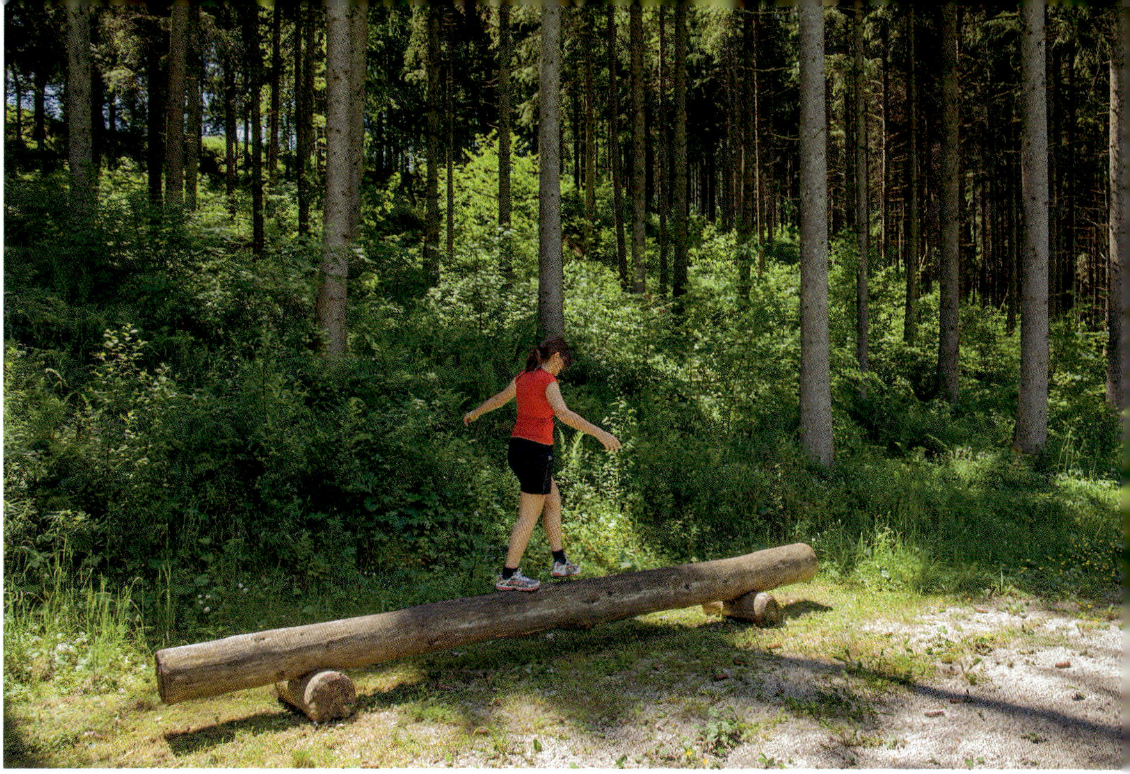

Geschicklichkeitsübung am Phaenopfad. Hier können wir verschiedene Phänomene »live« erleben.

Felsen eingelassenen Bierkeller, der mit einer Gittertür abgesperrt ist. Anschließend wandern wir durch eine wunderschöne Wacholderheide, die für diese Region typisch ist. Hier gönnen wir uns die Muße, die Landschaft und die Blumen zu bewundern. Unterhalb eines Hofes biegt der Schäferweg nach links ab. Auf keinen Fall dürfen wir hier geradeaus weiter bis zur B312 gehen. Wir wenden uns also an der Verzweigung links und gehen hinauf zur **2** Schäferei Fauser. Hier werden Getränke und weitere Hoferzeugnisse angeboten. Von der Schäferei schließlich gehen wir den Fahrweg hinauf zur B312. Hier biegen wir nach links ab und wandern auf einem Feldweg bis zu den Häusern von **3** Pfronstetten. Vor den ersten Häusern biegen wir allerdings nach links auf ein Teersträßchen ab, aus dem bald ein Schotterweg wird. Auf diesem bleiben wir bis zu einer Wegverzweigung an einer Baumgruppe. Hier wenden wir uns nach links und wandern in Richtung Waldrand. Dort angekommen biegen wir nach rechts ab und spazieren am Waldrand entlang, bis der Weg abwärts fällt. Dieser Abschnitt kann durch hohes Gras führen, weshalb wegen der Zeckengefahr eine lange Hose und entsprechende Vorsicht durchaus angebracht sind. Wir kommen zu einer kleinen Hütte, die gleichzeitig die letzte Station des Phaenopfades ist. Auf dem Erlebnispfad wandern wir zurück zum Parkplatz an der **E** Aichelauer Brücke.

Erweiterung der Tour Wer die relativ kurze Wandertour etwas erweitern möchte, dem möchten wir eine Schleife durch das Oberstetter Tal empfehlen. Vom Parkplatz an der Aichelauer Brücke gehen wir nicht zurück zum Phaenopfad, sondern wandern mit der Markierung »Gelbes Dreieck« auf dem breiten Forstweg geradeaus. Der Weg bringt uns zuerst ein ganzes Stück durch den Wald, bis wir schließlich an einer Wegkreuzung stehen. Hier nehmen wir den linken Weg leicht aufwärts und wandern entlang

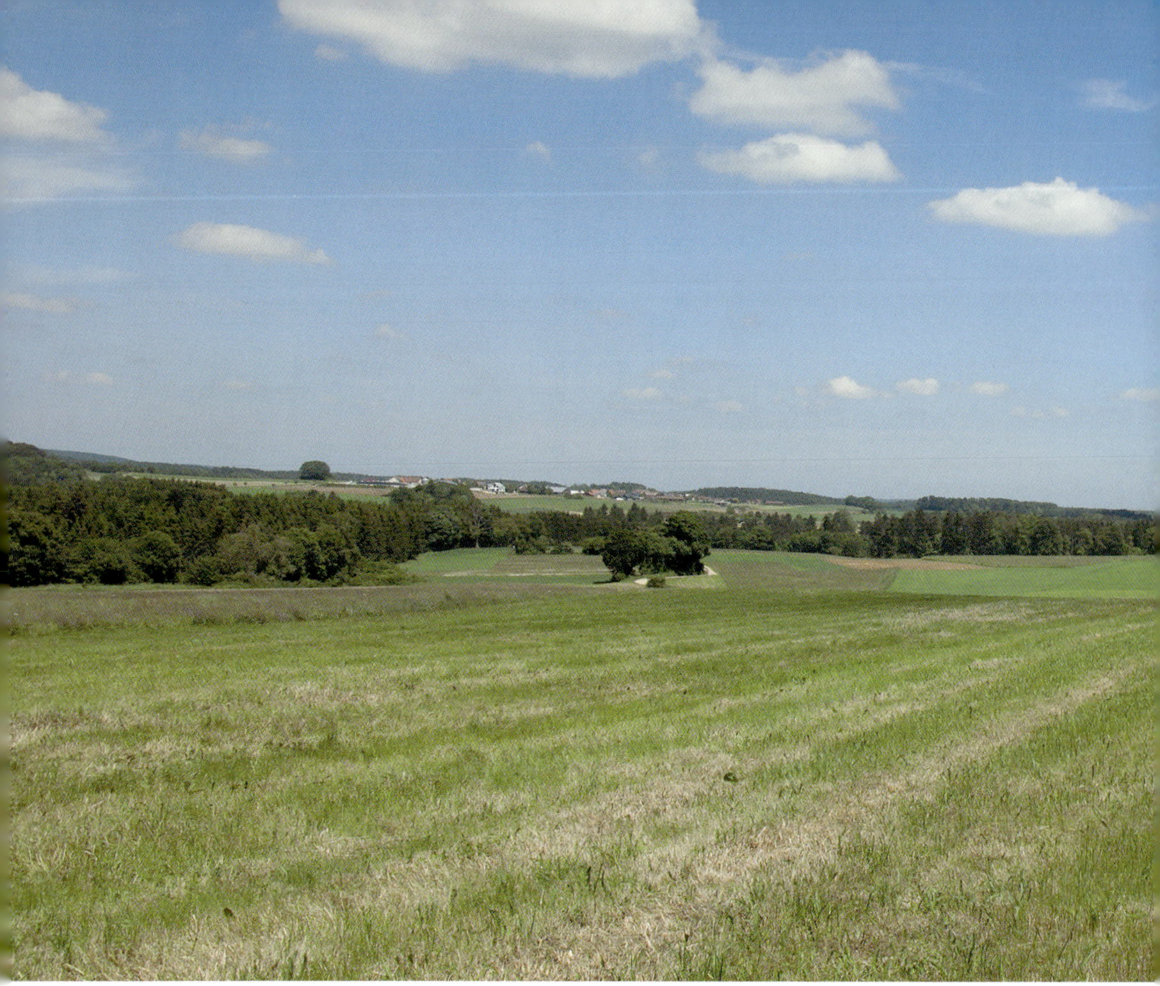

Am Rückweg wandern wir über die weite Albhochfläche.

schöner Wiesen weiter durch das Tal. Wir kommen zum Uhufelsen, der sich über einer Wiese erhebt. Direkt hinter uns (von unserem Wanderweg nach links) beginnt ein recht verwachsener Waldweg, den wir leicht übersehen können. Allmählich steigen wir durch das hohe Gras aufwärts. Nach einem Wegweiser ins Oberstetter Tal gelangen wir zu einem quer laufenden Forstweg, in den wir nach rechts einbiegen. Der Weg macht eine große Linkskurve und bringt uns durch den Wald zum Waldrand. Dieser Abschnitt wird »Vordere Holzwiese« genannt. Es handelt sich dabei um einen für die Region eher untypischen Nadelwald. Am Waldrand halten wir uns rechts und wenden uns an der nächsten Verzweigung wieder nach links. Wir sehen schon die Häuser von Pfronstetten und den Sportplatz. Der Feldweg, auf dem wir uns nun befinden, bringt uns zum Sportplatz. Kurz vorher geht der Feldweg in einen Teerweg über und mündet in eine breitere Teerstraße, die Zufahrtsstraße zum Sportplatz. Hier zweigen wir nach links ab und wandern hinunter ins Lehrtal. Wir treffen nun mit dem Wanderweg vom Phaenopfad zusammen und gehen geradeaus am Bierkeller vorbei zur Wegverzweigung und hinauf zur Schäferei Fauser. Weiter geht es, wie oben beschrieben, nach Pfronstetten. Anschließend wandern wir über den Schäferweg zurück zum Phaenopfad und zum Parkplatz Lehrtal an der Aichelauer Brücke. Die gesamte Wanderung mit der Variante durch das Oberstetter Tal ist 6,7 Kilometer lang.

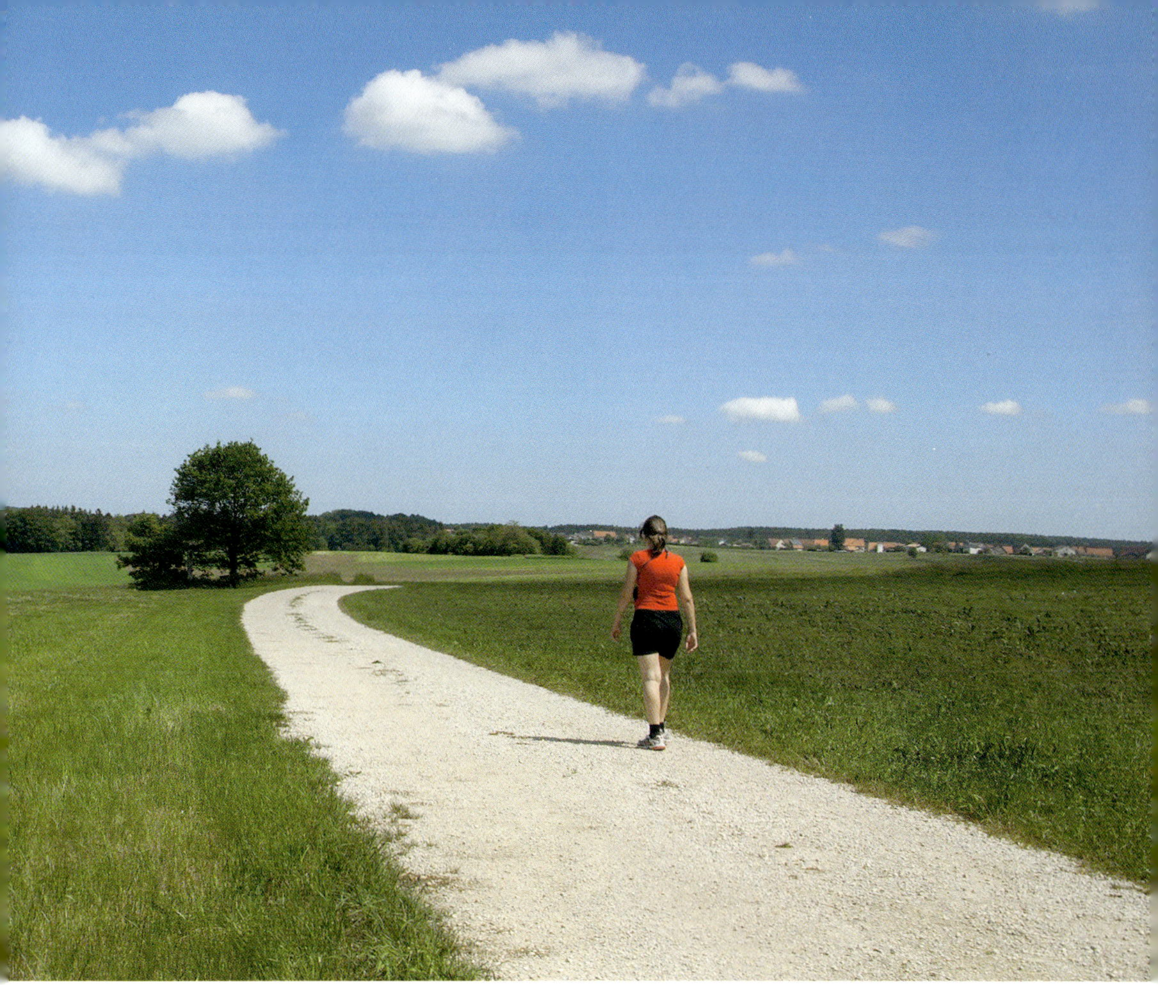

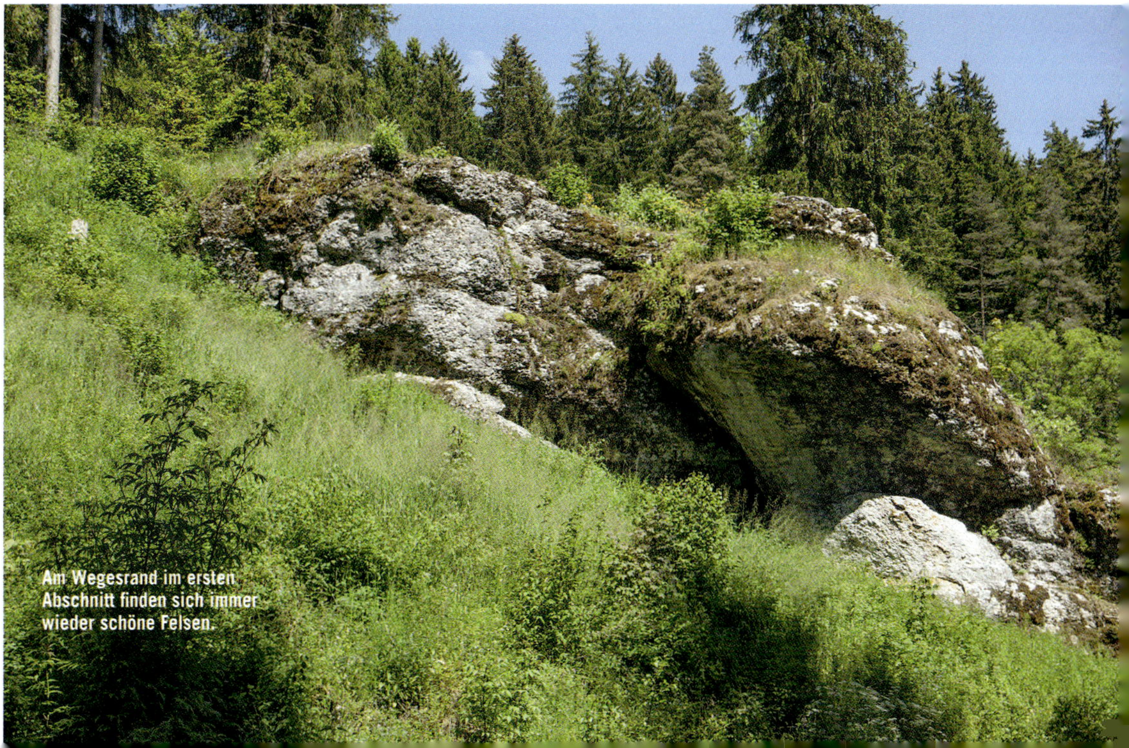

Am Wegesrand im ersten Abschnitt finden sich immer wieder schöne Felsen.

17

Der einsame Ringwall im Wald

Zur Heuneburg bei Upflamör

leicht | 6,1 km | 140 hm | 2:30 Std.

Tourencharakter:
Gute, überwiegend breite Wanderwege

Ausgangspunkt:
Upflamör (760 m), Parkplätze im Ort

Endpunkt:
Wie Ausgangspunkt

Anfahrt:
Auto: auf der B 27 und B 464 nach Reutlingen und weiter über Lichtenstein und Zwiefalten nach Upflamör
Bahn/Bus: derzeit keine Möglichkeit, Upflamör mit öffentlichen Verkehrsmitteln zu erreichen.

Karte:
Wanderkarte des Schwäbischen Albvereins Nr. 25, Burladingen – Sonnenbühl, 1:35 000

Einkehr:
Gaststätten in Zwiefalten

Tourismus-Info:
Touristinformation Zwiefalten, Marktplatz 3, 88529 Zwiefalten, Tel. 07373/205-20, info@zwiefalten.de, www.zwiefalten.de

Upflamör, so eigenartig der Name klingt, so ruhig ist es auch in dem kleinen, alten Örtchen. Von hier bewundern wir einen schönen Ausblick auf das Zwiefalter Münster. Auf dieser Rundwanderung suchen wir die versteckte Große Heuneburg, einen fast vergessenen Ringwall.

Zur Großen Heuneburg Wir parken unser Auto in A Upflamör entweder im Ort hinter dem Rathaus oder am Ortsende an einem Straßenkreuz. Dieser merkwürdige Ortsname leitet sich vom nahe gelegenen Pflummern ab. Upflamör bedeutet so viel wie »über den Pflaumenbäumen«. Kurz vor dem Ortsende biegt von der Straße nach links der Wanderweg zur Heuneburg ab. Er ist mit einem roten Dreieck und der 2 markiert. Der Weg bringt uns kurz aufwärts in Richtung Wasserturm. An der ersten Wegverzweigung biegen wir aber nach rechts ab und wandern hinüber zum Waldrand. Wir tauchen in den Wald hinein und gehen durch diesen weiter in Richtung Heuneburg. Kurz vor dem Ringwall zweigt nach links ein breiter Forstweg ab. Wir gehen zuerst aber hinunter zur 1 Großen Heuneburg. Die Heuneburg ist eine keltische Siedlung aus dem 7. bis 5. Jh. v. Chr. Eine Informationstafel zeigt uns einen Plan des Ringwalls. Ein Pfad führt uns rund um das Gelände und auch hinauf auf den Ringwall.

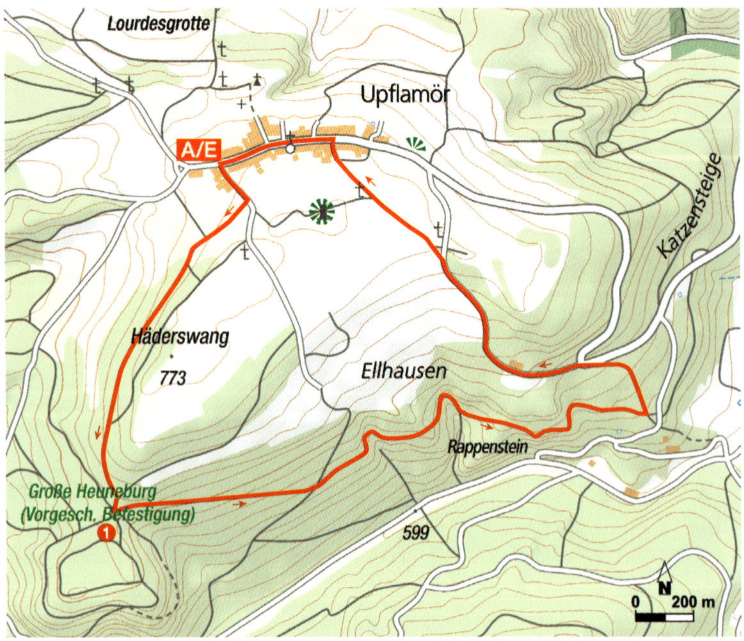

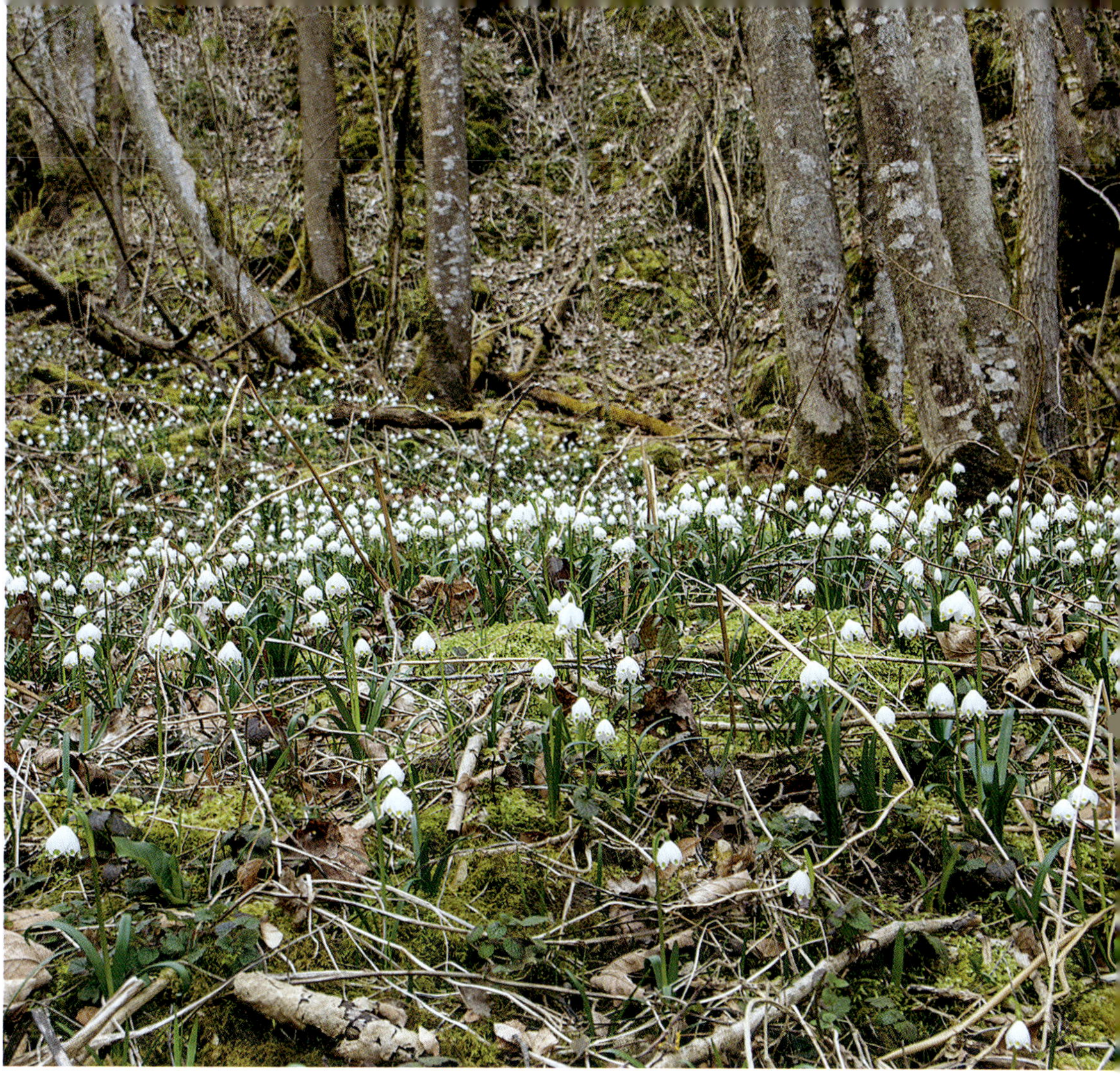

Der Frühling ist da! Im Wald präsentieren sich uns schöne Märzenbecher.

Rückweg nach Upflamör Wir gehen von der Großen Heuneburg zurück zur Wegverzweigung. Hier halten wir uns rechts und wandern auf dem breiten Forstweg nach Osten. Der Weg führt ohne große Höhenunterschiede gemütlich durch den einsamen Wald. Schließlich macht der Weg einen kleinen Bogen und geht in ein kleines Tälchen aus. Von rechts kommt ein Steig aus dem Friedinger Tal herauf. Besonders im Frühjahr blühen auf den Hängen links und rechts von unserem Weg jede Menge Märzenbecher. Gerne bleiben wir stehen und bewundern dieses Naturschauspiel. Bald jedoch wandern wir weiter auf dem Weg, der sich nun entlang des Hanges zum Rappenstein schlängelt. An einer Wegverzweigung halten wir uns links und klettern steil und schweißtreibend hinauf zur eher ruhigen Straße, die von Zwiefalten nach Upflamör führt. Wir gehen ein kurzes Stück an der Straße entlang nach links bis zu einer Haarnadelkurve. Hier verlassen wir die Straße wieder auf einen Forstweg, der uns durch den Wald zu freien Wiesen bringt. Am Waldrand entlang wandern wir aufwärts bis auf eine Anhöhe. Von hier oben haben wir einen wunderbaren Blick auf Upflamör und die weiten Flächen der Alb. Am Wasserturm vorbei spazieren wir abwärts bis in den Ort. Auf der Straße gehen wir gemütlich zurück zum Parkplatz in E Upflamör.

18

Aussichtsreich am Albtrauf entlang

Zur Ruine Greifenstein

mittel | 8,8 km | 180 hm | 3:00 Std.

Tourencharakter:
Gute Wanderwege und breite Forststraßen

Ausgangspunkt:
Holzelfingen (700 m), Wanderparkplatz an der K 6711

Endpunkt:
Wie Ausgangspunkt

Anfahrt:
Auto: auf der B 27 und B 464 nach Reutlingen und weiter über Unterhausen nach Holzelfingen
Bahn/Bus: mit dem Zug nach Reutlingen und weiter mit der Buslinie 7644 nach Holzelfingen. Weiter in Richtung Ohnastetten zum Parkplatz auf der linken Seite

Karte:
Wanderkarte des Schwäbischen Albvereins Nr. 19, Reutlingen – Bad Urach, 1:35 000

Einkehr:
Stahlecker Hof, www.stahlecker-hof.de. Gaststätten in Holzelfingen

Tourismus-Info:
Gemeinde Lichtenstein, Rathausplatz 17, 72805 Lichtenstein, Tel. 07129/696-0, info@gemeinde-lichtenstein.de, www.gemeinde-lichtenstein.de

Wunderschön führt diese Wanderung am Albrand oberhalb des Echaztales entlang. Wir besuchen dabei den Aussichtspunkt Kleiner Greifenstein, die Ruine Greifenstein, die Ruine Stahleck und den Eckfelsen – ein Panoramagang der Extraklasse.

Zur Ruine Greifenstein Vom Wanderparkplatz bei **A Holzelfingen** überqueren wir kurz die Straße und wandern auf der anderen Seite entlang der Markierung »Rote Gabel« in Richtung Holzelfingen. Wir überqueren wieder die Kreisstraße und wandern um Holzelfingen und den Punkt 738 herum zum HW1 (rotes Dreieck). Wir folgen nun dem Wanderweg am Albtrauf entlang zum **1 Kleinen Greifenstein**, von dem wir eine schöne Aussicht auf Pfullingen genießen. Der Weg verläuft weiter am Trauf entlang zur **2 Ruine Greifenstein**. Über eine kleine Holzbrücke erreichen wir das Innere der Burg. Die Burg Greifenstein wurde im 12. Jahrhundert von den Rittern von Greifenstein erbaut. 1311 wurde sie wie viele andere Burgen in der Region im Städtekrieg von Reutlingen zerstört. Heute sind noch Reste der Mauer zu erkennen.

Zum Eckfelsen und nach Stahleck Von der Ruine Greifenstein ist es nicht weit bis zum **3 Eckfelsen** mit seiner Rastbank. Wunderschön ist der Blick

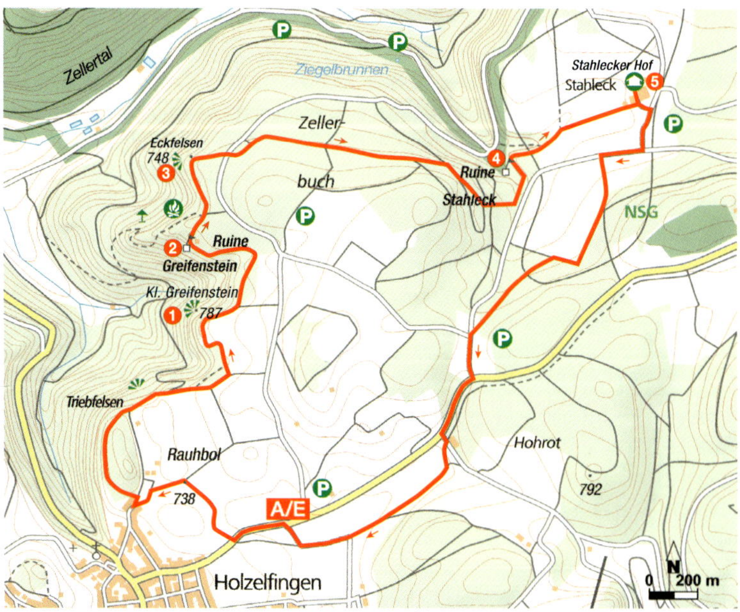

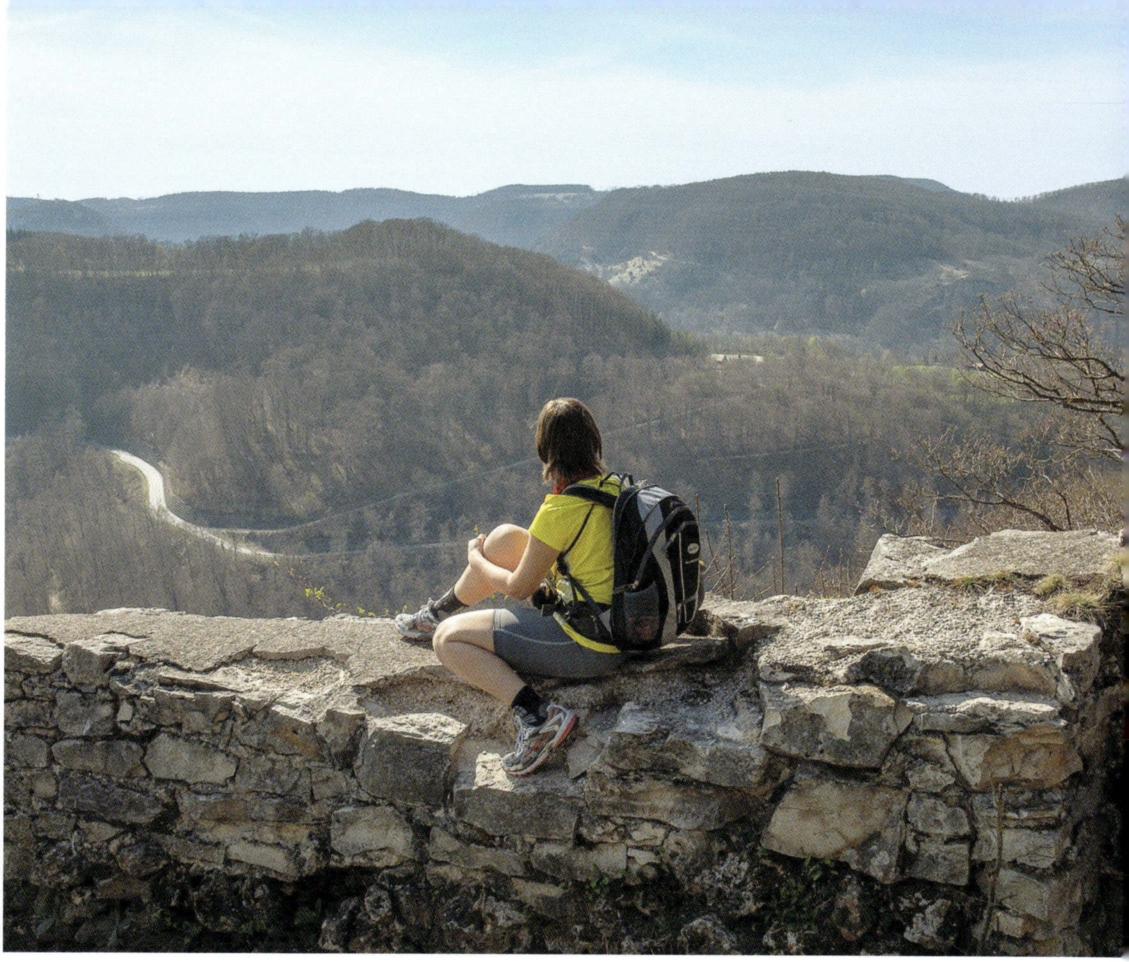

hinab ins Zellertal. Wir genießen die Aussicht hier oben und gönnen uns eine kleine Pause. Anschließend tauchen wir auf dem HW1 in den Wald hinein. Wir überqueren dabei einen Weg und wandern auf dem Forstweg bis knapp vor die Ruine Stahleck. An einer Abzweigung gehen wir nach links zur **4** **Ruine Stahleck**. Die Burg Stahleck wurde 1254 erstmals erwähnt. Man vermutet, dass sie in Besitz der Herren von Greifenstein war. Im Gegensatz zur Burg Greifenstein wurde Burg Stahleck aber nicht im Städtekrieg von Reutlingen zerstört. Heute ist nur noch der Burggraben erkennbar. Wir wandern weiter am HW1, den wir wenig später verlassen, und lassen uns von der roten Gabel über Wiesen zum **5** **Stahlecker Hof** führen. Im Hof Stahleck lohnt sich eine Einkehr. 1840 gründete Jakob Reiff das Anwesen und bekam 1861 die Konzession, Wein und Obstmost auszuschenken. Seit 1909 gilt diese Konzession auch für den Garten, was wir bei bestem Wetter gerne selbst in Anspruch nehmen. Gut erholt und gesättigt nehmen wir uns jetzt den Rückweg vor. Wir folgen der Straße nach rechts und biegen an der nächsten Kreuzung ebenfalls nach rechts ab. Wenig später zweigt nach links ein Wiesenpfad ab, der am Waldrand entlangzieht. Wir wechseln auf einen Forstweg und erreichen so wieder die wenig befahrene Straße. Diese wandern wir kurz entlang, überqueren aber bald die Kreisstraße und gehen auf der anderen Straßenseite bis kurz vor Holzelfingen. Wir überqueren wieder die Kreisstraße und spazieren zum Wanderparkplatz bei **E** **Holzelfingen** auf der anderen Straßenseite zurück.

An der Ruine Greifenstein genießen wir von der alten Mauer den Blick ins Echaztal.

19

Spannende Runde über dem Echaztal

Urselhochberg und Mädelesfels

mittel | 12,2 km | 435 hm | 4:00 Std.

Tourencharakter:
Breite Wanderwege und schmale Pfade, zwischendurch keine Markierung

Ausgangspunkt:
Parkplatz am Schützenhaus von Unterhausen (526 m)

Endpunkt:
Wie Ausgangspunkt

Anfahrt:
Auto: Auf der B27 und B464 bis Reutlingen, weiter nach Unterhausen, im Ort links (kleines Schild Schützenhaus) und der Beschilderung bis zum Schützenhaus folgen.
Bahn und Bus: Mit dem Zug nach Reutlingen und mit dem Bus der Linie 7644 nach Unterhausen, Busanfahrt zum Parkplatz nicht möglich. Zu Fuß zum Parkplatz.

Karte:
Wanderkarte des Schwäbischen Albvereins Nr. 19, Reutlingen – Bad Urach, 1:35 000

Einkehr:
Hofgut Übersberg, Am Übersberg 1, 72793 Pfullingen, Tel. 07121/81173, www.hofgut-uebersberg.com

Tourismus-Info:
Gemeinde Lichtenstein, Rathausplatz 17, 72805 Lichtenstein, Tel. 07129/696-0, www.lichtenstein.de, info@lichtenstein.de

Diese Wanderung wartet mit mehreren spannenden Abschnitten auf. Da ist zuerst das unmarkierte, wunderschöne Brudersteigle, dann der grandiose Aussichtspunkt Mädelesfels und die gemütliche Einkehr am Hofgut Übersberg. Anschließend geht es weglos auf den breiten Urselhochberg und hinunter zur Bank am Imenberg.

Zum Hofgut Übersberg Vom A Wanderparkplatz (526 m) wandern wir auf dem breiten Forstweg in östlicher Richtung. Wir kommen an eine Wegkreuzung und schlagen uns ins Unterholz. Denn rechts, etwas abseits des Weges, befinden sich am Stahlecker Bach schöne Sinterterrassen. Ein Stück gehen wir noch geradeaus und biegen dann nach links ab. Zuerst gelangen wir an eine Wegteilung und schließlich erreichen wir das Brudersteigle, das uns zu einer breiten Forststraße bringt. Wir erreichen eine Wegkreuzung und gehen auf der Forststraße lange bergauf. Eine steile Felswand passieren wir und biegen an einem unscheinbaren Abzweig (kein Wegweiser) nach links ab. Der schmale unmarkierte Steig führt zu einer wunderbaren Aussichtsbank hoch über dem Tal. Wunderbar ist der Blick zu den gegenüberliegenden Hängen der Schwäbischen Alb. Nach der kurzen Pause gehen wir nach rechts und gelangen zum Forstweg, der vom Göllesberg zum Übersberg zieht. Wir gehen in eine Senke, in der das Klappersteigle abzweigt, das

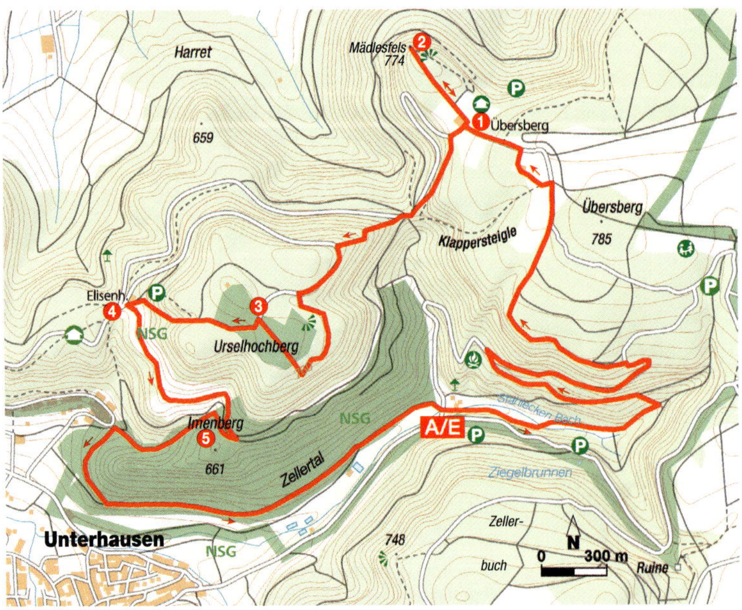

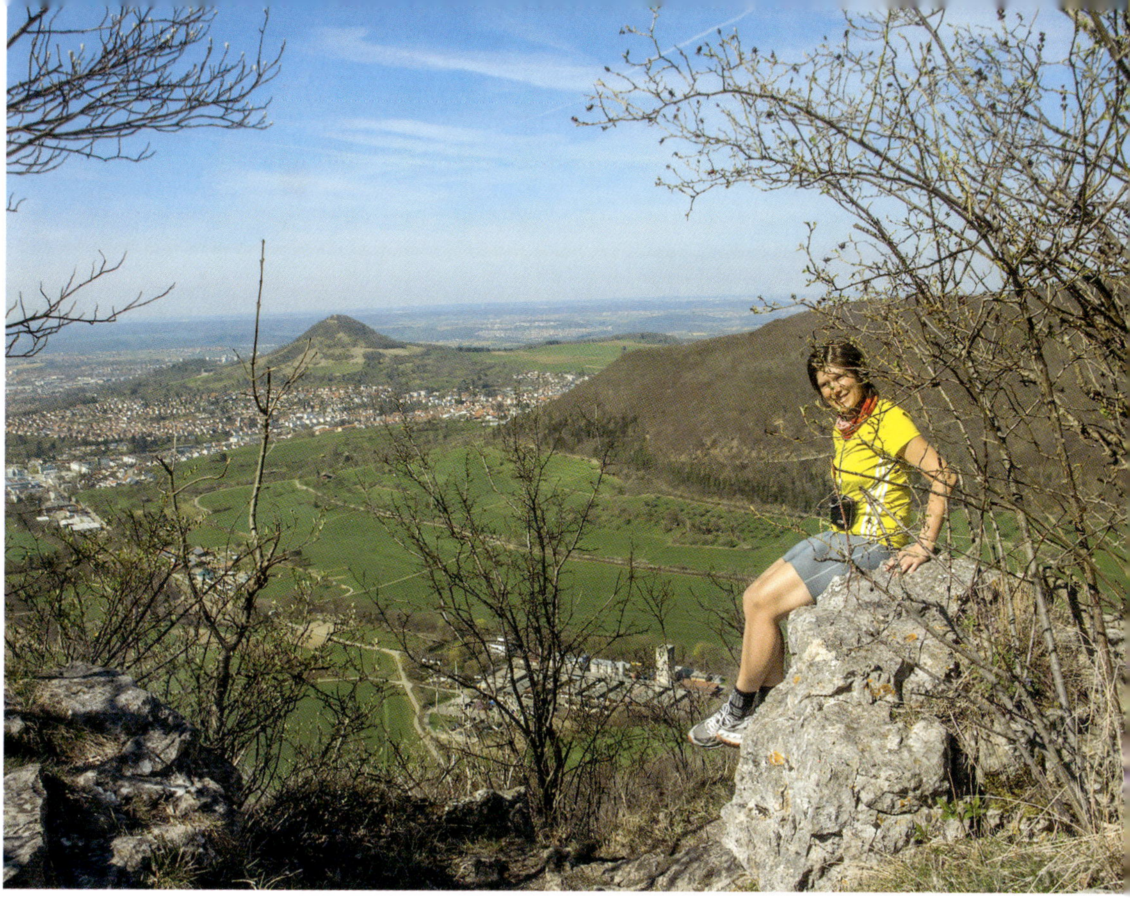

Am Mädelesfels mit schöner Aussicht auf Pfullingen, Reutlingen und die Achalm

wir in den bisherigen Auflagen dieses Buches beschrieben hatten. Das Klapperseigle führt allerdings durch die Kernzone des Biosphärengebietes und soll nicht mehr begangen werden. Auf dem breiten Forstweg wandern wir zum **1** Hofgut Übersberg. Bevor wir nun in der Gaststätte einkehren, unternehmen wir noch den kurzen Abstecher zum Mädelesfels. Hierfür nehmen wir den sanft ansteigenden Weg, der uns hinauf zum aussichtsreichen **2** Mädelesfels (774 m) bringt. Die hier aufgestellten Bänke laden zu einer kleinen Pause ein. Dabei bestaunen wir die grandiose Aussicht auf Eningen und Reutlingen. Oberhalb steht Reutlingens Hausberg, die Achalm. Nach der kurzen Pause spazieren wir am bekannten Weg zurück zum **1** Übersberg. Jetzt gönnen wir uns eine gemütliche Einkehr bei Kaffee und Kuchen auf der sonnigen Terrasse des Hofguts.

Zum Urselhochberg Vom Hofgut wandern wir auf einem Steig parallel zur Straße hinunter zu einer Senke. Schräg gegenüber beginnt ein unmarkierter Steig, der durch einen Rücken zu einem Forstweg hinaufführt. Diesem folgen wir nach links ein kurzes Stück. Von dem breiten Weg zweigt bald ein Steig nach links ab und bringt uns am Albtrauf entlang zur Bank auf dem Wollenfels (760 m), von dem wir einen wunderbaren Ausblick bestaunen. Wir sehen hinunter ins Echaztal und

Mit dem Albguide unterwegs

Der Albguide Steffen Schretzmann veranstaltet regelmäßig Führungen, bei denen er diese Tour mit Gästen begeht. Dabei erklärt er allerlei Wissenswertes über die Landschaft links und rechts des Weges und die Besonderheiten des Biosphärengebietes Schwäbische Alb. Kontakt: Steffen Schretzmann, Tel. 0160/91 69 08 38, https://alb-guide.de/project/steffen-schretzmann/

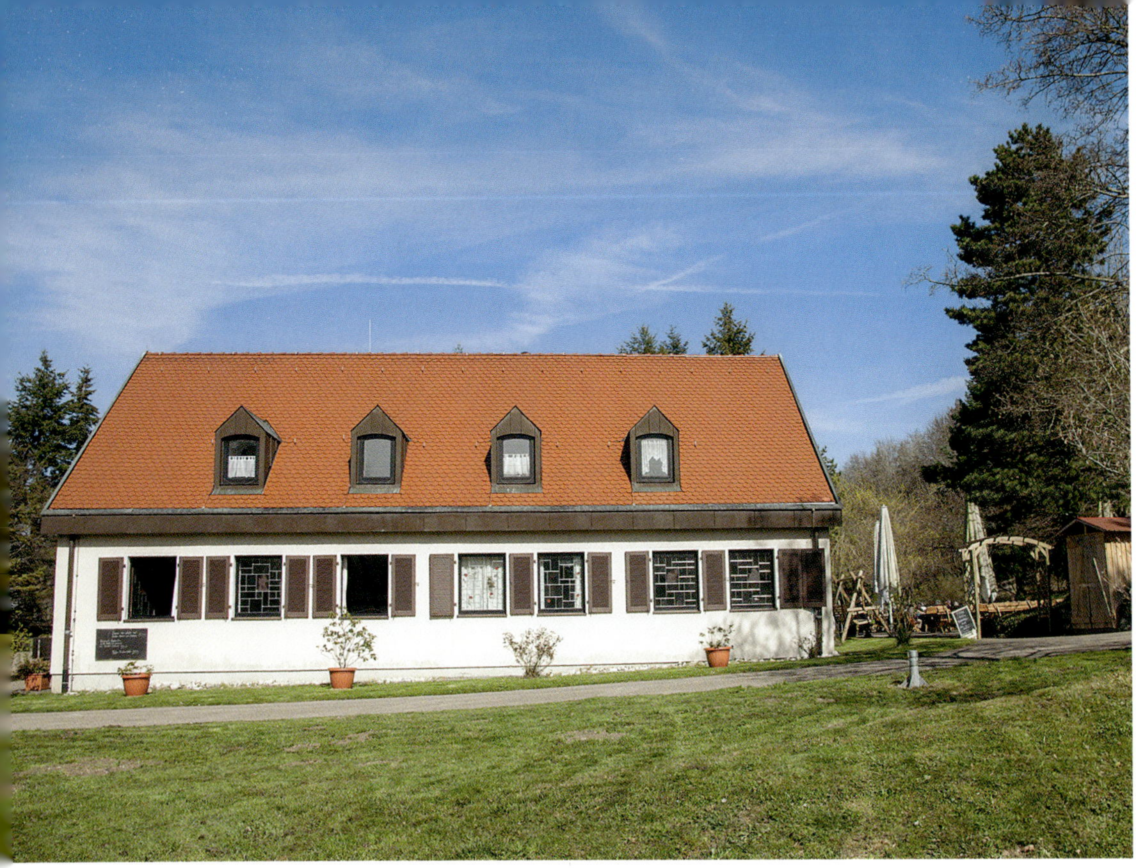

Der Übersberger Hof. Hier können wir zum Ende der Tour gemütlich einkehren.

blicken bis zum oberhalb von Lichtenstein aufragenden Märchenschloss Lichtenstein.
Anschließend wandern wir in nordwestlicher Richtung zur Gipfelwiese des 3 Urselhochbergs. Über die im Frühjahr bunt leuchtende Wiese spazieren wir zum Gipfelplateau (789 m) mit seiner Bank. Hier haben wir uns nun wirklich eine richtige Pause verdient und genießen unser mitgebrachtes Vesper. Die Wiese am Gipfel des Urselhochbergs steht unter Naturschutz. Besonders im Frühjahr sind die Wiesen von vielen blühenden Blumen überzogen.

Zum Imenberg Nach der Gipfelpause wandern wir zum linken Ende der Gipfelwiese. Ein schmales Steiglein führt steil hinunter zu einem breiten Weg. Dieser bringt uns nach links zur 4 Elisenhütte. Nun gehen wir nach links und wandern auf dem breiten Forstweg bis zur herrlichen Wiese am 5 Imenberg (661 m). Die Bank an einem Baum lädt uns zur gemütlichen Rast ein.

Zum Parkplatz Vom Imenberg wandern wir ein kurzes Stück auf dem Forstweg in Richtung Unterhausen. Bald schon zweigt nach links ein unmarkiertes Steiglein ab, das uns durch den Wald abwärts bringt. Wir erreichen den Ortsrand von Unterhausen und treffen auf ein Teersträßchen. Hier folgen wir einem Steiglein nach links und spazieren über freie Wiesen in Richtung Zellertal. Etwas oberhalb des Tales gehen wir in Richtung Schützenhaus. Wir treffen auf einen breiten Schotterweg, der von Unterhausen herüberkommt. Diesem folgend wandern wir zurück zum E Parkplatz beim Schützenhaus.

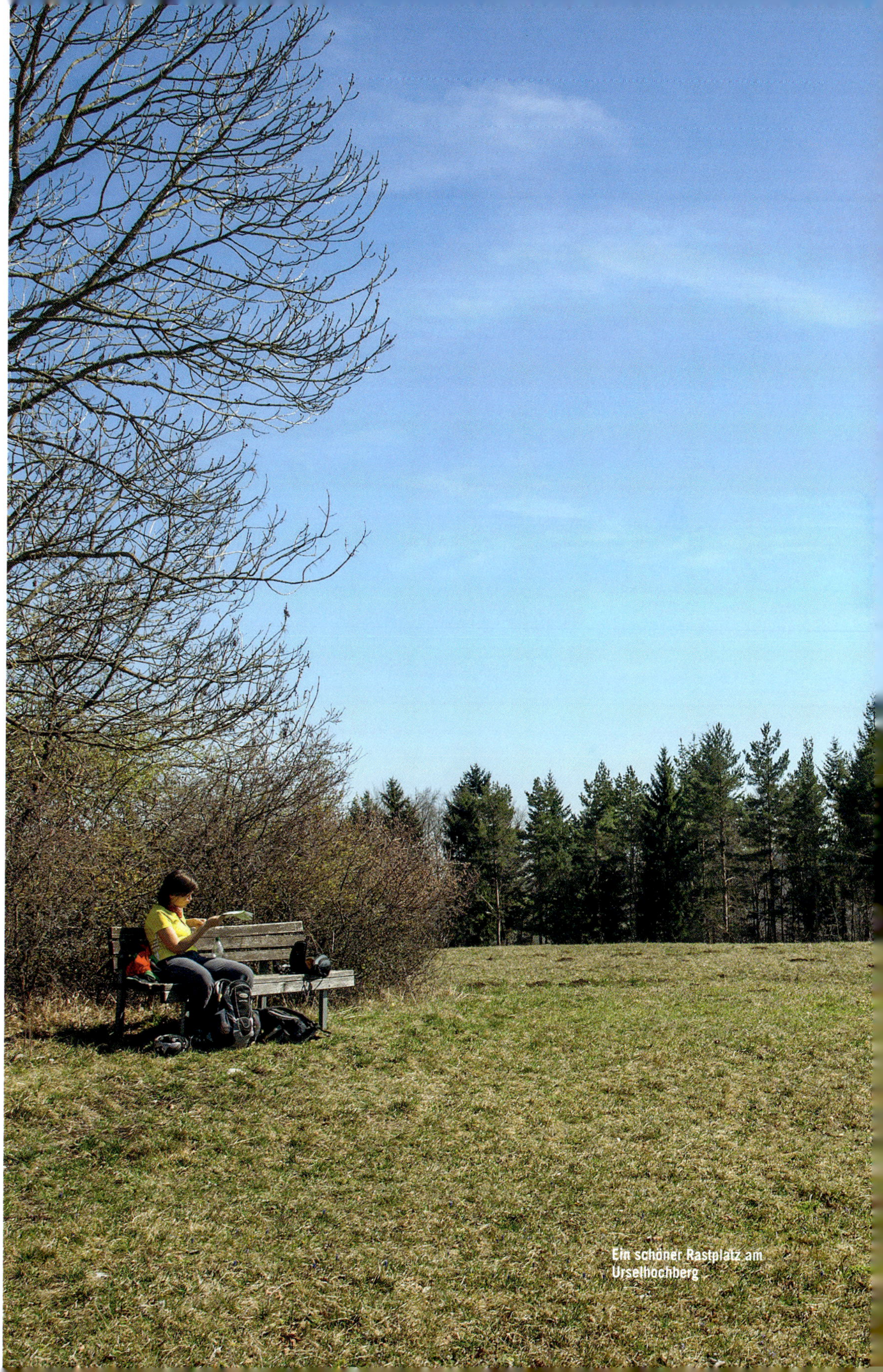
Ein schöner Rastplatz am Urselhochberg

20

Mehrere Höhepunkte um die Pfullinger »Onderhos«

Schönberg und Reißenbachquelle

mittel | 9,9 km | 385 hm | 4:00 Std.

Tourencharakter:
Gute Wanderwege und breite Forststraßen

Ausgangspunkt:
Sonnenbühl, Parkplatz an der Nebelhöhle (810 m)

Endpunkt:
Wie Ausgangspunkt

Anfahrt:
Auto: von Norden auf der B 27 und B 464 bis Reutlingen, weiter über Pfullingen nach Genkingen und zur Nebelhöhle
Bahn/Bus: mit dem Zug nach Reutlingen und mit der Buslinie 7635 nach Sonnenbühl-Genkingen

Karte:
Wanderkarte des Schwäbischen Albvereins Nr. 19, Reutlingen – Bad Urach, 1:35 000

Einkehr:
Gaststätte an der Nebelhöhle

Tourismus-Info:
Rathaus Undingen, Hauptstr. 2, 72820 Sonnenbühl-Undingen, Tel. 07128/925-18, info@sonnenbuehl.de, www.sonnenbuehl.de

Diese Wanderung bietet mehrere Highlights: Wir beginnen an der sehenswerten Nebelhöhle, die wir am Ende unserer Wanderung besuchen. Wir statten dem Wackerstein einen Besuch ab und gehen weiter zur Pfullinger »Onderhos« auf dem Schönberg. Den Abschluss macht die unbekannte, einsame Reißenbachquelle.

Zum Schönberg Vom großen A Parkplatz gehen wir kurz in Richtung 1 Nebelhöhle, biegen dann aber in den HW5 ein. Wir wandern durch den Wald abwärts zum Naturschutzgebiet 2 Won, einer wunderschönen Wiese mit Bäumen. Im folgenden Waldstück entscheiden wir uns für den linken Weg, der uns zum 3 Wackerstein bringt. Der Gipfel trägt ein Kreuz, was

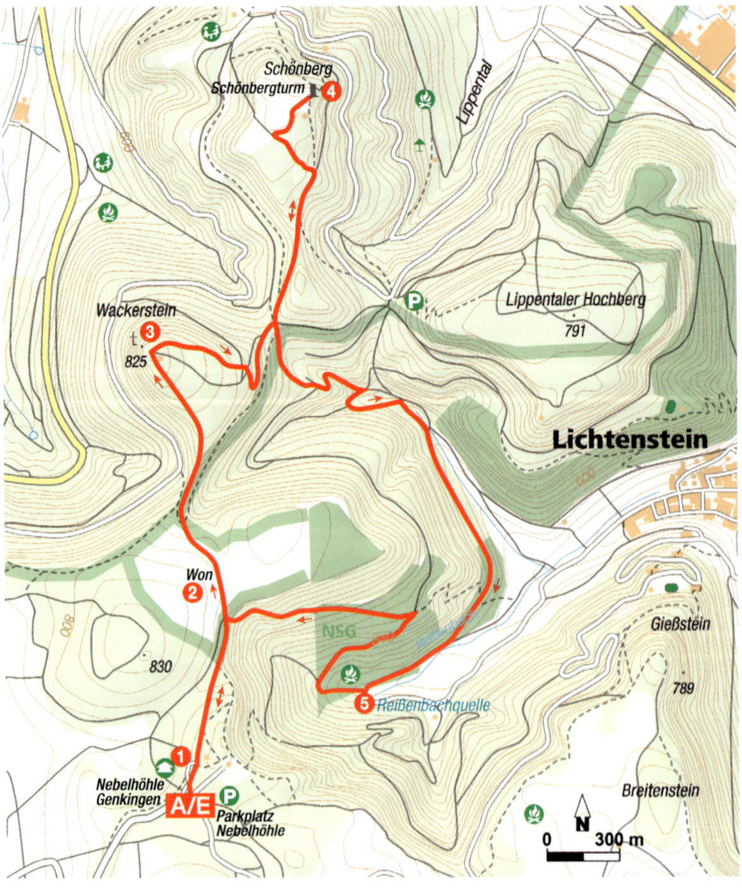

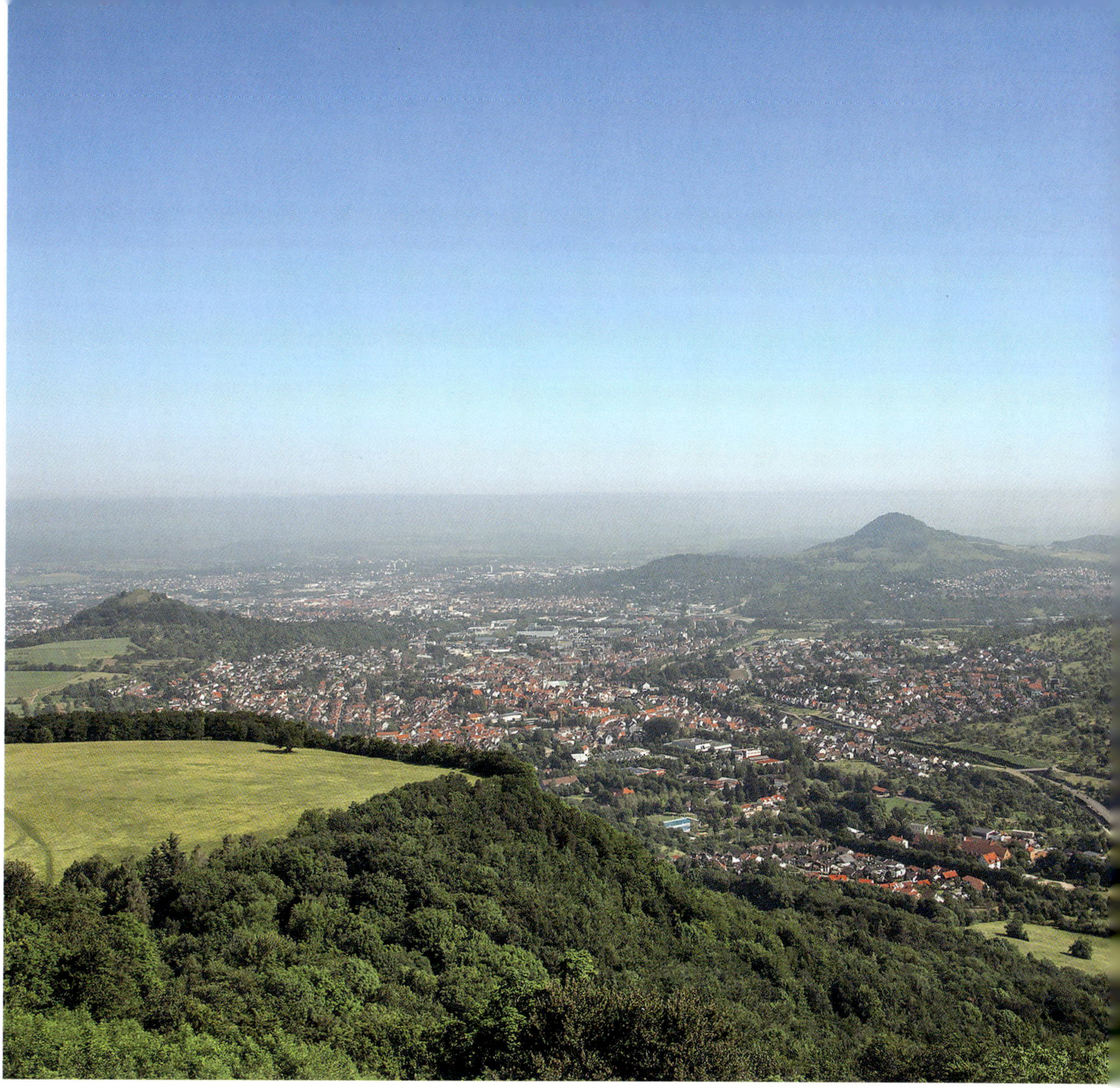

für die Schwäbische Alb eher ungewöhnlich ist. Der Wackerstein ist ein ausgewiesenes Geotop. Richtig in ihren Bann zieht uns die grandiose Aussicht hinunter nach Pfullingen. Hier bleiben wir ein wenig und können uns an diesem Blick gar nicht sattsehen.

Vom Schönberg bietet sich eine tolle Aussicht auf Pfullingen und Reutlingen.

Schließlich wandern wir vom Wackerstein weiter hinab zum Hinteren Sättele. Jetzt geht es wieder bergauf, und nun kommen doch die Schweißtropfen zum Vorschein, bis wir endlich an der herrlichen Gipfelwiese am 4 Schönberg ankommen. Der Schönberg bietet neben einer Grillstelle und seiner bunten Blumenwiese den bekannten Schönbergturm. Leider ist von vielen Punkten am Trauf der Schwäbischen Alb kein direkter Ausblick möglich, weil sich Bäume und Sträucher ins Blickfeld stellen. Der Schwäbische Albverein hat deshalb an einigen Stellen Aussichtstürme errichtet, damit wir doch in den Genuss eines

Nebelhöhle

Die beeindruckende Tropfsteinhöhle zählt zu den schönsten Höhlen der Schwäbischen Alb. Die Nebelhöhle besucht man selbständig ohne Führung. Geöffnet 1. April–31. Oktober und in den Herbstferien von 9–17.30 Uhr, November und März Sa und So 9–17 Uhr. Eintritt für Erwachsene 5 EUR, für Kinder 3 EUR, www.hoehlenwelten-sonnenbuehl.de

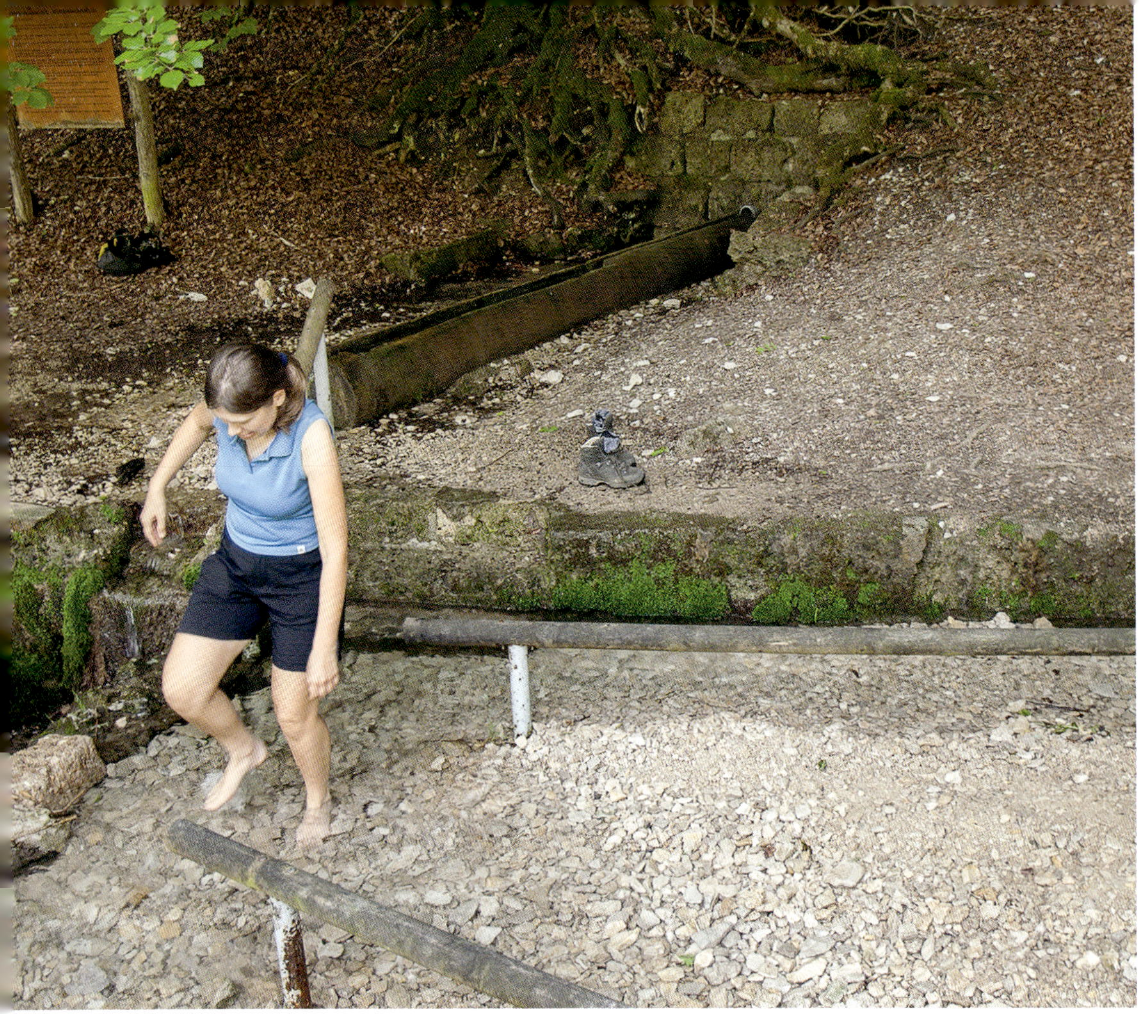

Willkommene Abkühlung im Kneippbecken an der Reißenbachquelle

unverstellten Weitblicks kommen. Der Schönbergturm wird im Volksmund liebevoll auch Pfullinger »Onderhos« genannt. Er ist 26,4 Meter hoch und wurde vom Schwäbischen Albverein 1905 erbaut. Er gilt als Wahrzeichen von Pfullingen. Der Schwäbische Albverein bewirtschaftet den Turm an Sonn- und Feiertagen, was durch eine gehisste Fahne am Westturm ersichtlich ist. Den Turm besteigen wir unbedingt und bewundern oben endlich die weitreichende Aussicht.

Zur Reißenbachquelle Nach der gemütlichen Rast auf dem Schönberg wandern wir zurück zum Hinteren Sättele. Hier biegen wir nun nach links mit der Markierung »Blaue Raute« ab und spazieren auf dem Weg durch den Wald abwärts. Im Talgrund zweigt nach rechts ein Forstweg ab (keine Markierung). Dieser verläuft am Hang entlang in Richtung Reißenbachtal. Zwischendurch queren wir einen Wanderweg des Schwäbischen Albvereins (markiert mit blauer Gabel). Unser Forstweg bringt uns ins Tal bis zu einer Grillstelle, neben der die 5 Reißenbachquelle entspringt. Die Reißenbachquelle ist eine typi-

Schloss Lichtenstein

Schloss Lichtenstein (erbaut von 1840 bis 1842 nach den Ideen von Graf Wilhelm von Württemberg) sollte man unbedingt besuchen. Öffnungszeiten im Sommer 9.00 – 17.30 Uhr, Eintritt mit Führung 9 Euro, www.schloss-lichtenstein.de

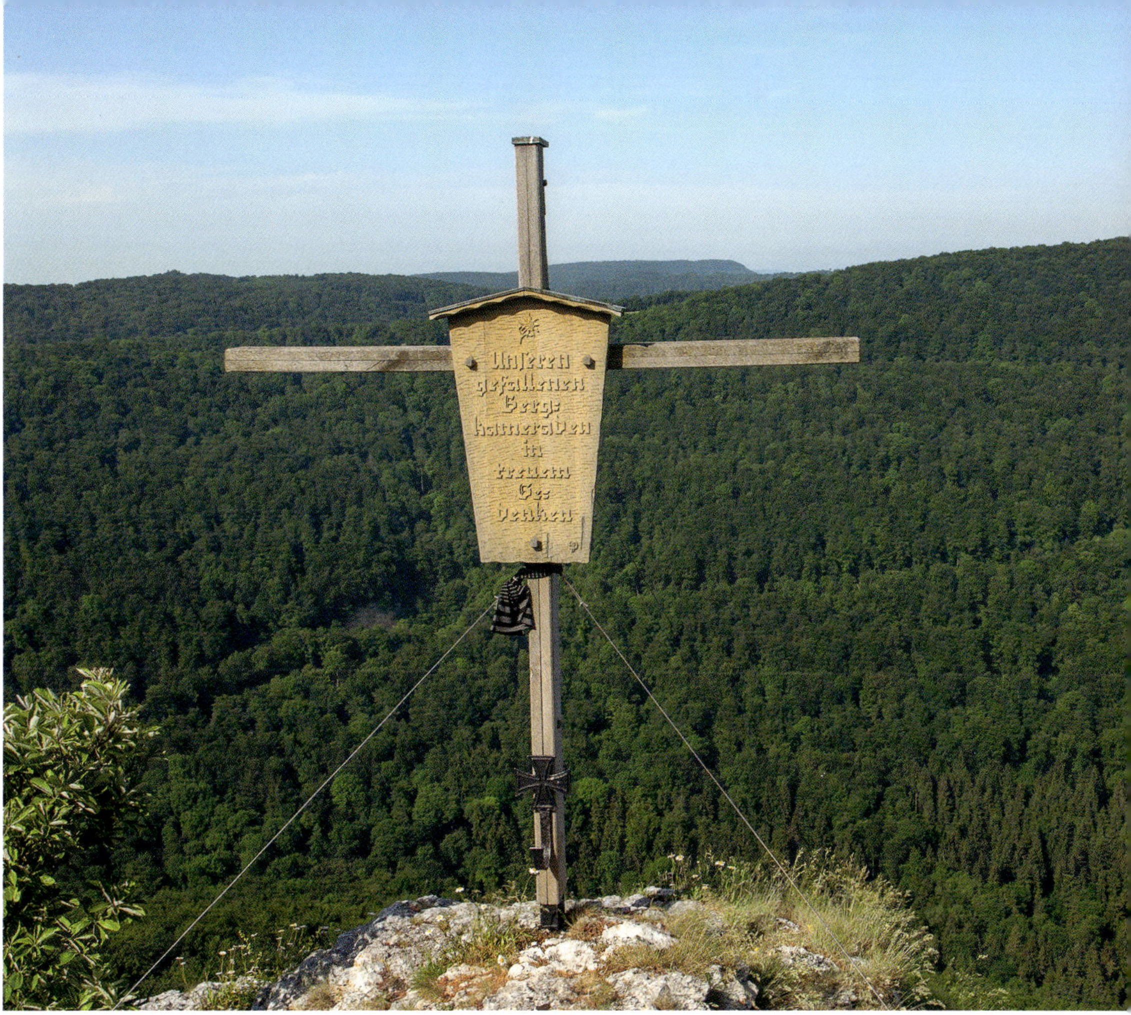

Das Gipfelkreuz auf dem Wackerstein steht etwas abgesetzt von der Felskante.

sche Karstquelle. Wir freuen uns über das Kneippbecken, in das Wasser der Quelle läuft, und kühlen unsere heißen Füße bei einem Marsch durch das Kneippbecken ordentlich ab.

Zurück zur Nebelhöhle Wir folgen dem Forstweg, der zwischen Reißenbachquelle und Grillstelle aufwärts zieht. Der Weg macht eine Rechtskurve und durchquert sonnige Wiesen immer weiter bergauf. Die Sonne und der Anstieg lassen uns ordentlich schwitzen. Wenig später treffen wir auf den Wanderweg mit der Markierung »Blaue Gabel«. Diesem folgen wir aufwärts, bis wir nach einem steileren Abschnitt wieder im Naturschutzgebiet Won ankommen. Am bekannten Weg wandern wir gemütlich durch das Waldstück zurück zum großen **E Parkplatz** an der Nebelhöhle. Am Ende der Wanderung statten wir natürlich der Nebelhöhle noch einen Besuch ab. Da es in der Höhle schnell kalt wird, freuen wir uns über einen wärmenden Pullover oder eine Jacke. Die Nebelhöhle ist eine der ältesten Schauhöhlen der Region, die nachweislich schon im Jahr 1596 Besucher empfing. Einer bekannten Sage nach soll die Nebelhöhle Zufluchtsort für Herzog Ulrich von Württemberg gewesen sein, der sich im Frühjahr 1519 hier tagsüber versteckte. Wilhelm Hauff hat hierüber seinen Roman »Lichtenstein« geschrieben, der 1826 erschienen ist.

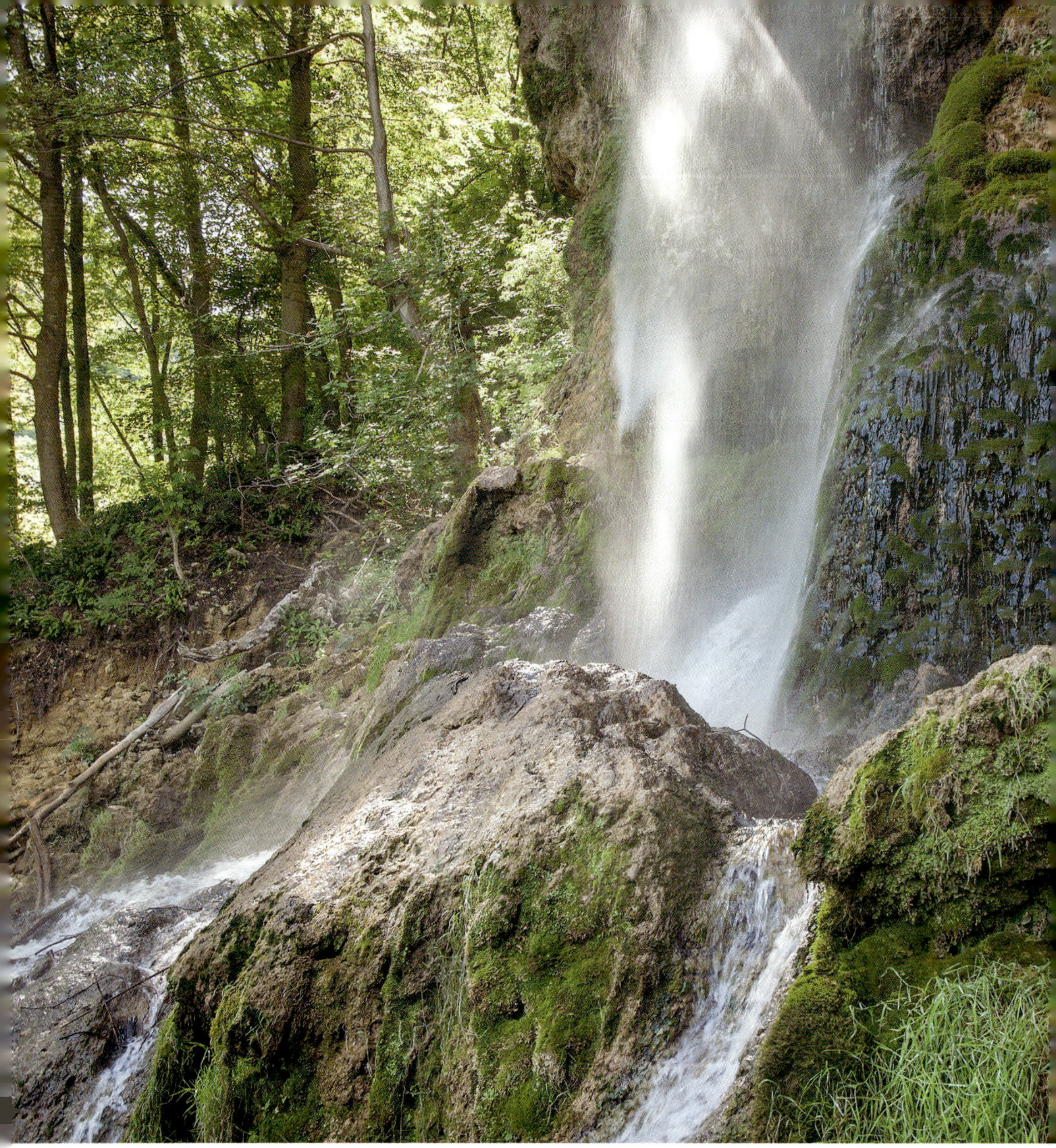
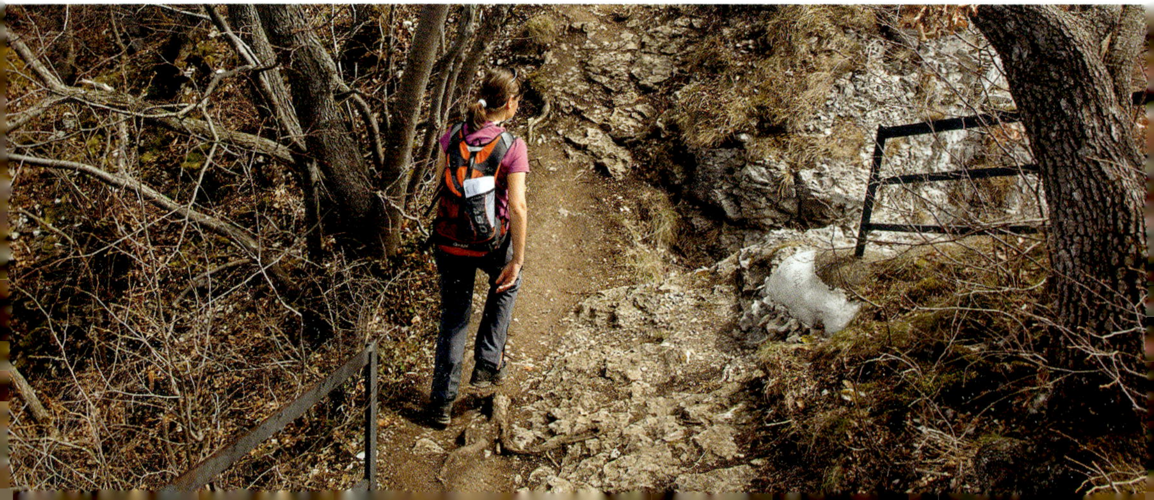

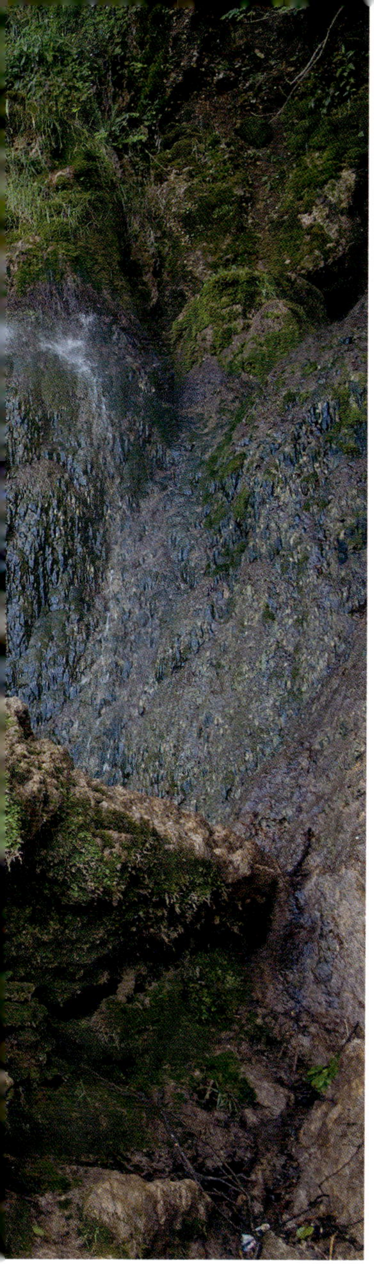

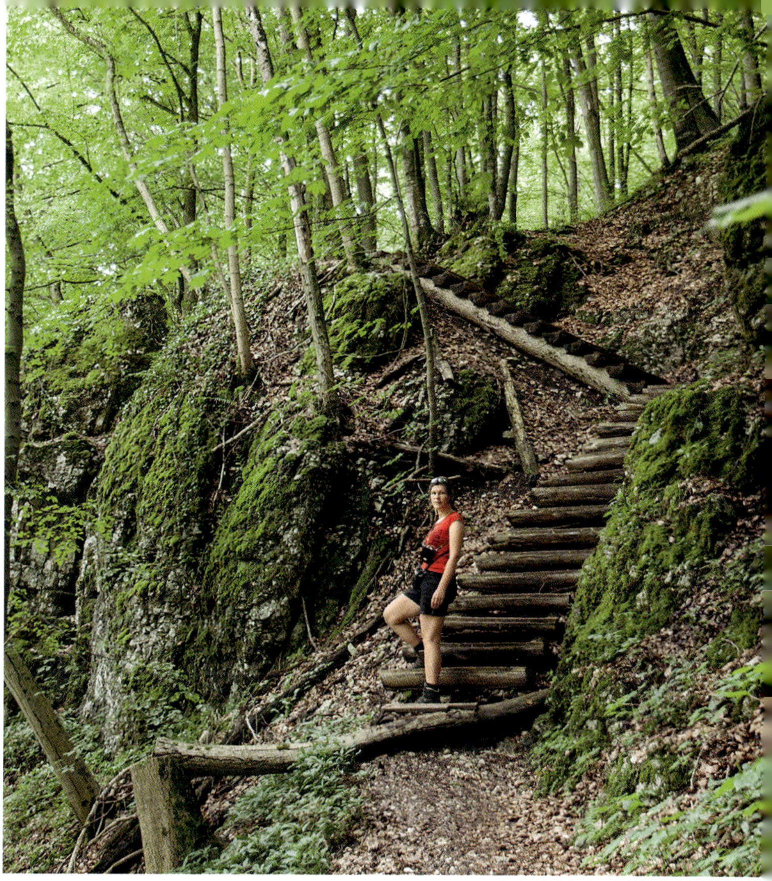

Ermstal und Lenninger Alb

Der Uracher Wasserfall lockt im Sommer viele Spaziergänger an (oben links und unten rechts), an der Großen Schrecke im Lenninger Tal (oben rechts), im Gipfelbereich des Beurener Fels (unten links).

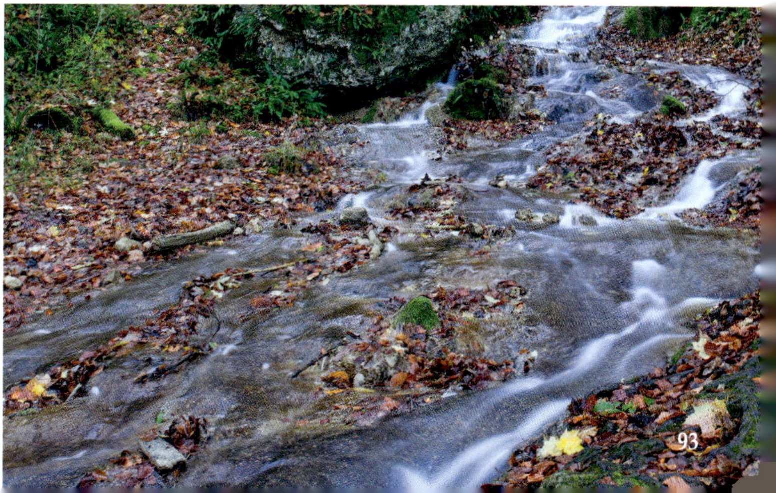

21

Vom Calverbühl zu den Gütersteiner Wasserfällen

Höllenlöcher bei Dettingen

mittel | 10,2 km | 435/390 hm | 4:00 Std.

Tourencharakter:
Teilweise schmale Wanderwege (vor allem am Albtrauf), aber auch breite Forststraßen

Ausgangspunkt:
Dettingen an der Erms (398 m), Bahnhof

Endpunkt:
Bad Urach, Zughaltestelle Wasserfall (442 m)

Anfahrt:
Auto: von Norden über die B 27 und die B 312 nach Metzingen, weiter auf der B 28 nach Dettingen
Bahn/Bus: mit dem Zug nach Metzingen, dort umsteigen und weiter nach Dettingen

Karte:
Wanderkarte des Schwäbischen Albvereins Nr. 19, Reutlingen – Bad Urach, 1:35 000

Einkehr:
Maisentalstüble sowie Gaststätten in Bad Urach und Dettingen

Tourismus-Info:
Kurverwaltung Bad Urach, Bei den Thermen 4, 72574 Bad Urach, Tel. 07125/9432-0, mail@badurach.info, www.badurach-tourismus.de

Weit ist der Weg von Dettingen zum Albtrauf. Aber die Mühen lohnen sich! Finden wir hier oben doch die eindrucksvollen Teufelslöcher, durch die wir hindurchsteigen können. Der Abstieg nach Bad Urach führt zu den Gütersteiner Wasserfällen.

Zu den Höllenlöchern Vom Bahnhof in A Dettingen wandern wir kurz in Richtung Bad Urach, überqueren aber gleich die Gleise und folgen der Markierung bis zur B28. Hier halten wir uns kurz links, überqueren die Bundesstraße, biegen auf der anderen Straßenseite wieder nach rechts und gehen den Berg hinauf zum 1 Calverbühl. Wir wandern weiter mit den Markierungen des blauen Dreiecks durch den Wald hinauf zu den Höllenlö-

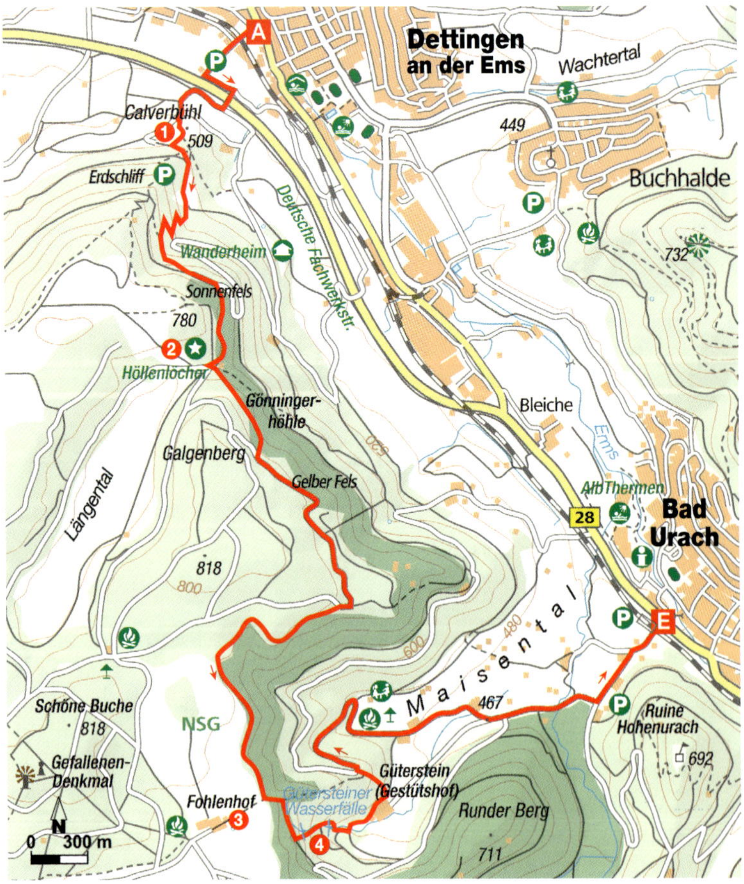

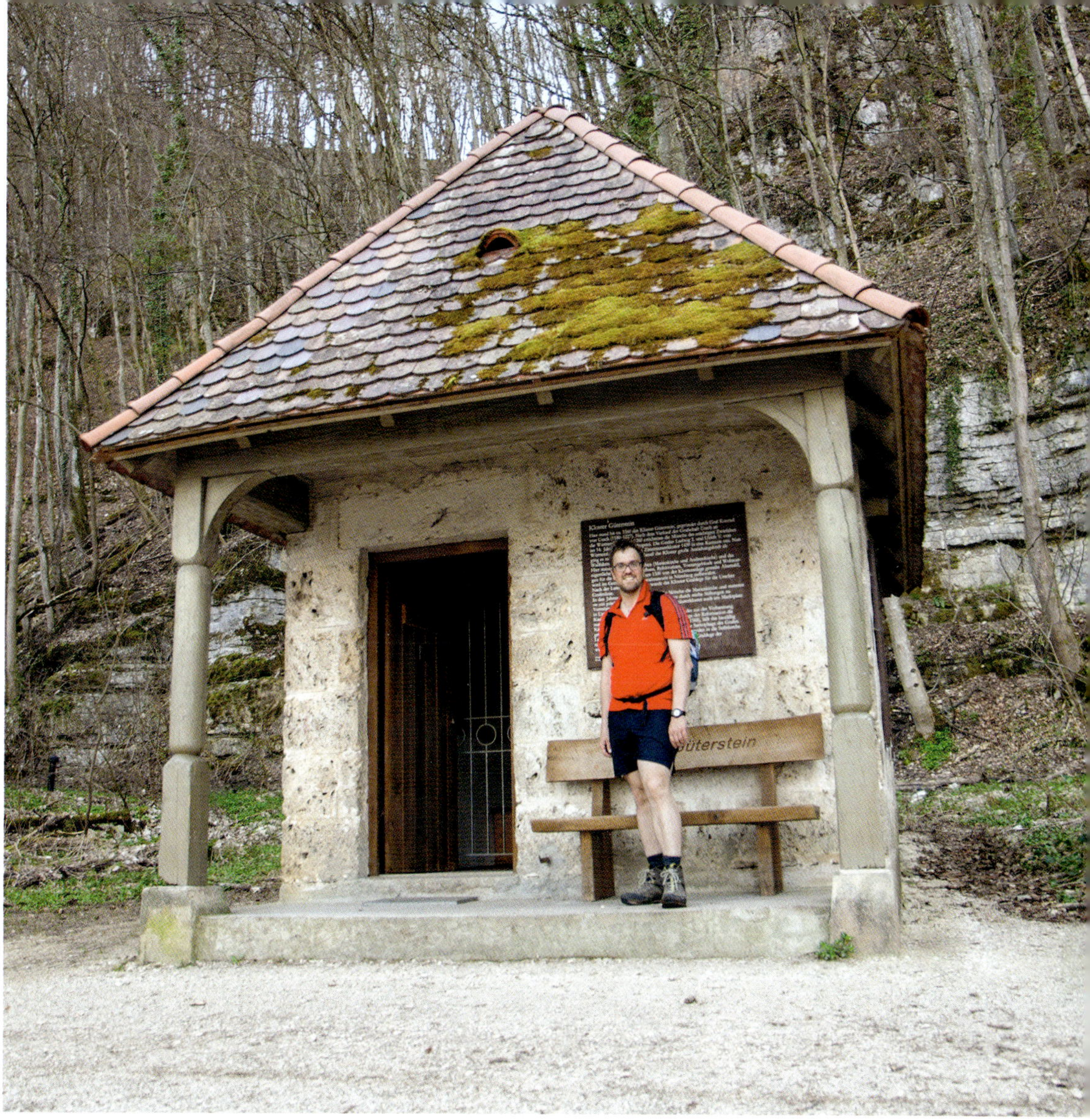

Diese Kapelle steht an der Stelle des ehemaligen Klosters Güterstein.

chern. Oben könnten wir an den Höllenlöchern vorbei zum Sonnenfels gehen. Viel eindrucksvoller ist es aber, die 2 Höllenlöcher zu durchschreiten. Über zwei Leitern wurde die 35 Meter tiefe und 120 Meter lange Schlucht gangbar gemacht.

Die Dettinger Höllenlöcher sind ein Geotop, hier gleiten Gesteinsschollen der Weißjura-Delta-Formation über den weicheren Mergeln der Weißjura-Gamma-Formation langsam Richtung Tal hinab, bis sie eines Tages hinabstürzen werden. Entstanden sind die Höllenlöcher durch einen Spannungsriss im Gestein. Dem Sonnenfels können wir nur in einer Variante einen Besuch abstatten. Dazu verlassen wir kurz nach dem Calverbühl die Markierungen des blauen Dreiecks und wandern geradeaus hinauf durch die Kernzone des Biosphärengebiets auf einem für Wanderer freigegebenen Weg. Oben angekommen wenden wir uns nach links und wandern bis zum Sonnenfels. Von dort geht es dann wie unten beschrieben zur Wegkreuzung mit einer Hütte. Bei dieser Variante lässt man leider die Höllenlöcher aus.

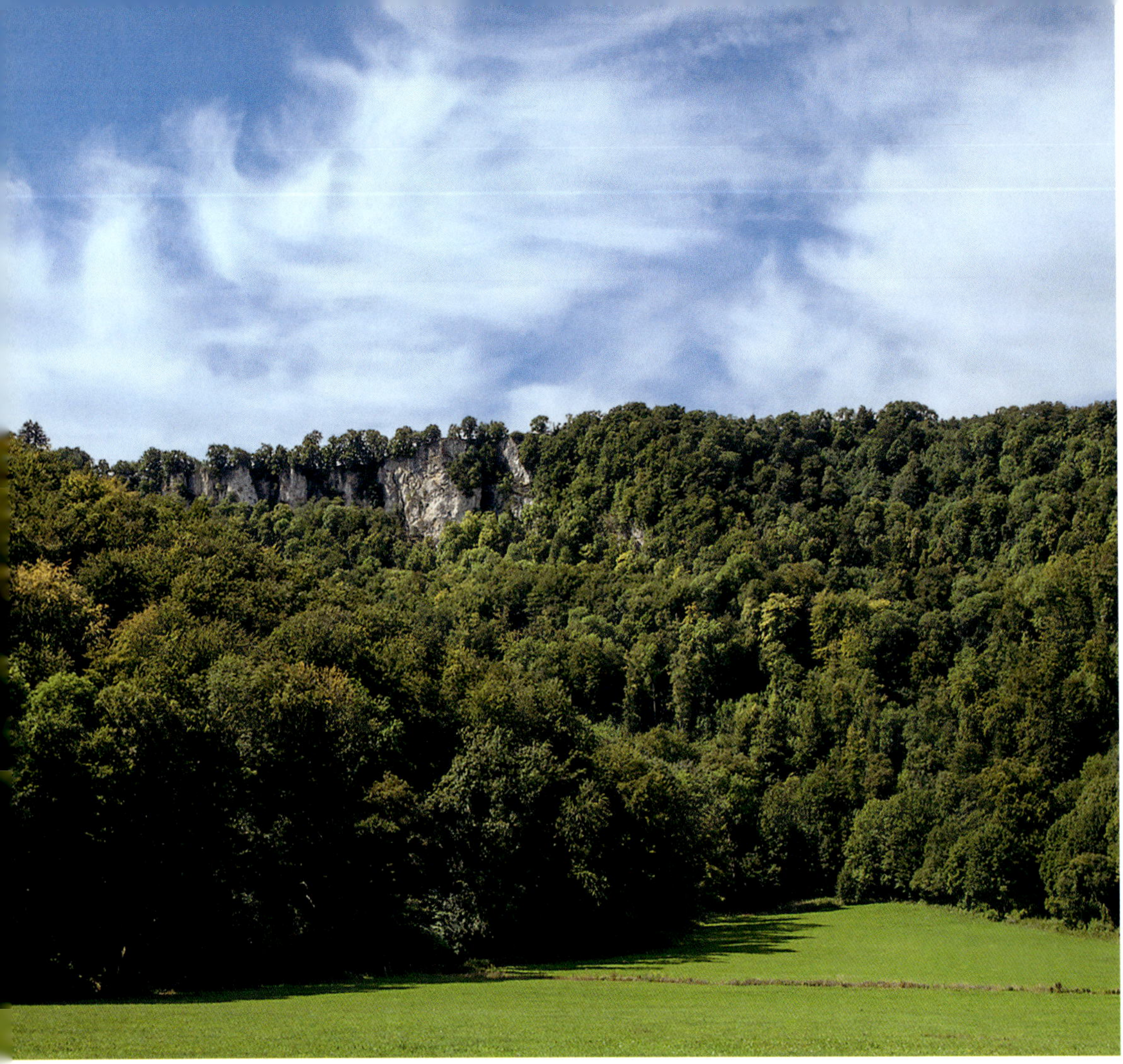

Am Ende der Wanderung blicken wir hinauf zu den mächtigen Rutschenfelsen im Talschluss.

Zu den Gütersteiner Wasserfällen Nach den Höllenlöchern kommen wir zu einer Wegkreuzung mit einer Hütte. Wir lassen uns nun von der Markierung »Rote Gabel« am Albtrauf entlangführen. Nach einem kurzen Wegstück auf einem Steig erreichen wir einen Forstweg, dem wir bis zu einer Abzweigung folgen. Hier biegen wir in den Pfad hinüber zum Gelben Fels ein. Wir gehen vom Felskopf ein paar Meter zurück und bleiben weiterhin auf dem Wanderweg mit der roten Gabel. Wir kommen nochmal auf den Forstweg, den wir aber bald wieder verlassen, und wandern auf einem schönen Weg am Albtrauf entlang. Immer wieder können wir ein paar herrliche Ausblicke auf die umliegende Landschaft bewundern.

Wir gehen bis zu den Wiesen des **3 Fohlenhofes**. Entlang der Wiesen und im Schatten der Bäume des Waldrands wandern wir bis zu einer Wegteilung. Wir treffen hier nun auf den Bad Uracher Premiumwanderweg Wasserfallsteig. Diesem folgen wir kurz bergab bis zu den **4 Gütersteiner Wasserfällen**. Das Wasser plätschert in vielen Kaskaden in ein gefasstes Becken. Es fließt vom Fohlenhof auf einer wasserundurchlässigen Bodenschicht hierher und fällt über die Kalktuffterrassen hinunter. Der Ort ist wirklich sehr schön und romantisch. Neben den Wasserfällen befindet sich eine

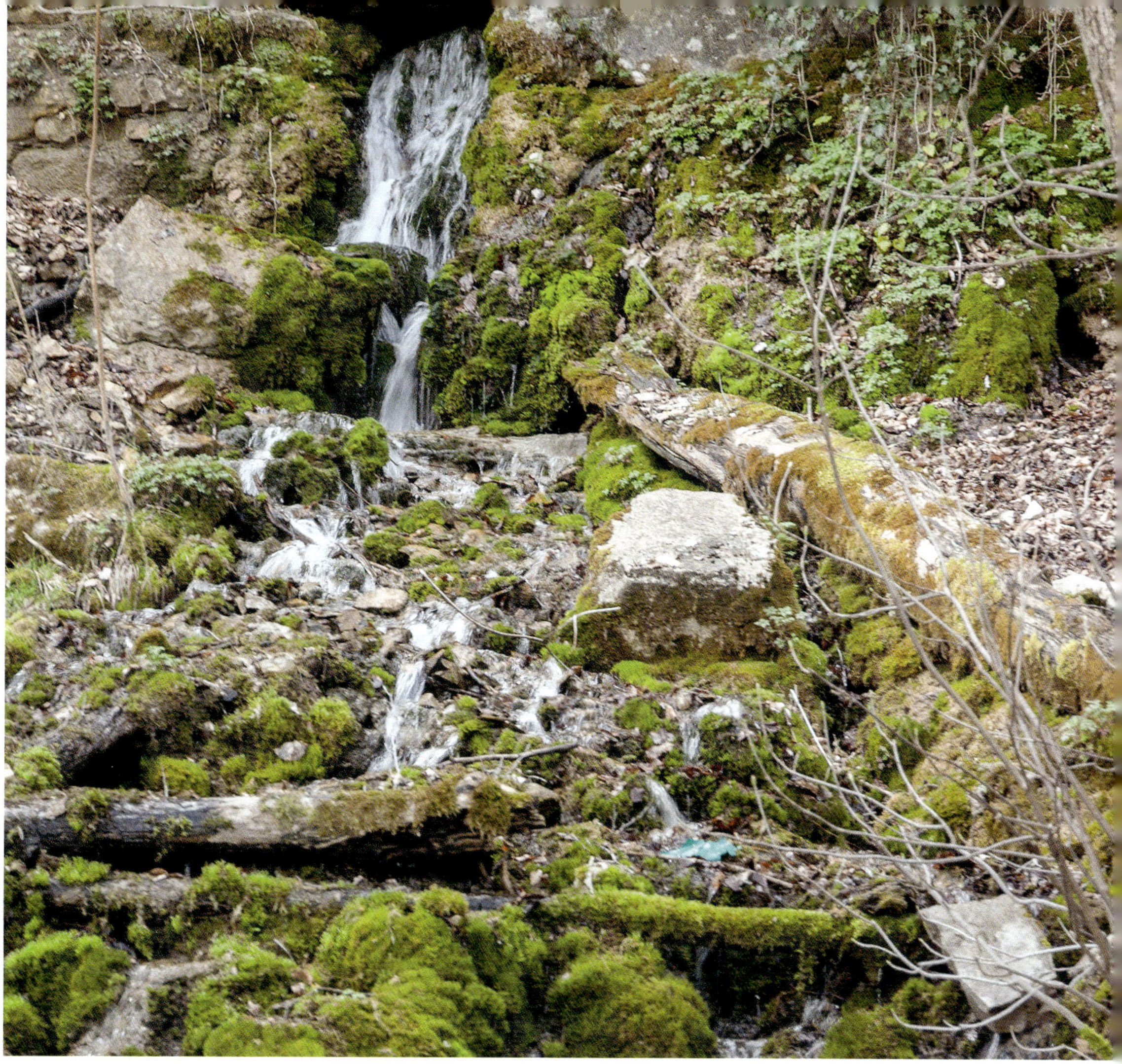

An den Gütersteiner Wasserfällen fließt das Wasser über bemooste Stufen.

kleine Kapelle. Hier stand bis 1560 das Kloster Güterstein, das im 15. Jahrhundert seine Blütezeit hatte. Ab 1441 waren hier die Gräber der Grafen von Württemberg. Die Reformation beendete 1535 die Zeit des Klosters, von dem heute leider nichts mehr zu sehen ist.

Nach Bad Urach Wir verlassen nun noch einmal den Wasserfallsteig und entscheiden uns für einen unmarkierten Weg von der Kapelle nach links. Diesen steigen wir abwärts, bis wir auf einen Forstweg treffen. Auf diesem biegen wir nach rechts ab und gehen in einer weiten Schleife das Tal aus. Später mündet von rechts der Wasserfallsteig wieder ein und wir wandern durch das Maisental bis zur Zughaltestelle E Bad Urach Wasserfall. Vorher können wir noch am Maisentalstüble einkehren und auf die gelungene Tour anstoßen. Mit der geschichtsträchtigen Ermstalbahn, die schon Weihnachten 1873 eröffnet wurde, fahren wir zurück nach Dettingen an der Erms.

Uracher Wasserfall

Unsere Tour endet am Parkplatz des bekannten Uracher Wasserfalls, der auf einem halbstündigen Spaziergang nach 2 km erreicht wird. Weitere Informationen unter www.badurach-tourismus.de oder bei der Kurverwaltung Bad Urach, Tel. 07125/9432-0

22

Unbeachteter Aussichtspunkt bei Bad Urach

Auf den Buckleter Kapf

mittel | 10,1 km | 350 hm | 3:30 Std.

Tourencharakter:
Teilweise schmale Wanderwege

Ausgangspunkt:
Bad Urach (464 m), Parkplatz P1 am Kurzentrum

Endpunkt:
Wie Ausgangspunkt

Anfahrt:
Auto: von Norden auf der B 27 und der B 312 nach Metzingen, weiter auf der B 28 nach Bad Urach
Bahn/Bus: mit dem Zug nach Metzingen, dort umsteigen und weiter nach Bad Urach

Karte:
Wanderkarte des Schwäbischen Albvereins Nr. 19, Reutlingen – Bad Urach, 1:35 000

Einkehr:
Gaststätten in Bad Urach

Tourismus-Info:
Kurverwaltung Bad Urach, Bei den Thermen 4, 72574 Bad Urach, Tel. 07125/9432-0, info@badurach.de, www.badurach-tourismus.de

Der Buckleter Kapf ist ein Aussichtspunkt im Norden von Bad Urach. Durch die Grafensteige auf der anderen Talseite mit den Anziehungspunkten Uracher Wasserfall und Hohenurach findet der Buckleter Kapf nur wenig Beachtung.

Zum Buckleter Kapf Wir wandern vom Kurzentrum in **A** Bad Urach hinauf zum Waldrand. Hierfür folgen wir zuerst der Immanuel-Kant-Straße, biegen dann in die Eichhaldestraße und dann in die Straßen Am Felsenhau und Am Forst ab. Wir erreichen ein Sträßchen, das am Waldrand entlang nach Südosten zieht. An einer Bank treffen wir auf einen nach links abzweigenden Weg des Schwäbischen Albvereins (Markierung »Rote Gabel«). Der

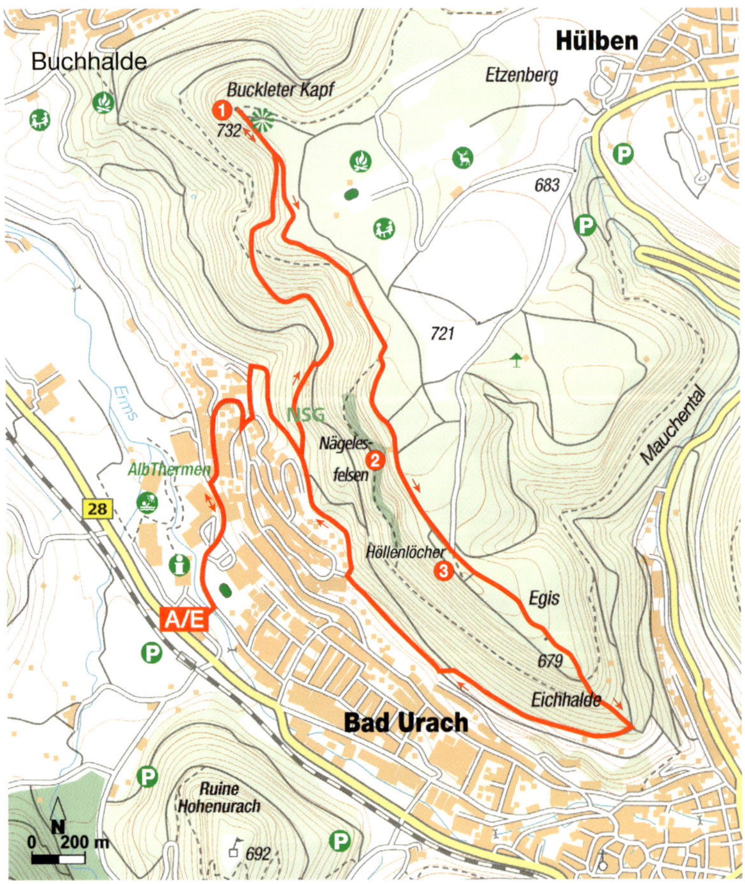

Weg bringt uns schnaufend und schweißtreibend steil aufwärts zu einer Schutzhütte. Danach gehen wir weiter durch den Wald bis zum Aussichtspunkt **1** Buckleter Kapf. Von hier oben genießen wir wunderbare Ausblicke auf das Ermstal. Tief unter uns liegt Bad Urach, gegenüber erblicken wir die Burgruine Hohenurach.

Abstieg über die Uracher Höllenlöcher Wir wandern am Wanderweg ein paar Meter zurück, nehmen dann aber den nach links abzweigenden Weg, der am Albtrauf entlangführt. Wir kommen zu einer kleinen Abzweigung. Hier wenden wir uns nach rechts in einen Pfad in Richtung **2** Nägelesfelsen. Schließlich erreichen wir den Felsen, von dem wir nochmals einen traumhaften Ausblick auf Hohenurach bestaunen. Wir gehen zurück zum Hauptweg, der uns zu den **3** Höllenlöchern bringt. Diese sind nicht zu verwechseln mit den Höllenlöchern über Dettingen/Erms. Aber auch hier erreichen wir eindrucksvolle, tiefe Felsklüfte, die wir von unserem Wanderweg gut beobachten können. Früher konnte man auch zwischen den Felsklüften hindurchgehen. Das Gebiet befindet sich aber inzwischen in der Kernzone des Biosphärengebiets Schwäbische Alb, weshalb man die markierten Wege nicht mehr verlassen darf. Der Wanderweg bringt uns anschließend weiter bis zum südöstlichen Eck des Egis. Ab hier fällt der Steig steil bergab bis zu einer Wegkreuzung am Beginn der Bebauung. Dort biegen wir nach rechts ab und wandern an dem aussichtsreichen Weg am Waldrand entlang. Dieser führt uns in die Breitensteinstraße und zurück zum Parkplatz am Kurzentrum in **E** Bad Urach.

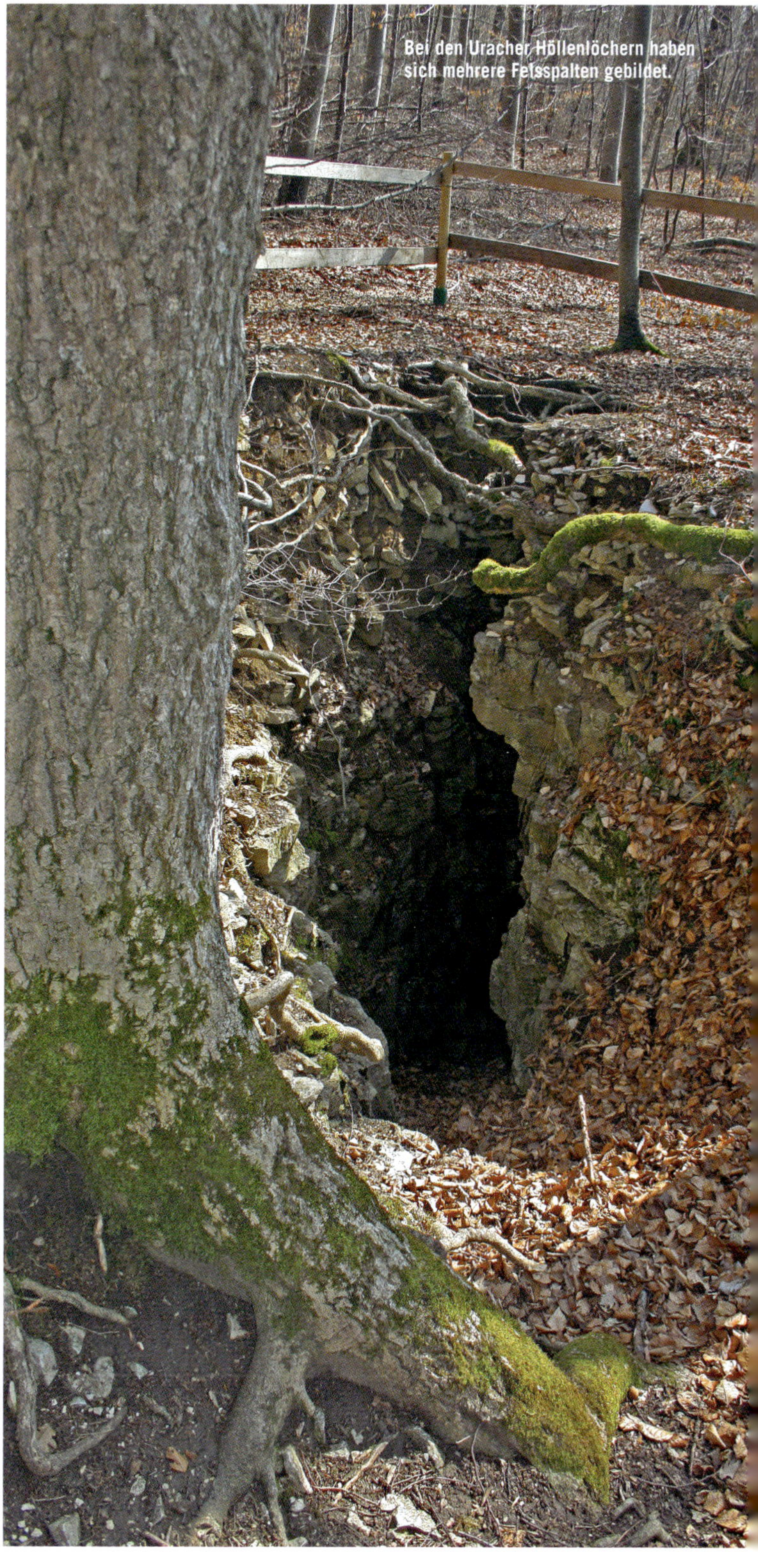
Bei den Uracher Höllenlöchern haben sich mehrere Felsspalten gebildet.

23

Kurze Rundwanderung im Uracher Einzugsbereich

Zum Sirchinger Wasserfall

mittel | 5,4 km | 165 hm | 2:00 Std.

Tourencharakter:
Teilweise schmale Wanderwege

Ausgangspunkt:
Sirchingen (729 m), Ortsmitte

Endpunkt:
wie Ausgangspunkt

Anfahrt:
Auto: Von Norden über die B 27 und die B 312 nach Metzingen, weiter über die B 28 nach Bad Urach und nach Sirchingen
Bahn/Bus: Mit dem Zug nach Metzingen, dort umsteigen nach Bad Urach und weiter mit der Buslinie 7643 nach Sirchingen

Karte:
Wanderkarte des Schwäbischen Albvereins Nr. 19, Reutlingen – Bad Urach, 1:35 000

Einkehr:
Gaststätten in Bad Urach

Tourismus-Info:
Kurverwaltung Bad Urach, Bei den Thermen 4, 72574 Bad Urach, Tel. 07125/94 32-0, info@badurach.de, www.badurach-tourismus.de

Diese nette, kleine Rundwanderung bezieht ihren Reiz aus dem Wechsel der Landschaft. Wir wandern teilweise am Albtrauf entlang, teilweise aber auch auf einer schönen Albhochfläche. Zudem lohnt bei trockenem Wetter der Besuch des kleinen Sirchinger Wasserfalls.

Zum Sirchinger Wasserfall Wir starten unsere Wanderung an der Kirche von A Sirchingen . Zuerst folgen wir der Straße in Richtung Bad Urach. An der Linkskurve gehen wir geradeaus weiter in die Kanzstraße und weiter bis zum Ortsrand von Sirchingen. Wir kommen auf den Weg des Albvereins (Markierung »Gelbe Gabel«) und können hier entscheiden, ob wir dem 1 Sirchinger Wasserfall einen Besuch abstatten. Steil führt der Steig hinunter zum kleinen Wasserfall, der natürlich bei Weitem nicht so eindrucksvoll ist wie sein berühmter Nachbar, der Uracher Wasserfall. Dafür genießen wir von hier einen wunderbaren Ausblick auf das Seeburger Tal und die gegenüber aufragenden Felsen. Der Abstecher sollte nicht bei Nässe und nur mit trockenem und gutem Schuhwerk unternommen werden.

Zur Ruine Blankenhorn Wir gehen vom Wasserfall wieder zurück zum Wanderweg am Albtrauf und folgen diesem nach Süden. Wir treffen auf einen Forstweg, der uns bis zur 2 Ruine Blankenhorn begleitet. Die Ruine

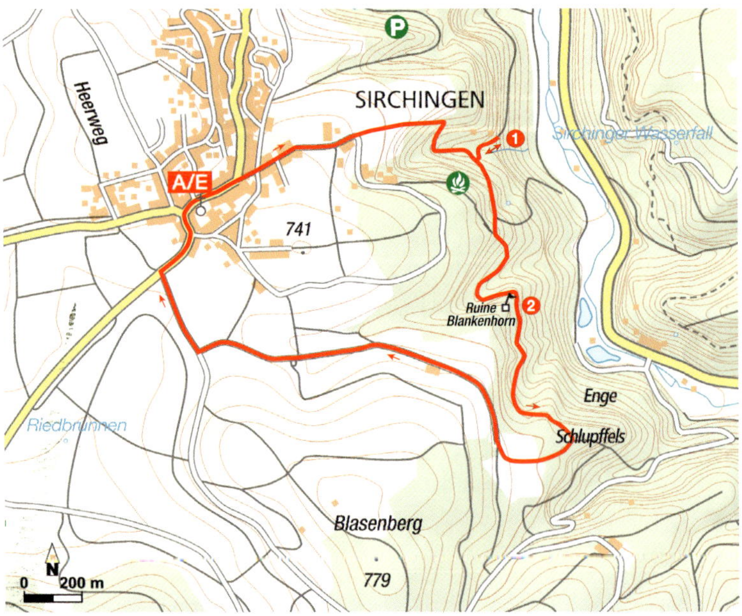

bietet ebenfalls eine herrliche Aussicht auf das Seeburger Tal. Die Burg wurde im 12. Jahrhundert erbaut. Heute ist nicht mehr viel zu sehen, lediglich geringe Reste des Mauerwerks und des Burggrabens. Auf dem Forstweg wandern wir weiter bis zum Schlupffels, der aus Naturschutzgründen nicht mehr betreten werden darf. Früher war es ein schöner Aussichtspunkt, der inzwischen aber auch zugewachsen ist. Der Weg zieht nun nach rechts auf eine Lichtung. An einer Wegkreuzung halten wir uns wieder rechts und wandern zum Waldrand. Wir gehen nun am Hangfuß des Blasenberges über schöne Wiesen weiter, bis wir wieder auf einen Albvereinsweg (gelbes Dreieck) treffen. Dabei bieten sich uns immer wieder schöne Blicke über die Albhochfläche. Wir bleiben nun auf dem Wanderweg bis in die Ortsmitte von E Sirchingen.

Der Fischerbrunnen am Sirchinger Wasserfall

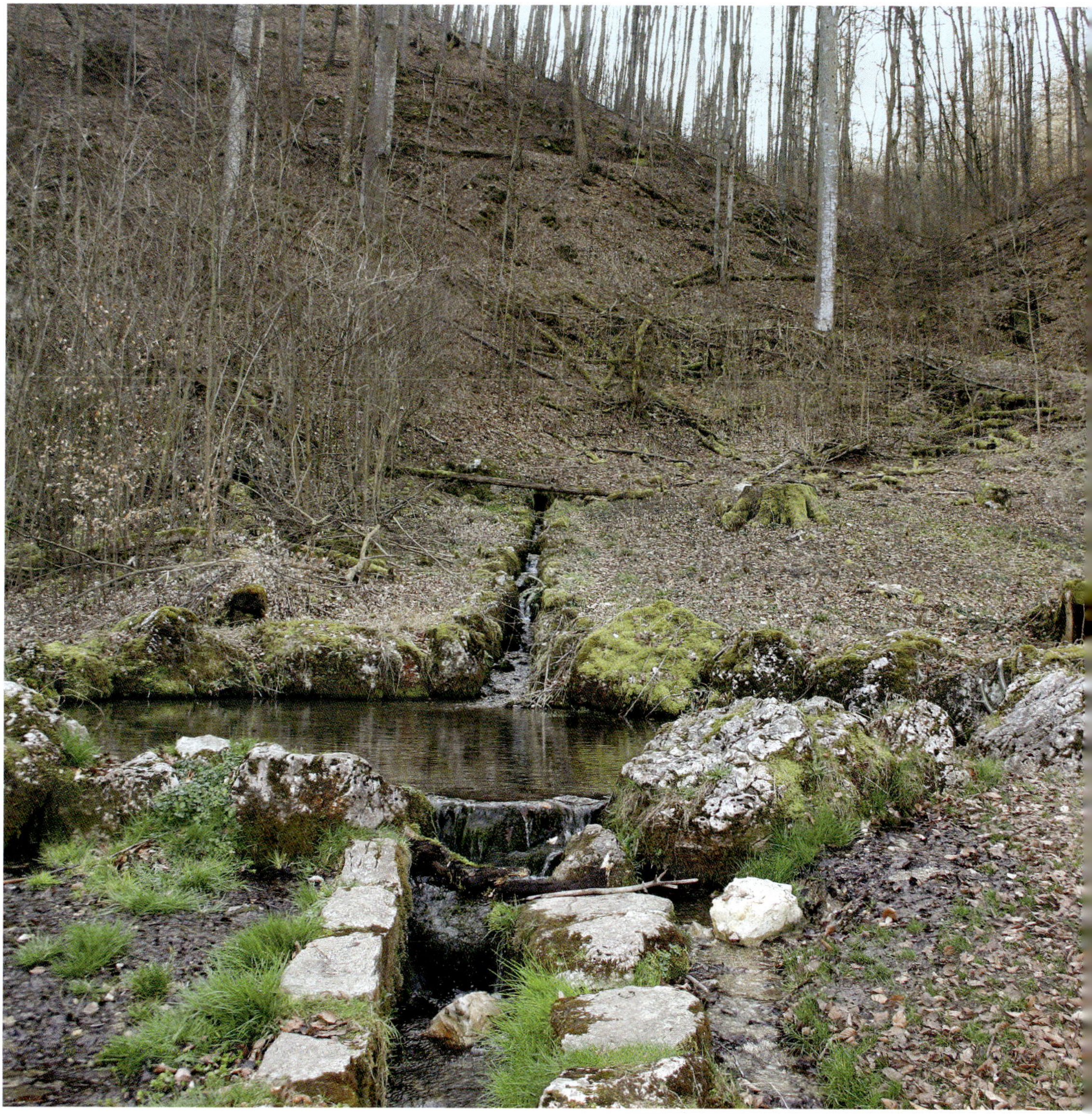

24

Aussichtspunkte und Keltische Spuren

Von Lenningen auf die Baßgeige

mittel · 10,6 km · 330 hm · 4:00 Std.

Tourencharakter:
Schmale, aber gute Wanderwege

Ausgangspunkt:
Unterlenningen (425 m), Parken in der Max-Leuze-Straße

Endpunkt:
Wie Ausgangspunkt

Anfahrt:
Auto: auf der A8 bis zur Autobahnausfahrt Kirchheim (Teck) Ost und über Dettingen und Owen nach Unterlenningen. Am Ortseingang auf der rechten Seite in die Max-Leuze-Straße
Bahn/Bus: mit dem Zug nach Kirchheim (Teck), dort umsteigen in die Buslinie 177 nach Unterlenningen

Karte:
Wanderkarte des Schwäbischen Albvereins Nr. 19, Reutlingen – Bad Urach, 1:35 000

Einkehr:
Gaststätten in Lenningen

Tourismus::
Gemeinde Lenningen, Marktplatz 1, 73252 Lenningen, Tel. 07026/609-0, gemeinde@lenningen.de, www.lenningen.de

Die Baßgeige mit den beiden Gipfeln Beurener Fels und Brucker Fels ist die erste Erhebung auf der Westseite des Lenninger Tales. Dementsprechend prächtig ist die Aussicht von beiden Punkten.

Zum Beurener Fels Von A Unterlenningen wandern wir auf der Max-Leuze-Straße weiter ortsauswärts und folgen dem Wanderweg des Schwäbischen Albvereins mit der Markierung »Rote Gabel«. Wir wandern am Sulzburghof vorbei und kommen nach einer Weile zum Waldrand. Der Wanderweg verläuft etwas oberhalb des Bacheinschnitts des Kellentales. Weiter führt der Weg teilweise recht steil im Wald hinauf zum Albtrauf, sodass wir uns ordentlich anstrengen müssen. Wir befinden uns nun in unmittelbarer Nähe zu Erkenbrechtsweiler, der einzigen Gemeinde Esslingens, die komplett auf der Schwäbischen Alb liegt. Wir nehmen hier nicht den nach rechts führenden HW1, sondern wählen den nach Nordwesten laufenden Wanderweg mit dem blauen Dreieck als Markierung. Dieser nimmt uns mit durch das Zangentor des 1 Heidengrabens. Der Wanderweg führt über die Wiesenfläche zum Waldrand, folgt diesem kurz und trifft auf einen weiteren Wanderweg, der von rechts herüberkommt. Wir wandern weiter zum »ausgesetzten« 2 Beurener Fels, von dem wir eine wunderbare Aussicht auf die Burgruine Hohenneuffen genießen.

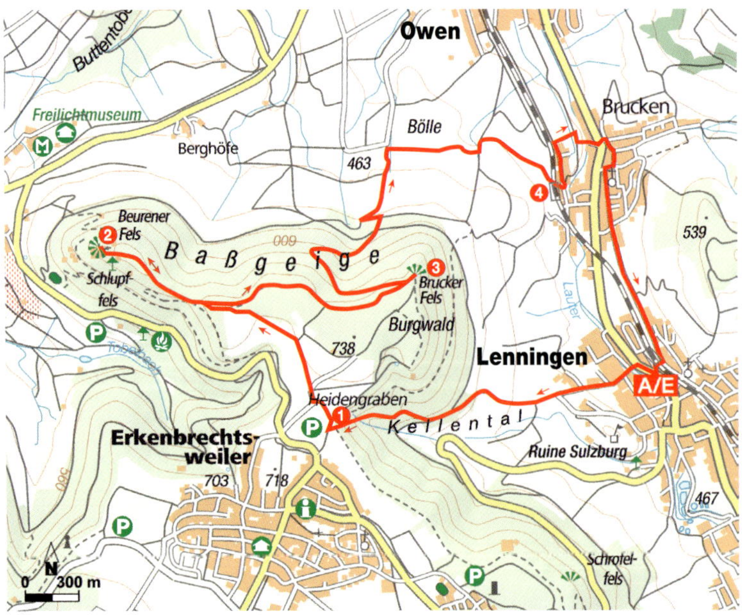

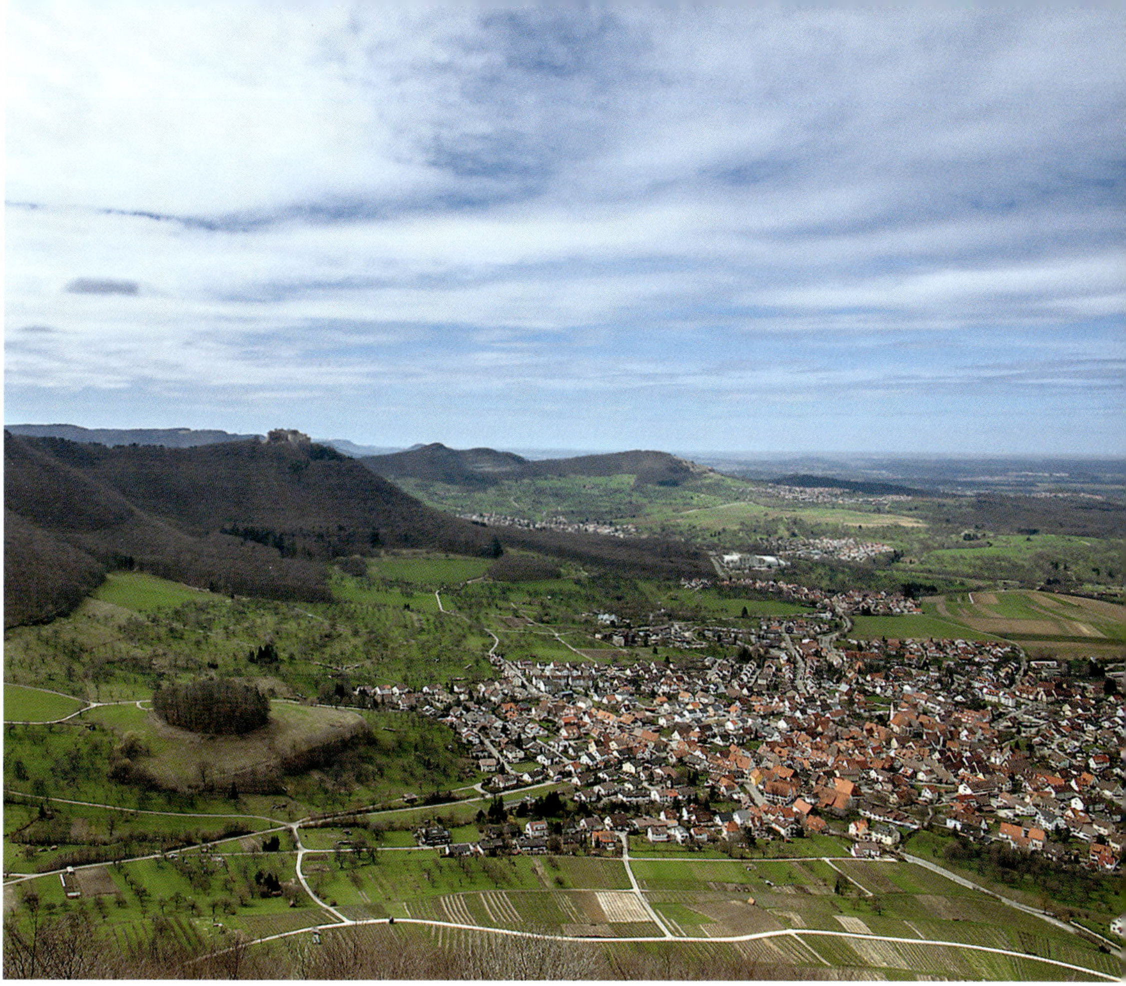

Vom Beurener Fels genießen wir eine schöne Aussicht. Im Hintergrund erkennen wir den Hohenneuffen.

Über den Brucker Fels nach Lenningen Nach der Pause machen wir uns an den Weiterweg zum Brucker Fels. Wir gehen am bereits bekannten Weg ein paar Meter zurück, nehmen dann aber die linke Abzweigung und folgen dem Wanderweg am Albtrauf entlang bis zum Brucker Fels. Auch vom **3** Brucker Fels bewundern wir eine großartige Aussicht. Gegenüber ragt die Burg Teck in die Höhe, tief unter uns befindet sich das Lenninger Tal. Die heutige Burg hat der Schwäbische Albverein 1955 zu einem Wanderheim umfunktioniert. Nach der kleinen Pause folgen wir dem HW1 (rotes Dreieck) in Richtung Owen. Nach Verlassen des Waldes kommen wir zum Bölle, einem Vulkanschlot. Hier verlassen wir den HW1 und wandern auf einem unmarkierten Weg nach rechts. So gelangen wir bis zum Bahnhof in **4** Brucken. Von dort wandern wir kurz ortsauswärts Richtung Owen, bis wir auf einer Brücke die Lauter überqueren. Anschließend überqueren wir die Bundesstraße und biegen nach rechts ab. Der Weg verläuft unterhalb des Bühl nach Unterlenningen. Im Ort wechseln wir wieder auf die andere Seite der Bundesstraße und gehen zurück zum Parkplatz in **E** Unterlenningen.

Heidengraben

Der Heidengraben bei Erkenbrechtsweiler ist eine der größten befestigten Siedlungen der Kelten aus dem 1. und 2. Jh. v. Chr., ein keltisches Oppidum mit einem inneren und einem äußeren Befestigungsring. Im Inneren lag die Siedlung Elsachstadt. Möchte man die Funde besichtigen, sollte man nach der Tour dem Keltenmuseum in Grabenstetten einen Besuch abstatten (geöffnet So 14–17 Uhr).

25

Wilde Landschaft auf der Lenninger Alb

Große Schrecke und Lange Steige

mittel | 11 km | 285 hm | 4:00 Std.

Tourencharakter:
Teilweise schmale Wanderwege, teilweise lange, raue Steige. Bei Strohweiler auch Feldwege

Ausgangspunkt:
Schlattstall (425 m), Wanderparkplatz am Ortsende

Endpunkt:
Wie Ausgangspunkt

Anfahrt:
Auto: auf der A8 bis zur Autobahnausfahrt Kirchheim (Teck) Ost und über Dettingen und Owen nach Lenningen und weiter nach Schlattstall
Bahn/Bus: mit dem Zug entweder nach Kirchheim (Teck) und dann mit der Buslinie 177 weiter nach Schlattstall oder mit dem Zug nach Oberlenningen und mit dem Anruflinientaxi 177 nach Schlattstall

Karte:
Wanderkarte des Schwäbischen Albvereins Nr. 19, Reutlingen – Bad Urach, 1:35 000

Einkehr:
Gasthaus Hirsch in Schlattstall, www.hirsch-schlattstall.de. Gaststätten in Gutenberg

Tourismus-Info:
Gemeinde Lenningen, Marktplatz 1, 73252 Lenningen, Tel. 07026/609-0, www.lenningen.de, gemeinde@lenningen.de

Die Große Schrecke ist eine eindrucksvolle Felswand, die sich im Wald südwestlich von Schlattstall versteckt. Auf dem Rückweg wandern wir die wildromantische Lange Steige hinunter, die durch die Kernzone des Biosphärengebietes führt. Auf beiden Teilstrecken erleben wir eine ursprüngliche, ungezähmte Landschaft der Alb.

Zur Großen Schrecke Vom Parkplatz in **A** **Schlattstall** wandern wir kurz in den Ort zurück und halten uns an der Verzweigung der beiden Straßen links. Wir gehen zwischen den Häusern des Ortes hindurch, bis wir auf freie Wiesen gelangen. Vorher können wir hinter dem Rathaus zum **1** **Goldloch** abzweigen, einer aktiven Wasserhöhle. Vom Ortsende von Schlattstall wandern wir auf dem breiten Weg entlang der Wiesen (markiert mit roter Gabel) weiter in den Wald. Der Weg führt schön am Bach entlang bis zu einer Wegverzweigung. Hier biegt nach rechts der Weg zur Falkensteiner Höhle ab. Wir bleiben aber auf dem geradeaus weiterziehenden Weg. Das Tal wird immer enger, Felsen werden sichtbar, und schon bald stehen wir vor einer eindrucksvollen Felsmauer am Ende der Schlucht. Wir sind nun an der **2** **Großen Schrecke** angekommen.

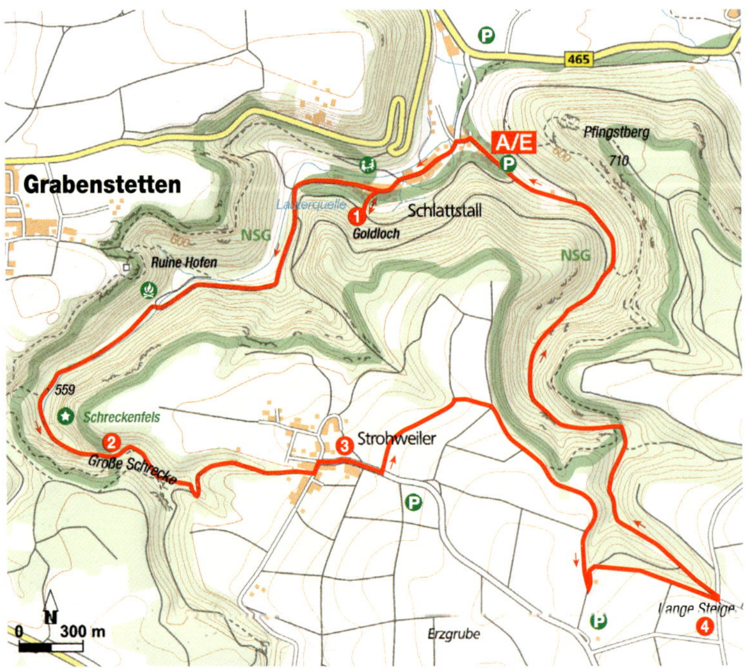

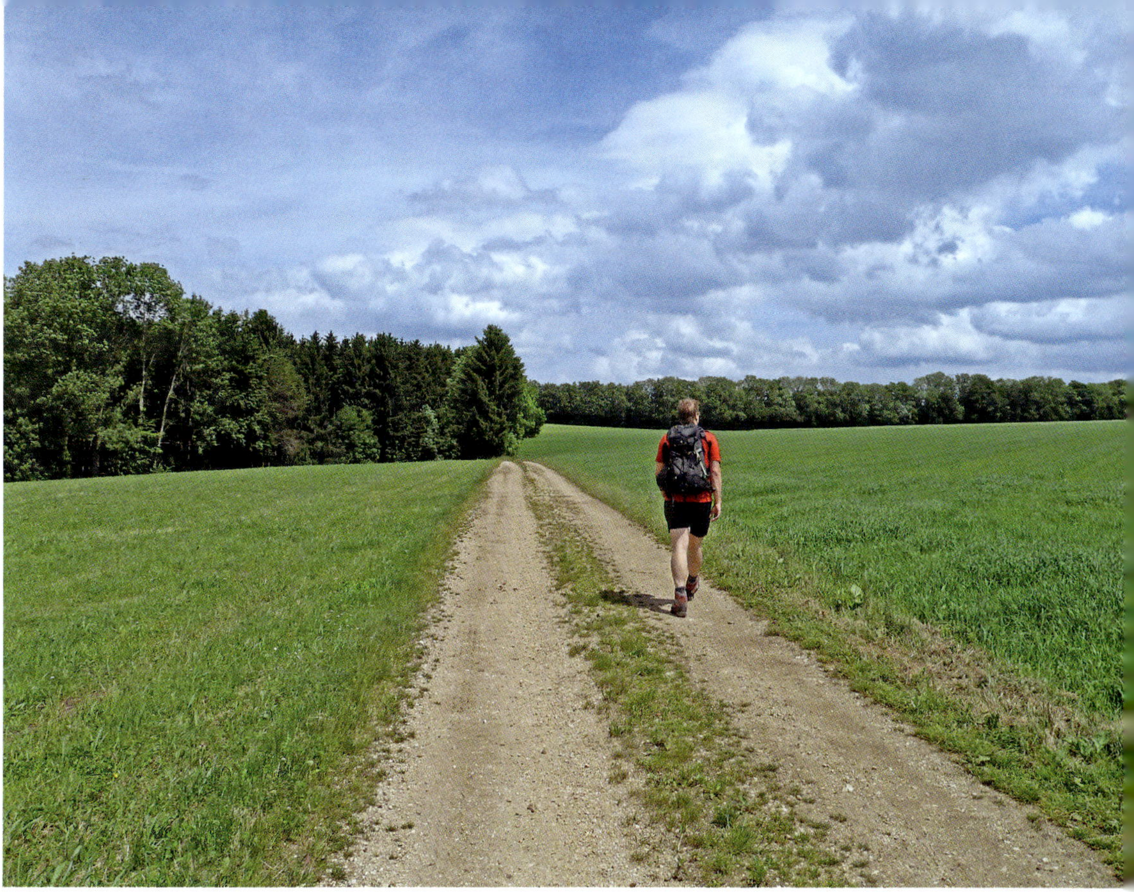

Über Strohweiler zur Langen Steige Der schmale Pfad schlängelt sich nun auf der rechten Seite der Schlucht steil aufwärts. So überwinden wir die Felsmauer auf ihrer rechten Seite und erreichen wieder flacheres Gelände. Bald schon zweigt die rote Gabel nach rechts ab. Wir entscheiden uns dagegen für den geradeaus weiterführenden, mit dem gelben Dreieck markierten Weg. Der Steig geht in einen Forstweg über. Kurz danach verlassen wir an einer Verzweigung das gelbe Dreieck und biegen in den unmarkierten Forstweg nach links. Wir gelangen nach 3 Strohweiler. Im Ort folgen wir kurz der Straße in Richtung Böhringen, verlassen diese aber auf dem ersten Feldweg, der nach dem Ort nach links abzweigt (keine Markierung). Über die Wiesen gelangen wir zum Waldrand. Hier biegen wir auf dem am Waldrand verlaufenden Feldweg nach rechts ab. Der Weg führt nun ziemlich lang am Wald entlang, bis wir zum Einstieg der 4 Langen Steige kommen. Ein erster möglicher Pfad ist abgesperrt, sodass wir noch ein wenig weiterwandern. Der Einstieg ist aber deutlich angeschrieben und somit nicht zu verfehlen. Die Lange Steige ist eine traditionelle Verbindung von Böhringen mit dem Lenninger Tal. Sie führt mitten durch die Kernzone des Biosphärengebiets und ist seit 2011 wieder geöffnet. Der zu Beginn noch beschauliche Steig wird immer wilder, je weiter wir in Richtung Schlattstall wandern. Bei der Langen Steige handelt es sich um eine historische Verbindung des Lenninger Tales mit der Albhochfläche. Bereits 1090 wurde sie erstmals urkundlich erwähnt. Am Ende der Schlucht geht der Steig in einen Forstweg über und bringt uns hinunter zum Wanderparkplatz in E Schlattstall.

Bei Strohweiler führt die Wanderung auf gemütlichen Feldwegen über die Albhochfläche.

26

Durch die wilde Schlucht zum Aussichtsturm

Über die Lange Steige zum Römerstein

mittel | 13,3 km | 370 hm | 4:30 Std.

Tourencharakter:
Teilweise schmale Wanderwege, teilweise lange, raue Steige

Ausgangspunkt:
Schlattstall (425 m), Wanderparkplatz am Ortsende

Endpunkt:
Wie Ausgangspunkt

Anfahrt:
Auto: auf der A8 bis zur Autobahnausfahrt Kirchheim (Teck) Ost und über Dettingen und Owen nach Lenningen und weiter nach Schlattstall.
Bahn/Bus: mit dem Zug entweder nach Kirchheim (Teck) und dann mit der Buslinie 177 weiter nach Schlattstall oder mit dem Zug nach Oberlenningen und mit dem Anruflinientaxi 177 nach Schlattstall

Karte:
Wanderkarte des Schwäbischen Albvereins Nr. 19, Reutlingen – Bad Urach, 1:35 000

Einkehr:
Gasthaus Hirsch in Schlattstall, www.hirsch-schlattstall.de. Gaststätten in Gutenberg

Tourismus-Info:
Gemeinde Lenningen, Marktplatz 1, 73252 Lenningen, Tel. 07026/609-0, www.lenningen.de, gemeinde@lenningen.de

Der Römerstein ist einer der bekanntesten Aussichtstürme auf der Schwäbischen Alb, der von der Straße auch leicht erreichbar ist. Unsere Wege dagegen sind etwas ungewöhnlich, führen sie doch vom Lenninger Tal über die märchenhafte Lange Steige auf die Albhochfläche.

Zum Römerstein Vom Wanderparkplatz in **A** Schlattstall wandern wir auf dem Forstweg zum Waldrand. Hier empfängt uns bereits ein erstes Schild, das uns über die Kernzone des Biosphärengebiets Schwäbische Alb informiert. Darauf ist der Wegverlauf unseres Anstieges über die Lange Steige eingezeichnet. Die **1** **Lange Steige** war schon in der Geschichte eine häufig genutzte Verbindung des Lenninger Tales mit der Albhochfläche. Seit 2011 ist diese Verbindung für Wanderer wieder geöffnet. Wir entscheiden uns für den geradeaus führenden Weg, der bald in einen wilden Steig übergeht. Den nach rechts abbiegenden Forstweg ignorieren wir. Tatsächlich ist der Weg nicht extrem steil, sondern steigt relativ gleichmäßig in die Höhe. Durch die eindrucksvolle Schlucht wandern wir weiter. Links und rechts des Weges erkennen wir den wilden Bannwald. Der Weg bringt uns aus der Schlucht heraus und zieht schließlich ein wenig oberhalb davon entlang. Bald schon endet dieser wilde Streckenabschnitt und führt uns hinauf zum

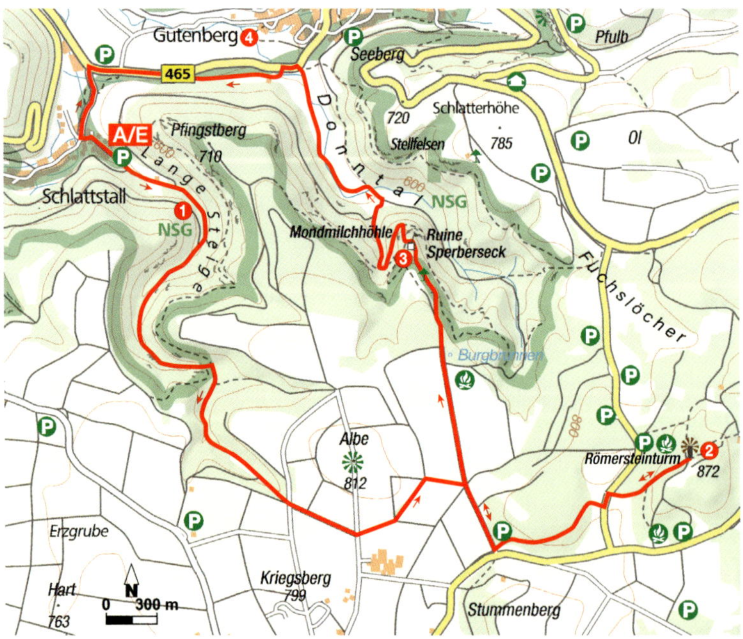

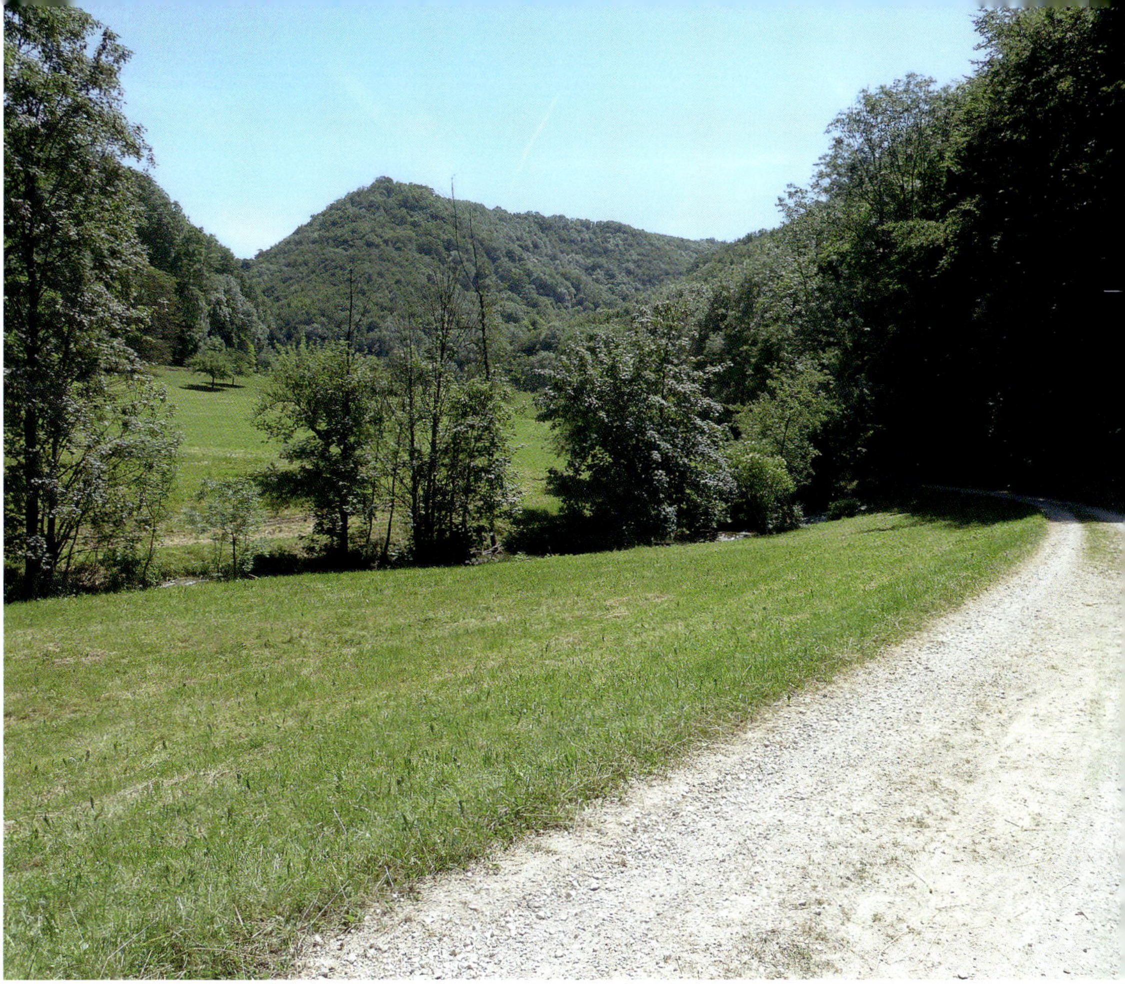

Oberhalb von Gutenberg wandern wir durch das Donntal.

Waldrand bei Böhringen. Hier endet die Lange Steige. Nach dem Austritt aus dem Wald wandern wir in gleicher Richtung auf einem Feldweg weiter. Wir kommen zu einer Kreuzung, gehen kurz nach links und biegen gleich wieder nach rechts ab. An einer weiteren Kreuzung wenden wir uns nach rechts und gelangen zum Albvereinsweg mit der Markierung »Gelbes Dreieck«. Diesem folgen wir nach rechts bis zum Wanderparkplatz an der Straße. Hier gehen wir nach links und lassen uns von der Markierung in Richtung Römerstein führen. Unser Forstweg bringt uns zu einer weiteren Straße, auf der wir kurz nach links gehen. Anschließend überqueren wir die Straße und wandern mit dem gelben Dreieck zum Aussichtsturm am 2 Römerstein. Der Aussichtsturm wurde 1912 vom Schwäbischen Albverein erbaut. Neben dem Turm bieten die aufgestellten Bänke und die vorhandenen Grillmöglichkeiten einen idealen Rastplatz. Auch die Besteigung des Turmes lohnt sich, genießen wir doch von seiner Aussichtsplattform einen wunderbaren Blick auf die Schwäbische Alb und das Lenninger Tal.

Über das Donntal nach Schlattstall Vom Römerstein wandern wir am Anstiegsweg zurück zur Kreisstraße, überqueren diese und gehen weiter bis zum Wanderparkplatz bei Böhringen. Hier biegen wir nach rechts ab und folgen dem gelben Dreieck. Über die freien Wiesen gehen wir zum Waldrand und tauchen in den Wald ein. Durch den Wald steigen wir steil bergab, bis ein Weg zur **3** Ruine Sperberseck abzweigt, zu der wir noch schnell einen Abstecher machen. Die Burg wurde im 12. Jahrhundert erbaut und 1385 um eine Burgkapelle erweitert. Anfang des 15. Jahrhunderts gab man die Burg wieder auf und ließ sie in der Folge verfallen. Heute sind nur noch Mauerreste zu sehen. An einem Hangabschnitt, etwa 50 bis 100 Meter unterhalb der Ruine befindet sich die Mondmilchhöhle, eine 112 Meter lange, naturbelassene Karsthöhle. Wir gehen zurück zur Wegverzweigung und nehmen den linken Steig, der sich steil und kehrenreich hinab ins schöne Donntal schlängelt. Dort verlassen wir den Wald und treffen auf einen Weg, der von rechts her einmündet. Auf dem Forstweg spazieren wir gemütlich das Tal hinaus bis kurz vor **4** Gutenberg. Hier treffen wir auf die B465, auf die wir nach links einbiegen. Wir lassen uns vom mit der roten Gabel markierten Wanderweg entlang der Bundesstraße bis nach **E** Schlattstall bringen.

Abstiegsvariante Eine alternative Abstiegsroute führt vom Römerstein in Richtung Schopfloch. Der Weg durchquert den Wald bis zu einer Fahrstraße. Dort biegen wir kurz nach links ab und tauchen wieder in den Wald hinein. Auch hier fällt der Weg steil hinab ins Donntal. Bald treffen wir auf den oben beschriebenen Weg von der Ruine Sperberseck. Natürlich könnten wir auch jetzt den Abstecher hinauf zu den beiden Sehenswürdigkeiten unternehmen. Allerdings ist der Aufstieg von hier recht steil und beschwerlich, sodass wir den Abstecher eher auslassen und wie oben beschrieben direkt in Richtung Gutenberg weiterwandern.

An der Ruine Sperberseck informiert uns eine Tafel über die Geschichte der Burg.

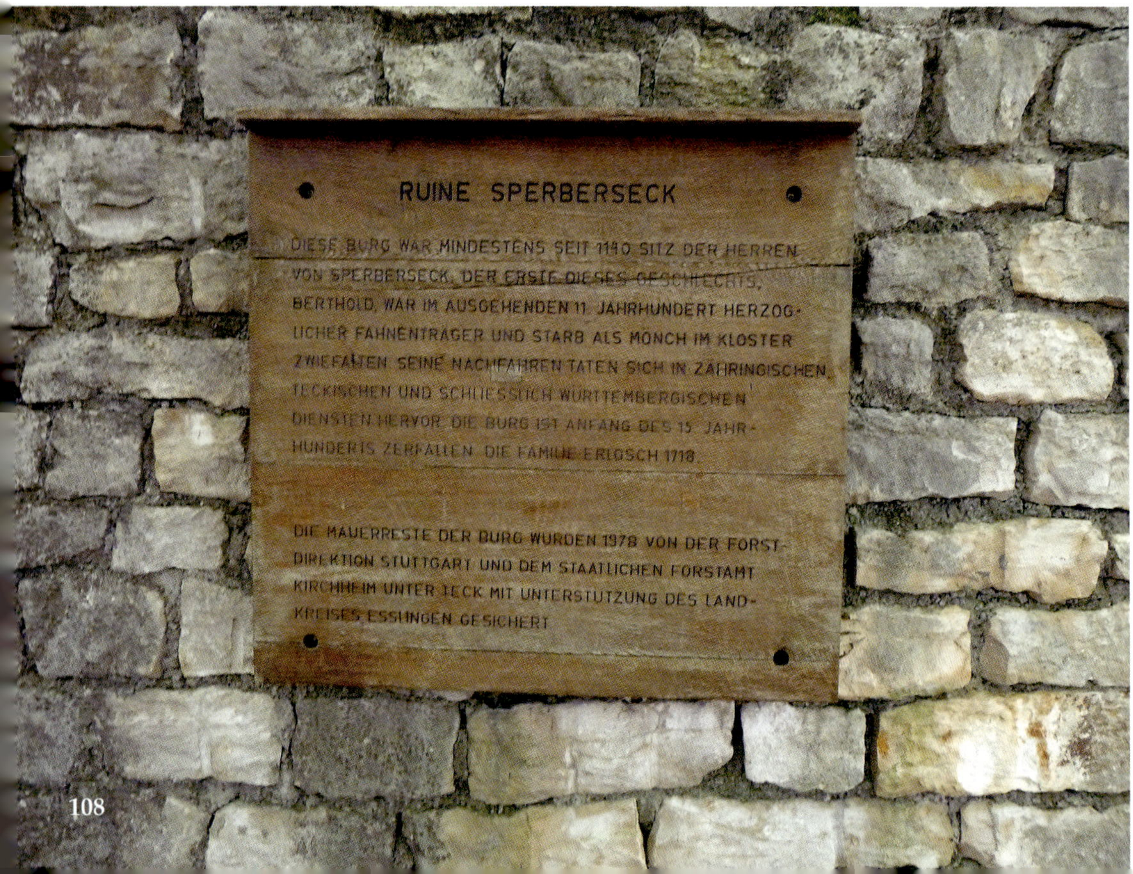

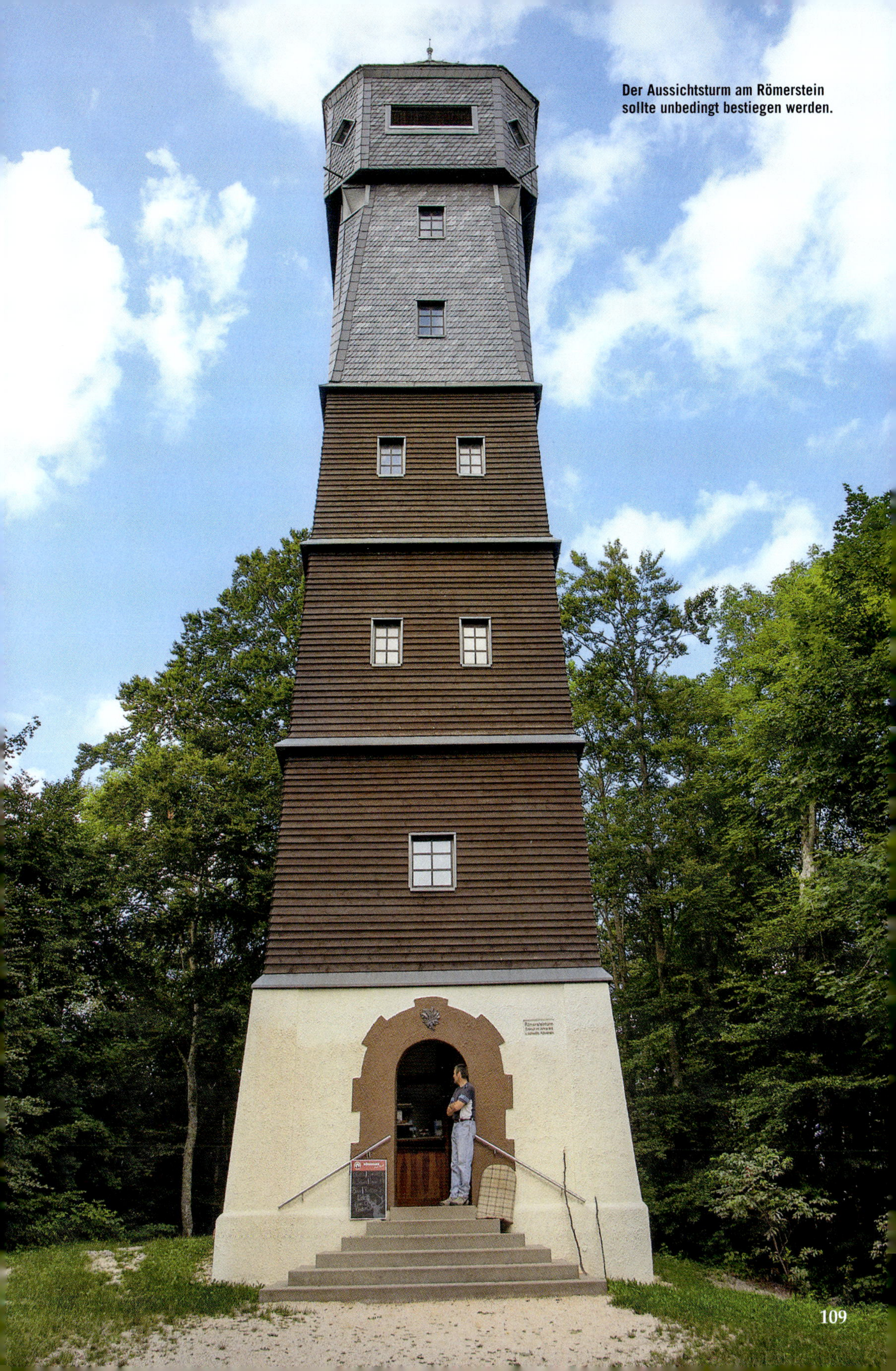

Der Aussichtsturm am Römerstein sollte unbedingt bestiegen werden.

27

Höhenwanderung überm Lenninger Tal

Mittagsfels und Ruine Rauber

mittel 11,8 km 370 hm 3:30 Std.

Tourencharakter:
Teils schmale, teils breite, gute Wanderwege

Ausgangspunkt:
Oberlenningen (449 m), Parken am Friedhof

Endpunkt:
Wie Ausgangspunkt

Anfahrt:
Auto: über die A8 bis zur Autobahnausfahrt Kirchheim (Teck) Ost und über Dettingen und Owen nach Oberlenningen.
Bahn/Bus: mit dem Zug nach Kirchheim (Teck), dort umsteigen und weiter nach Oberlenningen

Karte:
Wanderkarte des Schwäbischen Albvereins Nr. 19, Reutlingen – Bad Urach, 1:35000

Einkehr:
Gaststätten in Lenningen

Tourismus-Info:
Gemeinde Lenningen, Marktplatz 1, 73252 Lenningen, Tel. 07026/609-0, www.lenningen.de, gemeinde@lenningen.de

Diese Höhenwanderung über dem Lenninger Tal führt uns zu ein paar spannenden Zielen. Nach dem steilen Aufstieg besuchen wir den Mittagsfels mit seinem grandiosen Ausblick ins Lenninger Tal. Nächstes Ziel ist die versteckt im Wald liegende Ruine Rauber.

Zum Mittagsfels In der ersten Auflage stellten wir diese Tour noch über den Wielandstein vor. Leider ereignete sich im Frühjahr 2015 ein Felssturz, sodass der Fels und die Ruine seitdem gesperrt sind. Der Felsen soll gesichert werden, da der Wielandstein das Wahrzeichen des Lenninger Tales ist. Wann dies jedoch geschieht, ist zum jetzigen Zeitpunkt noch offen. Wobei

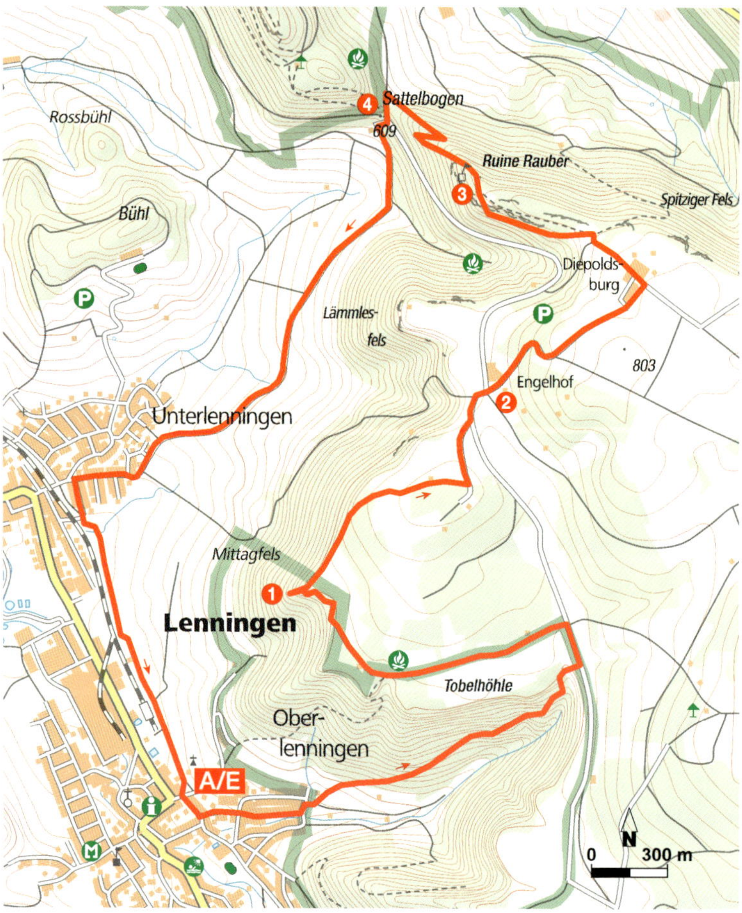

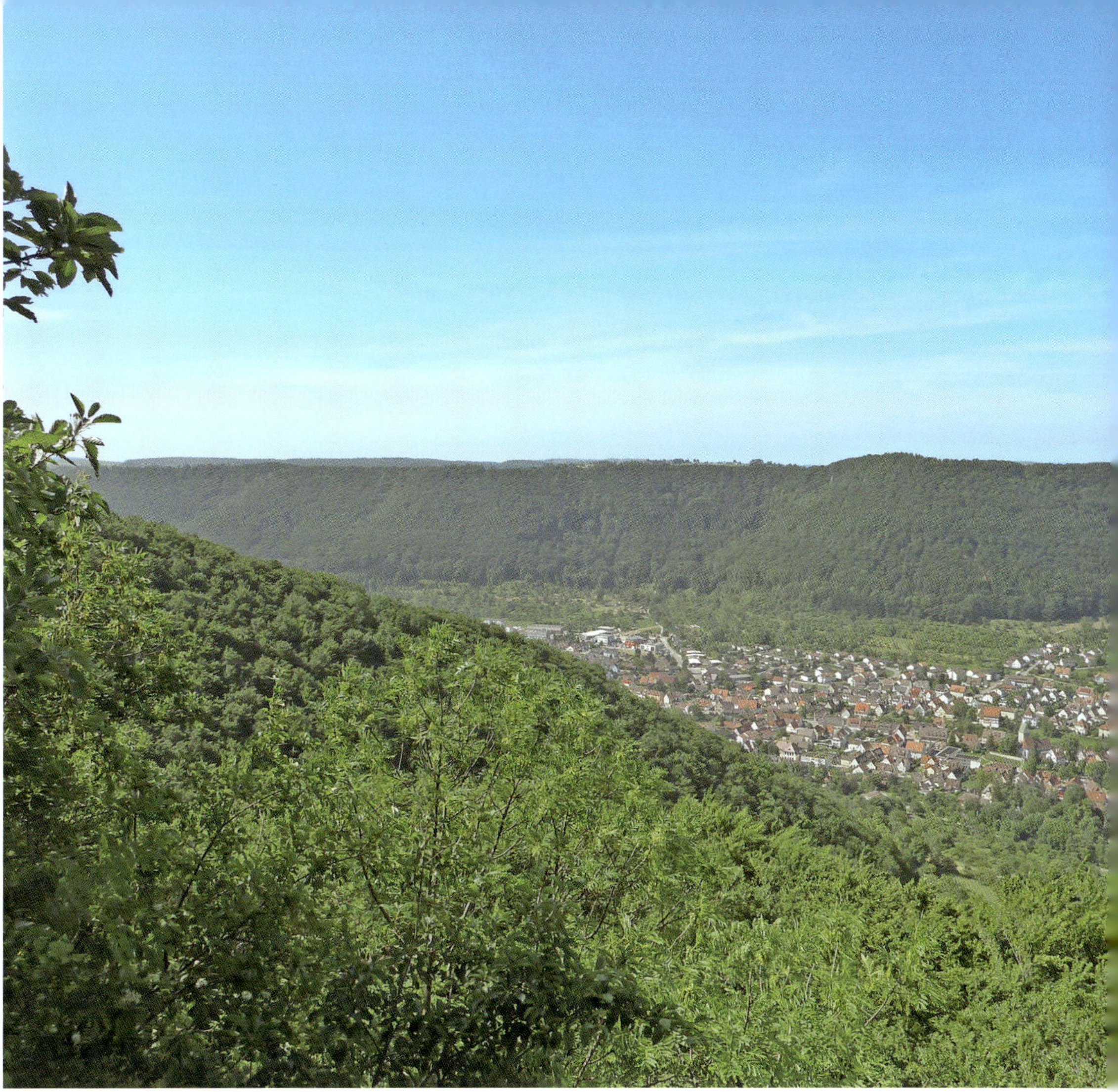

das Tobeltal, das seit 2005 unter Naturschutz steht und teilweise recht ursprünglich wirkt, einen besonderen Reiz besitzt.

Vom Parkplatz am Friedhof in **A** Oberlenningen (449 m) gehen wir kurz die Hohe Steige bergab und biegen anschließend nach links in den Heerweg ab. Jetzt nehmen wir die Tobelstraße nach links und folgen der Markierung »Rote Raute« in das Tobeltal. Das Naturschutzgebiet erreichen wir nach den letzten Häusern. Der Wanderweg führt am nördlichen Hang des Tobeltals bergauf. Dabei achten wir genau auf die Abzweigung, da der geradeaus weiter verlaufende Feldweg plötzlich endet. Der Albvereinsweg bringt uns durch den Buchenwald hinauf auf die Albhochfläche. Hier treffen wir auf eine Wegkreuzung. Von rechts mündet der Weg vom Wielandstein ein. Wir gehen ein paar Meter nach links bis zu einem weiteren Abzweig. Hier kommen wir an einen Wegweiser, der uns nach links in Richtung **1** Mittagsfels führt. Von dort bietet sich uns eine prächtige Aussicht auf das Lenninger Tal und den gegenüber aufragenden Albtrauf. Hier oben haben wir uns endlich eine Pause verdient, immerhin sind wir ja schon eine ganze Weile unterwegs.

Einen sehr schönen Ausblick bietet uns der Mittagsfels im Lenninger Tal.

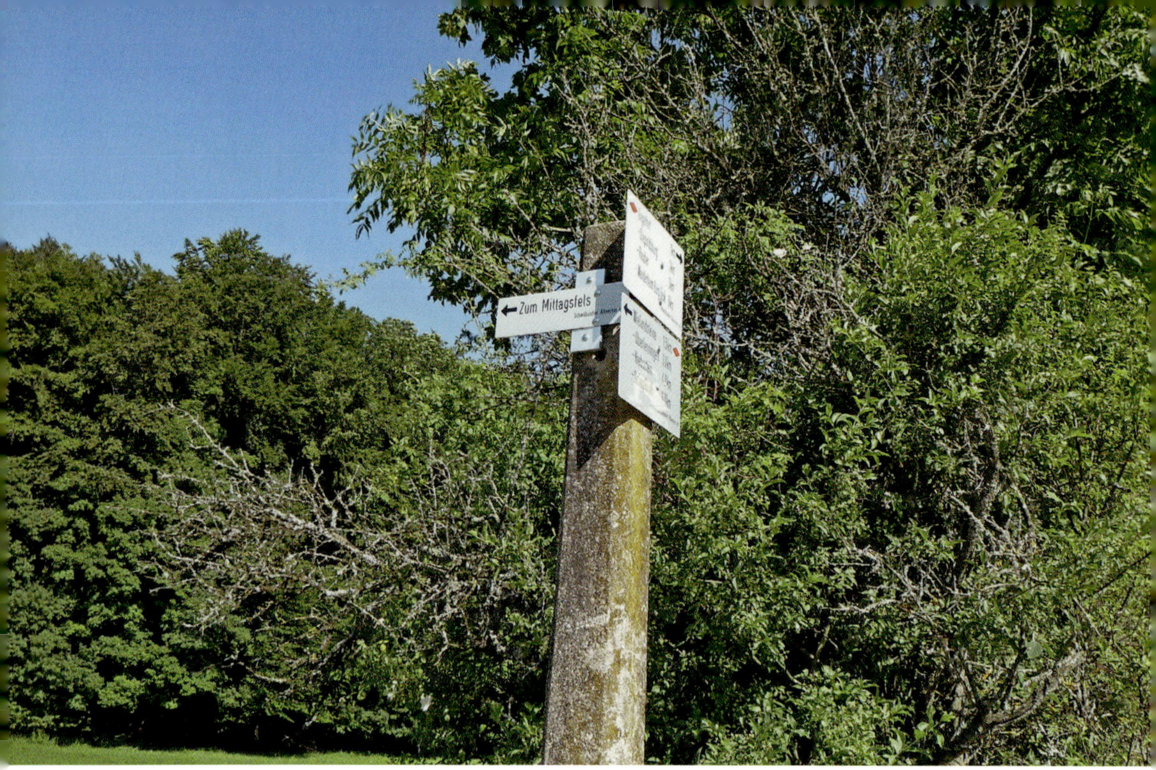

Dieser Wegweiser schickt uns zum Aussichtspunkt am Mittagsfels.

Zur Ruine Rauber Nach der Rast machen wir uns an den Weiterweg zur Ruine Rauber. Hierfür lassen wir uns am Mittagsfels vom Schild »Sattelbogen« den Weg weisen. Der führt kurz über eine Lichtung, taucht danach aber gleich wieder in den Wald ein. An einer Kreuzung außerhalb des Waldes biegen wir nach links ab und gelangen wenig später auf den Wanderweg des Schwäbischen Albvereins mit der roten Raute und zur Wegkreuzung unterhalb des 2 Engelhofs. Wir gehen am Hof und am Parkplatz vorbei. Auch das Freizeitheim Diepoldsburg lassen wir unbesucht liegen und erreichen schließlich eine Wegkreuzung. Hier treffen wir auf den HW1 (rotes Dreieck) und lassen uns von diesem nach links zur 3 Ruine Rauber bringen. Der offizielle Name der Ruine Rauber ist Untere Diepoldsburg. Die Burg wurde zu Beginn des 13. Jahrhunderts erbaut. 1624 wurde sie erstmals als Rauber bezeichnet. Im 16. Jahrhundert verfiel die Burg und in den Jahren 1964 und 1965 restaurierte man die Umfassungsmauern. Heute finden wir eine schöne Burgruine vor, deren Besuch sich lohnt. Die Obere Diepoldsburg befand sich an der Stelle des gleichnamigen Hofes, an dem wir vorher vorbeigewandert sind.

Zurück nach Oberlenningen Von der Ruine Rauber wandern wir auf dem Waldweg in einigen Kehren bergab zum 4 Sattelbogen. Hier verlassen wir den HW1 und den Albtrauf und folgen nun der Markierung »Rote Gabel« in Richtung Unterlenningen. Kurz vor dem Ort kommen wir an einer Sitzgruppe des Albvereins vorbei, an der wir nochmals eine kurze Pause einlegen können. Wir gehen nach dem Ortseingang in die Engelhofstraße und weiter in Richtung Ortsmitte. Vor den Gleisen biegen wir nach links in die Friedenstraße ab und bleiben auf dem Weg oberhalb von den Gleisen bis zum Bahnhof von E Oberlenningen. Von hier ist es nicht mehr weit bis zum Parkplatz am Friedhof.

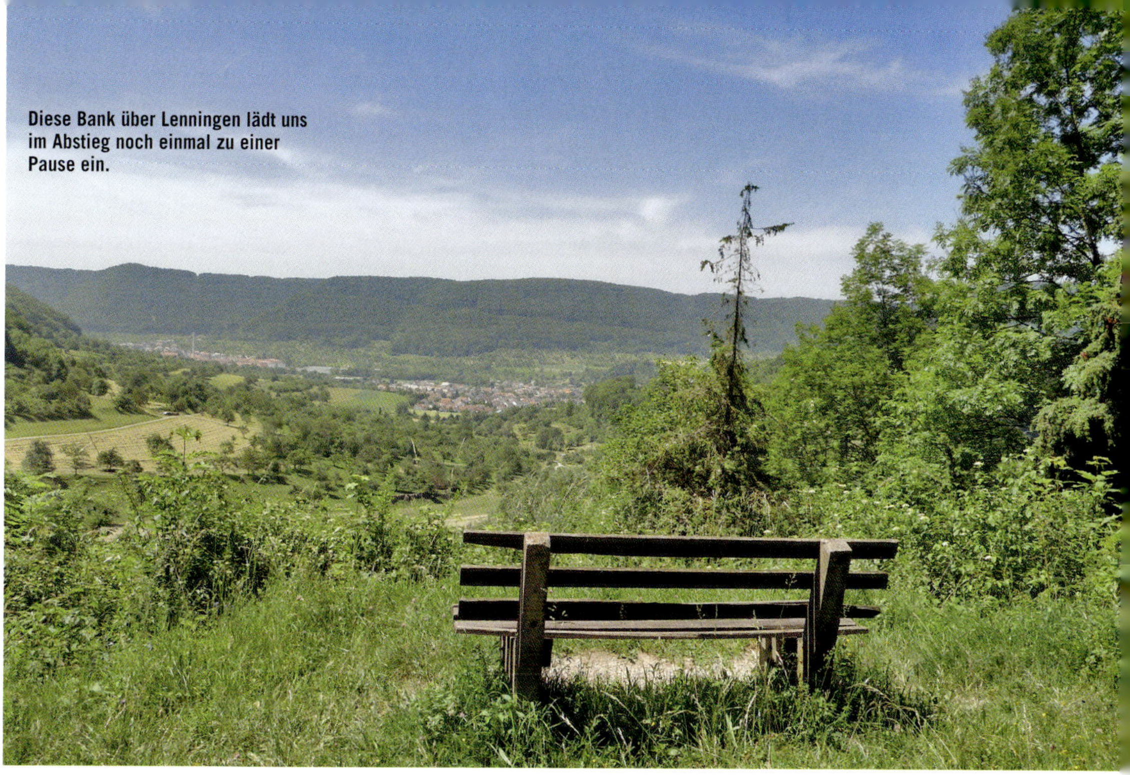

Diese Bank über Lenningen lädt uns im Abstieg noch einmal zu einer Pause ein.

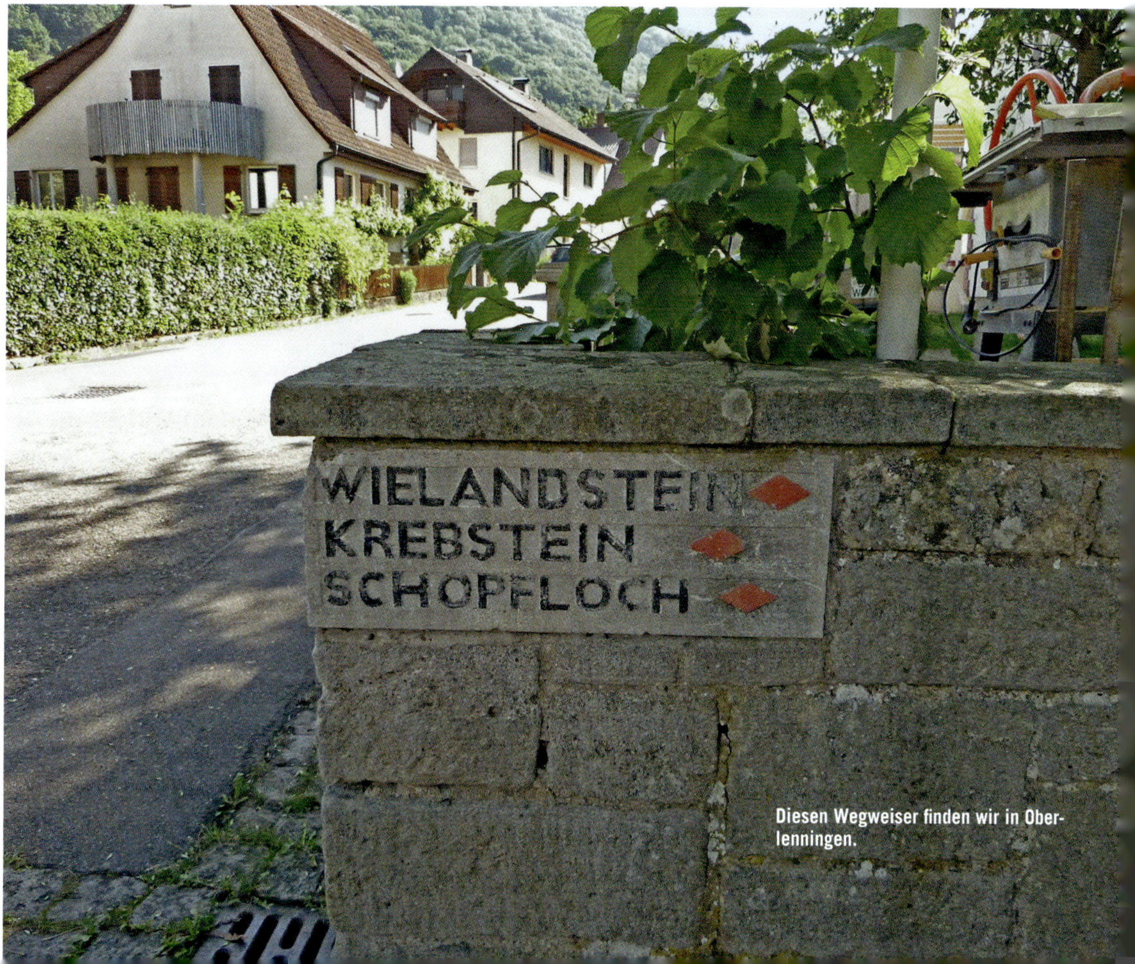

Diesen Wegweiser finden wir in Oberlenningen.

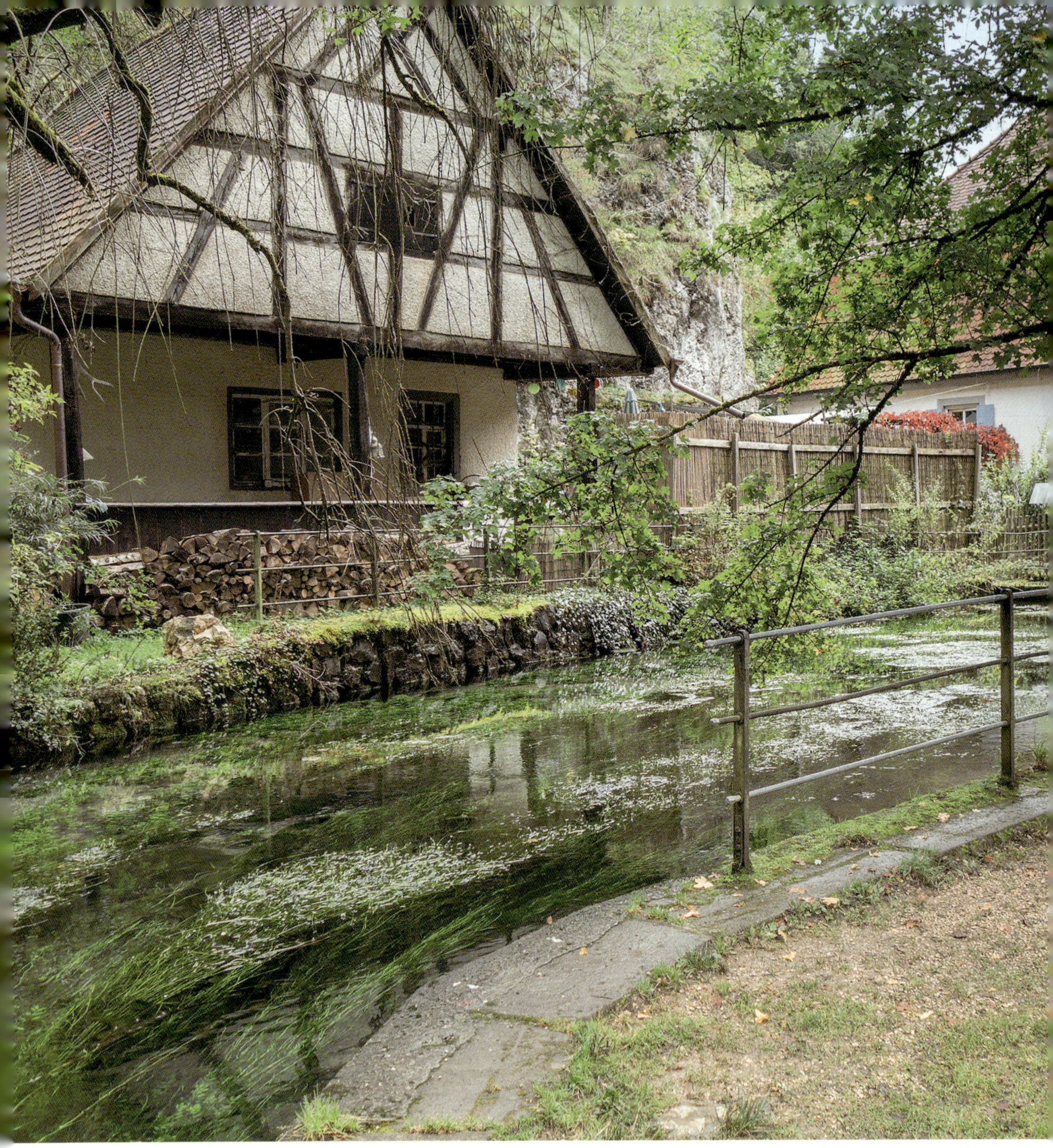

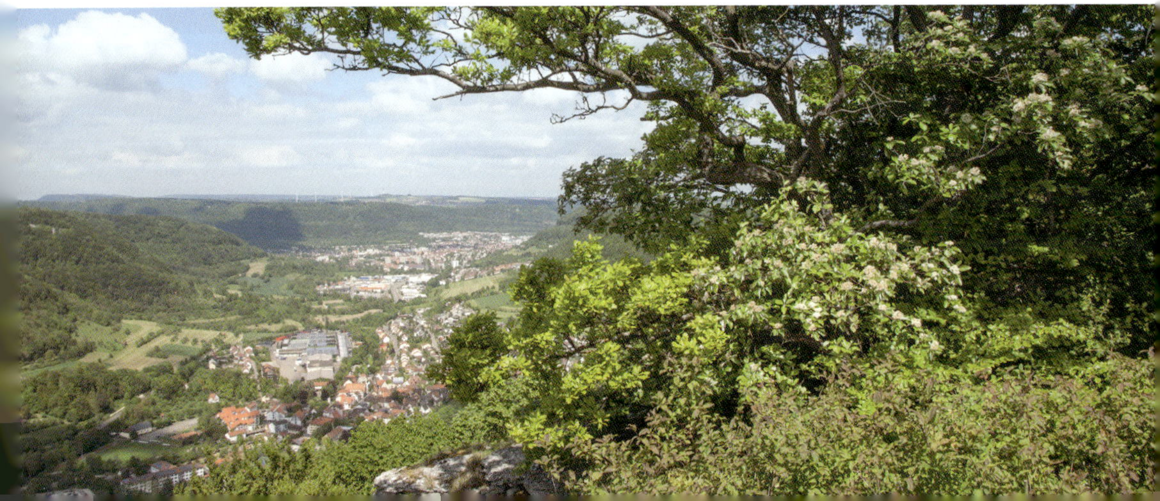

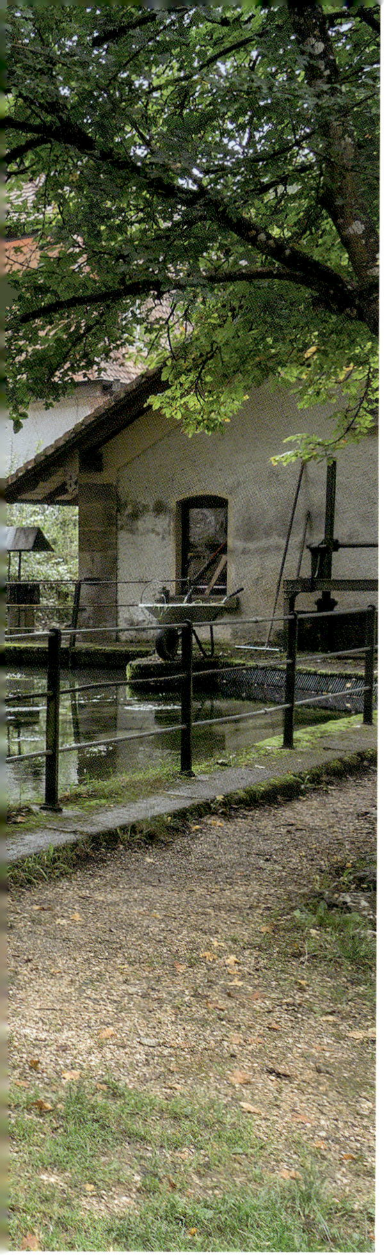

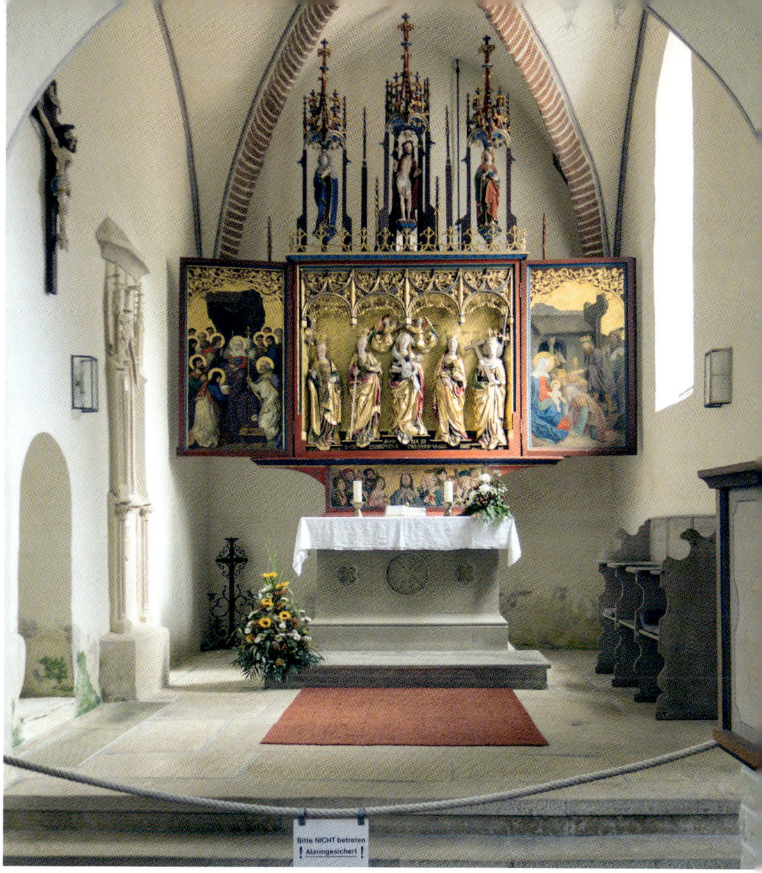

Lautertal, Blautal, Geislinger Alb

Im kleinen Lautertal (oben links), Blick ins Filstal (unten links), Altar der Kirche »Unserer Lieben Frau« in Lautern (oben rechts), Rasthütte im Tiefental (unten rechts).

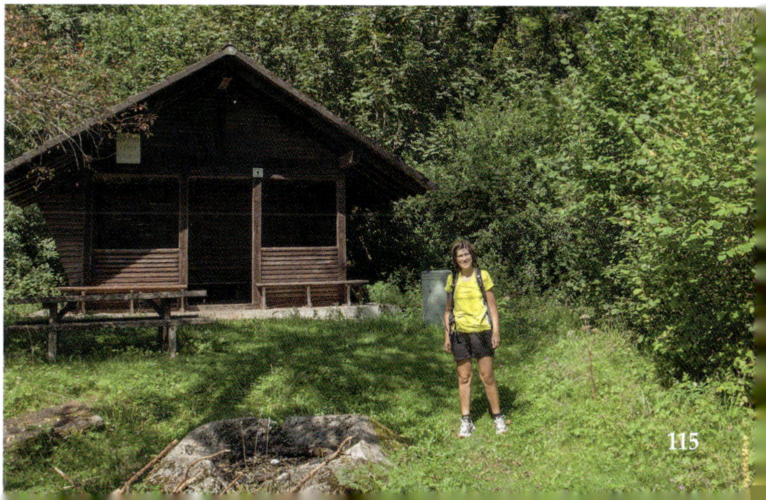

28

Durch Kernzonen des Biosphärengebiets

Durch das Bärental bei Hütten

mittel 10,5 km 260 hm 3:30 Std.

Tourencharakter:
Teilweise breite Wanderwege, teilweise Naturpfade. Stufen im Bärental

Ausgangspunkt:
Hütten (616 m)

Endpunkt:
Wie Ausgangspunkt

Anfahrt:
Auto: auf der A8 bis zur Autobahnausfahrt Merklingen und weiter über Heroldstatt nach Hütten
Bahn/Bus: mit dem Zug nach Ulm, dort umsteigen und weiter nach Schelklingen. Ab Schelklingen mit der Buslinie 333 nach Hütten. Oder mit dem Zug nach Bad Urach, mit der Buslinie 345A nach Münsingen und von dort mit der Buslinie 333 nach Hütten

Karte:
Wanderkarte des Schwäbischen Albvereins Nr. 20, Geislingen – Blaubeuren, 1:35000

Einkehr:
Gaststätte in Hütten

Tourismus-Info:
Tourismus Alb-Donau-Kreis, Schillerstr. 30, 89077 Ulm, Tel. 0731/185-1451, tourismus@alb-donau-kreis.de, www.tourismus.alb-donau-kreis.de

Wenige Meter nach Hütten betreten wir eine andere Welt: das Bärental, ein relativ kurzes Tal mit steil aufsteigenden Wänden. Der Weg führt dann auf die Flächenalb, vorbei an der Burg Justingen. Am Rückweg wandern wir über Gundershofen durch das Schmiechtal zurück nach Hütten.

Durch das Bärental Von der Ortsmitte in **A Hütten** gehen wir in die Bärentalstraße bis zur 180-Grad-Kurve. Hier zweigt der HW7 (markiert mit rotem Strich) ab, der ins Bärental hineinführt. Wie schon erwähnt, ist das Tal relativ steil und kurz. Das ist eine Folge der Verkarstung in kurzer Zeitspanne – im geologischen Zeitmaß gesehen. Zu Beginn des Tales liegt auf der rechten Seite die ursprünglich 28 Meter lange Bärentalhöhle. Mittlerweile hat es viele Ausgrabungen gegeben, und die Höhle ist deshalb auch etwas verlängert. Das **1 Bärental** ist ein Naturschutzgebiet und liegt in einer Kernzone des Biosphärengebiets Schwäbische Alb. Der Weg führt teilweise über Treppen durch die enge Schlucht. Links und rechts des Weges stehen bemooste Felsen. Wir wandern bis zur Bärenhütte, wo sich die Wege teilen.

Richtung Justingen Der HW7 läuft hier noch ein Stück geradeaus weiter, bevor er dann nach Justingen führt. Wir biegen aber gleich scharf nach rechts ab und folgen der Markierung »Rote Raute« zum Uhufels und weiter

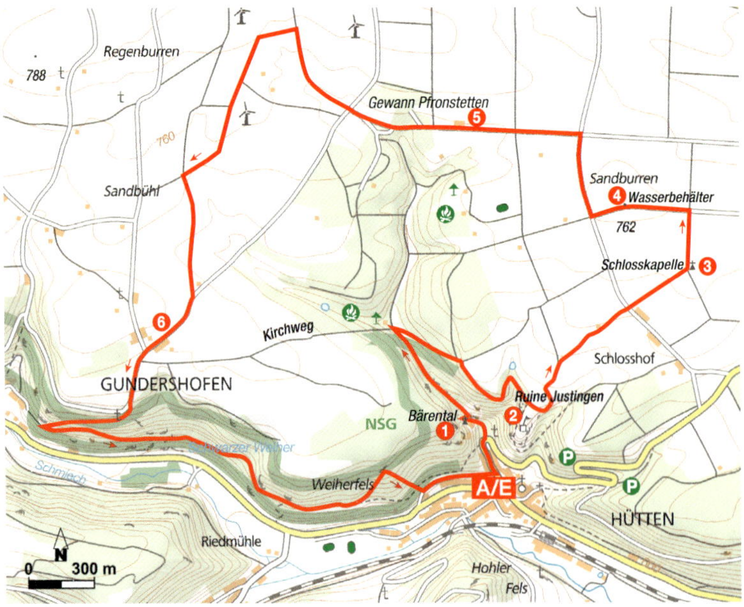

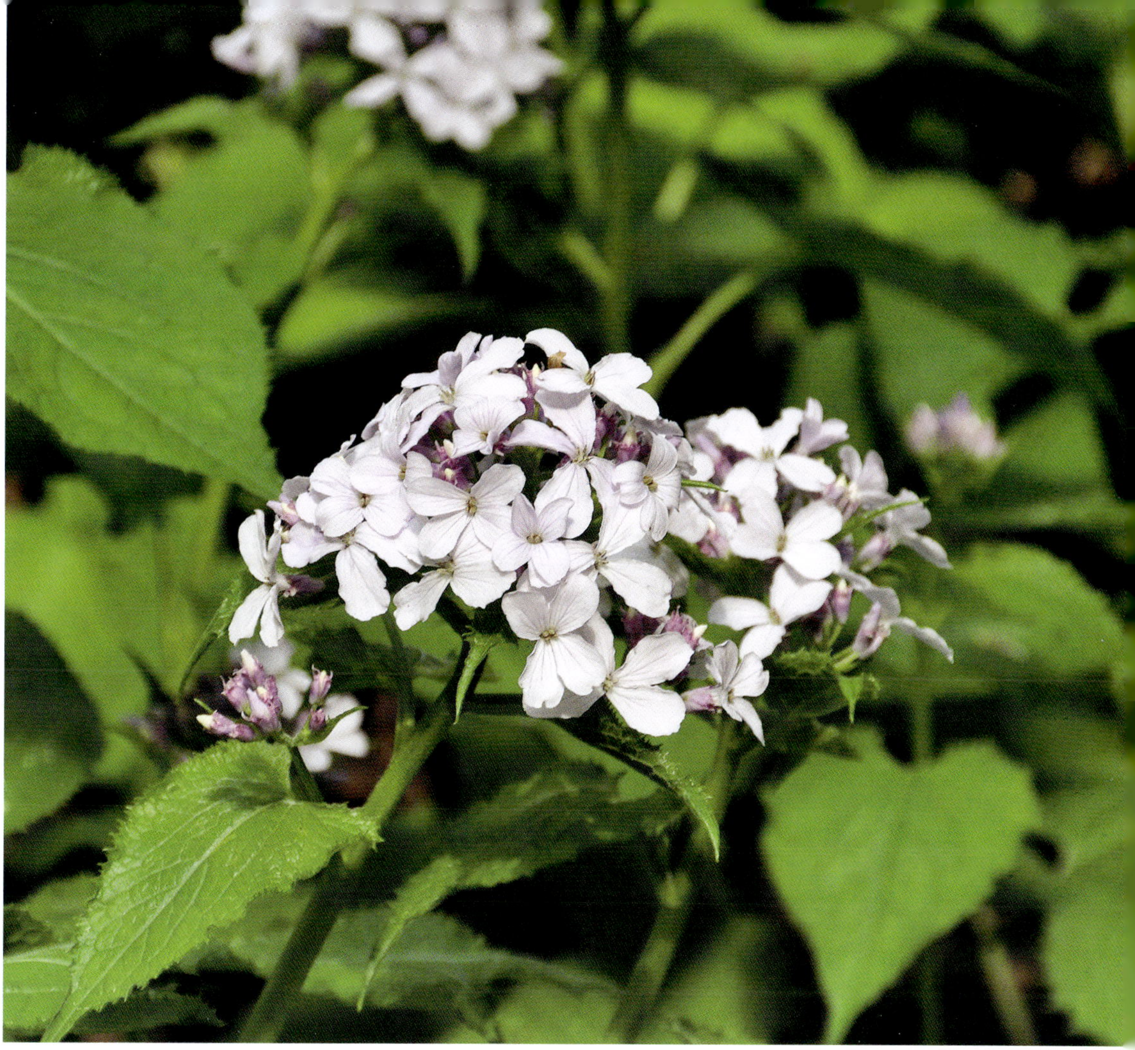

zur 2 Ruine Justingen. Die Burg war der Sitz der Herren von Justingen. Im 16. Jahrhundert wurde an Stelle der Burg ein Schloss erbaut, das man 1834/35 abtrug. Heute sind noch ein Kellergewölbe und Mauerreste sichtbar. Auf Privatinitiative sind Teile des Schlosses wieder instand gesetzt. Unser Weg führt nun weiter in Richtung Justingen. Wir queren eine Straße und kommen zur 3 Schlosskapelle, an der wir nach links zum HW7 abbiegen. An der Wegkreuzung gehen wir jetzt nicht nach rechts bis Justingen, sondern biegen gleich nach links ab.

Wunderschöne Blüten finden wir mit etwas Achtsamkeit am Wegesrand.

Zurück nach Hütten Wir kommen am alten 4 Wasserbehälter Justingen vorbei. Hier startete 1871 die Wasserversorgung der Alb. Erstmals floss hier auf der wasserarmen Schwäbischen Alb Wasser aus einem Hahn, das vom Pumpwerk in Teuringshofen hochgepumpt wurde. Von hier genießen wir eine herrliche Aussicht auf das liebliche Schmiechtal und die Weite der Alb. Wir wandern auf dem HW7 weiter bis zu einer Wegverzweigung. Hier biegen wir nach rechts ab und folgen dem Weg zu einer großen Linde. An dieser Linde wenden wir uns nach links zur Straße in Richtung des 5 Gewanns Pfronstetten. Nachdem wir ein kleines Waldstück durchquert haben, erreichen wir eine Straße, die nach Gundershofen führt. Wir

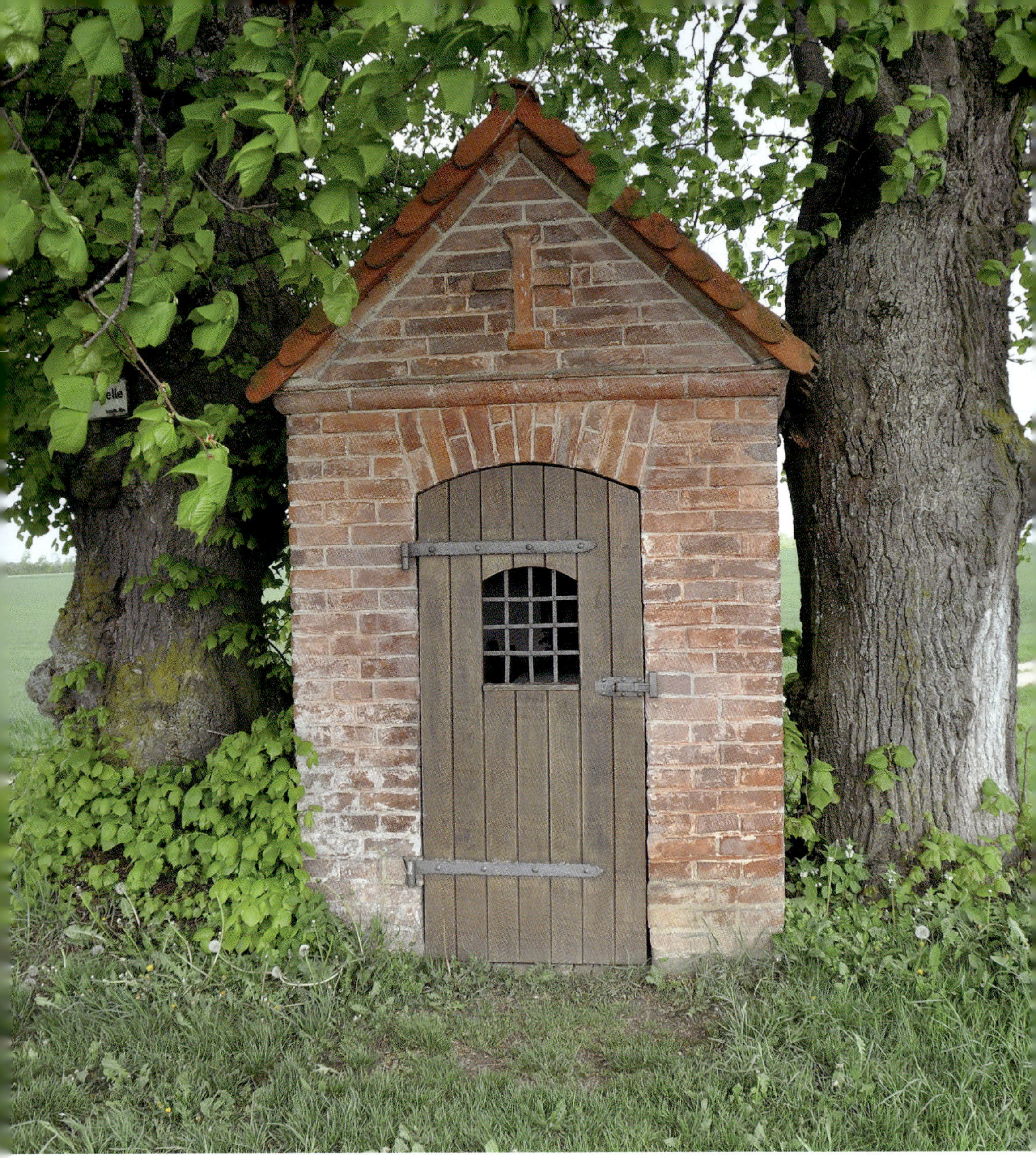

Die Schlosskapelle Justingen

überqueren die Straße und folgen dem Feldweg, der auf der gegenüberliegenden Seite in einem Bogen aufwärts zieht (keine Markierung). Oben nehmen wir den ersten Feldweg nach links. Wir gehen an einem Windrad vorbei, wählen gleich den nächsten Abzweig wieder nach links und wandern durch eine reizvolle Landschaft. Nach einem kurzen Aufstieg zweigen wir wieder nach links ab und folgen dem Weg bis zu einem Teersträßchen. In dieses biegen wir nach rechts ein. Wir bleiben auf der Straße bis zum Waldrand. Hier in einer Rechtskurve nehmen wir einen Steig nach links, der uns hinab ins Tal bringt. Kurz vor 6 Gundershofen treffen wir auf einen Albvereinssteig mit der Markierung »Gelbe Raute«, der uns nach links mitnimmt. Der Steig führt durch die Eichhalde zum Weiherfels.

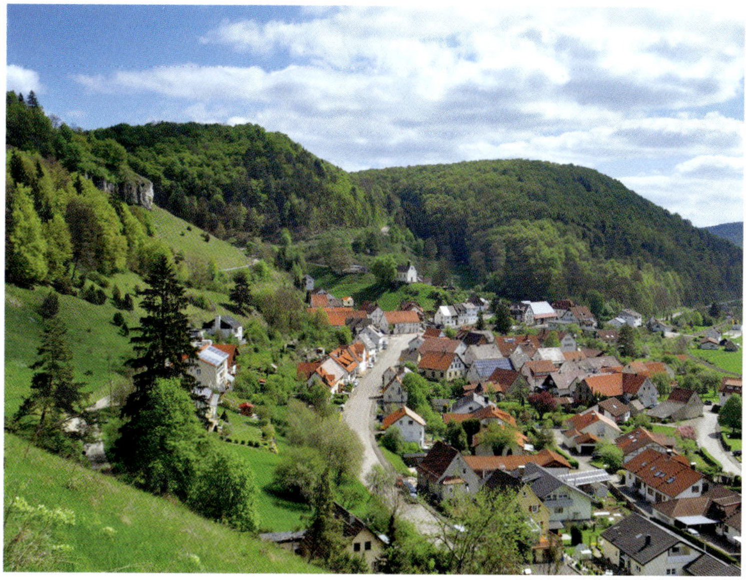

Am Ende der Wanderung blicken wir auf Hütten im Schmiechtal hinunter.

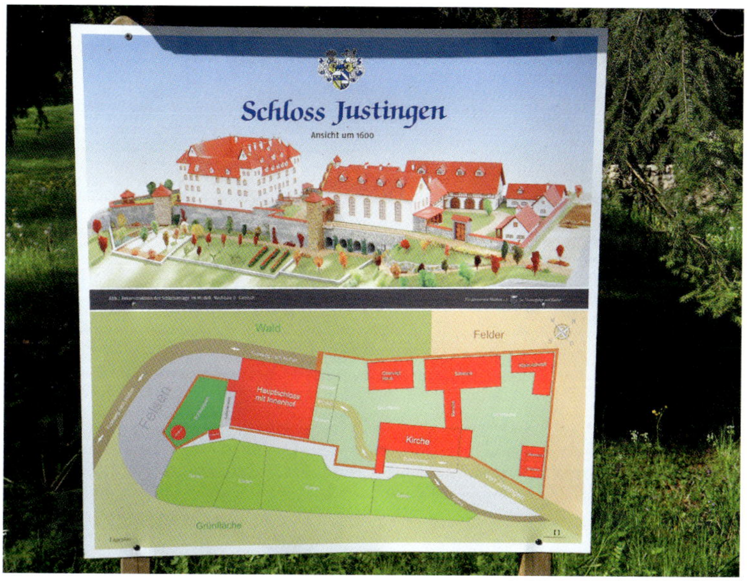

So sah das Schloss Justingen um 1600 aus.

Auch dieser Abschnitt liegt im Naturschutzgebiet Oberes Schmiechtal und in der Kernzone des Biosphärengebiets. Vom Weg genießen wir immer wieder schöne Blicke hinunter ins Schmiechtal und nach Hütten. Die Schmiech entspringt unweit von Gundershofen bei Springen. Die Schüttung reicht aus, dass im Tal zwei Mühlen betrieben werden. 1899 bis 1901 wurde durch das liebliche Schmiechtal die Eisenbahnstrecke zwischen Schelklingen und Münsingen gebaut. Heute verkehren auf der Strecke an Sonn- und Feiertagen sowie in den Sommerferien nur noch historische Triebwagen der Schwäbischen Albbahn. Wir wandern vom Weiherfels noch ein Stück am Hang entlang, bis uns zum Schluss der Steig hinunter nach E Hütten bringt.

29

Versteckte Höhle, Ringwall und ein Naturtheater

Gerberhöhle und Alt-Hayingen

mittel 5,1 km 170 hm 2:00 Std.

Tourencharakter:
Teilweise breite Wege und Straßen, aber auch schmale und steile Steige

Ausgangspunkt:
Anhausen (580 m), Wanderparkplatz hinter dem Ort

Endpunkt:
Wie Ausgangspunkt

Anfahrt:
Auto: auf der A8 bis zur Autobahnausfahrt Merklingen und weiter nach Münsingen und durch das Lautertal nach Anhausen. Durch den Ort und bis zum Wanderparkplatz
Bahn/Bus: mit dem Zug nach Reutlingen, dort in die Buslinie 7606 nach Großengstingen und weiter nach Hayingen, wo die Tour bei Anreise mit öffentlichen Verkehrsmitteln beginnt

Karte:
Wanderkarte des Schwäbischen Albvereins Nr. 26, Ehingen – Münsingen, 1:35 000

Einkehr:
Gasthof Adler in Anhausen

Vom wunderschönen Lautertal steigen wir hinauf zum Luftkurort Hayingen mit seinem Naturtheater. Der Anstieg bringt uns zur Gerberhöhle und an Alt-Hayingen vorbei. Nach einem Spaziergang durch das Naturtheater wandern wir an der Maisenburg vorbei.

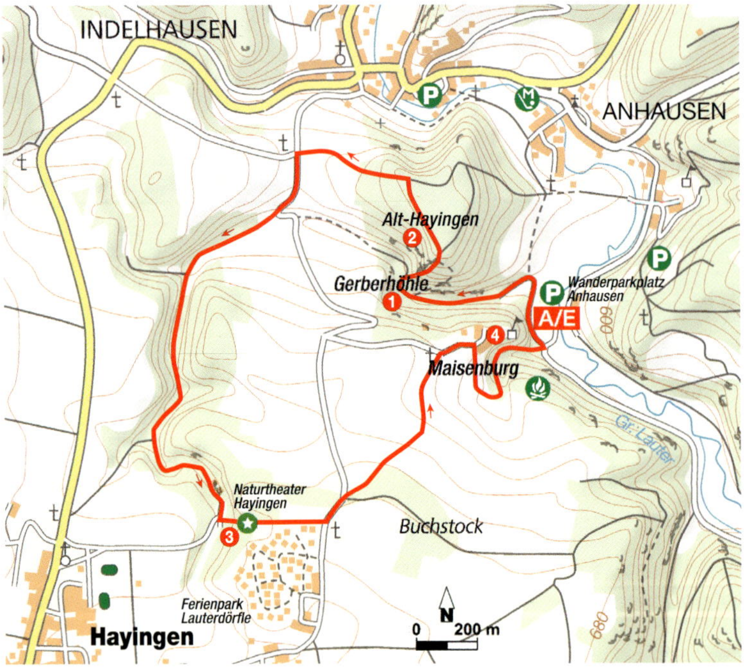

Zur Gerberhöhle Vom Wanderparkplatz hinter **A** **Anhausen** nehmen wir den Forstweg in Richtung Norden. Wir gehen bis zur Kläranlage und biegen dann nach links auf das Sträßchen in Richtung Hayingen ab. Der Weg führt durch das bewaldete und enge Fichteltal. Rechts oberhalb sehen wir bald Felstürme aus dem Wald herausragen. Wir gehen noch ein kleines Stück taleinwärts, bis nach rechts ein Weg zur **1** **Gerberhöhle** abzweigt. Über ein Geröllfeld steigen wir steil hinauf zur Höhle. Die Gerberhöhle liegt 60 Meter über dem Tal. Sie ist in den Wintermonaten (15. November–15. April) zum Schutz der Fledermäuse geschlossen. Die Höhle ist 3 bis 5 Meter hoch, 4 bis 7 Meter breit und etwa 30 Meter lang. Die Höhle war in der Vergangenheit mit Sicherheit ein Unterschlupf. Ist das große Gitter an der Höhle offen, kann man durchaus ein paar Meter in die Höhle hineingehen (Taschenlampe mitbringen).

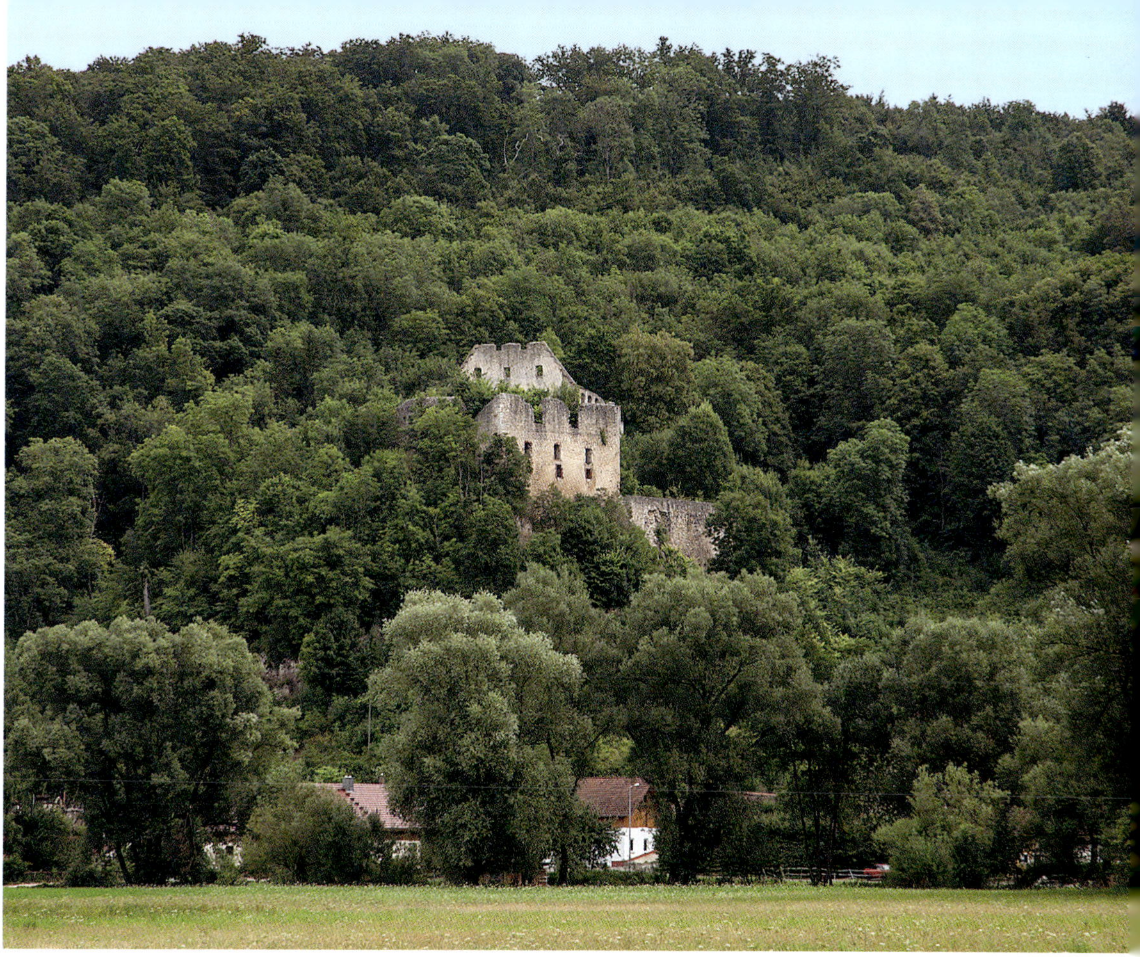

Die Schülzburg oberhalb von Anhausen erblicken wir zu Beginn unserer Tour.

Nach Hayingen Nach der Höhle führen Stufen, die mit einem Geländer gesichert sind, steil in die Höhe. Wir kommen zur Albhochfläche und nach **2** **Alt-Hayingen**. Die Burg Alt-Hayingen ist der Rest eines Ringwalles, der vermutlich bereits in der frühkeltischen Zeit (6.–5. Jh. v. Chr.) errichtet wurde. Heute erkennen wir aber nur noch ein paar Gräben, von einer Burganlage ist nichts mehr zu sehen. Wir folgen der Markierung mit der gelben Gabel durch das Waldstück. Erst dabei wird uns die Größe der ehemaligen Burg so richtig bewusst. Der Weg bringt uns aus dem Wald und zu schönen Wiesen. Hier haben wir einen großartigen Ausblick auf das malerische Lautertal mit der Burg Derneck. Wir gehen zu einem Bildstock und biegen hier nach links ab ins Hayinger Tal. Auf dem Schotterweg wandern wir durch das schöne Tal und durch ein Waldstück. Schließlich kommen wir an ein paar Felsen vorbei und erreichen eine Wegverzweigung. Hier biegen wir nach links ab zum **3** **Hayinger Naturtheater**. Bei Theatervorstellungen wird der Durchgang gesperrt, deshalb sind für diesen Fall die Vorstellungszeiten angeschrieben. Dann müssen wir einen Umweg über Hayingen in Kauf nehmen. Zum Naturtheater wandern wir nun auf dem Schotterweg weiter. Der Weg führt mitten durch das Theater. Links die Tribüne, rechts die Naturbühne. Hier werden von Ende Juni bis Ende August bei jedem Wetter Theaterstücke in schwäbischer Mundart aufgeführt. Der Geschäftsführer bezeichnet sein Theater sogar als »lebendiges Museum für die schwäbische Mundart«.

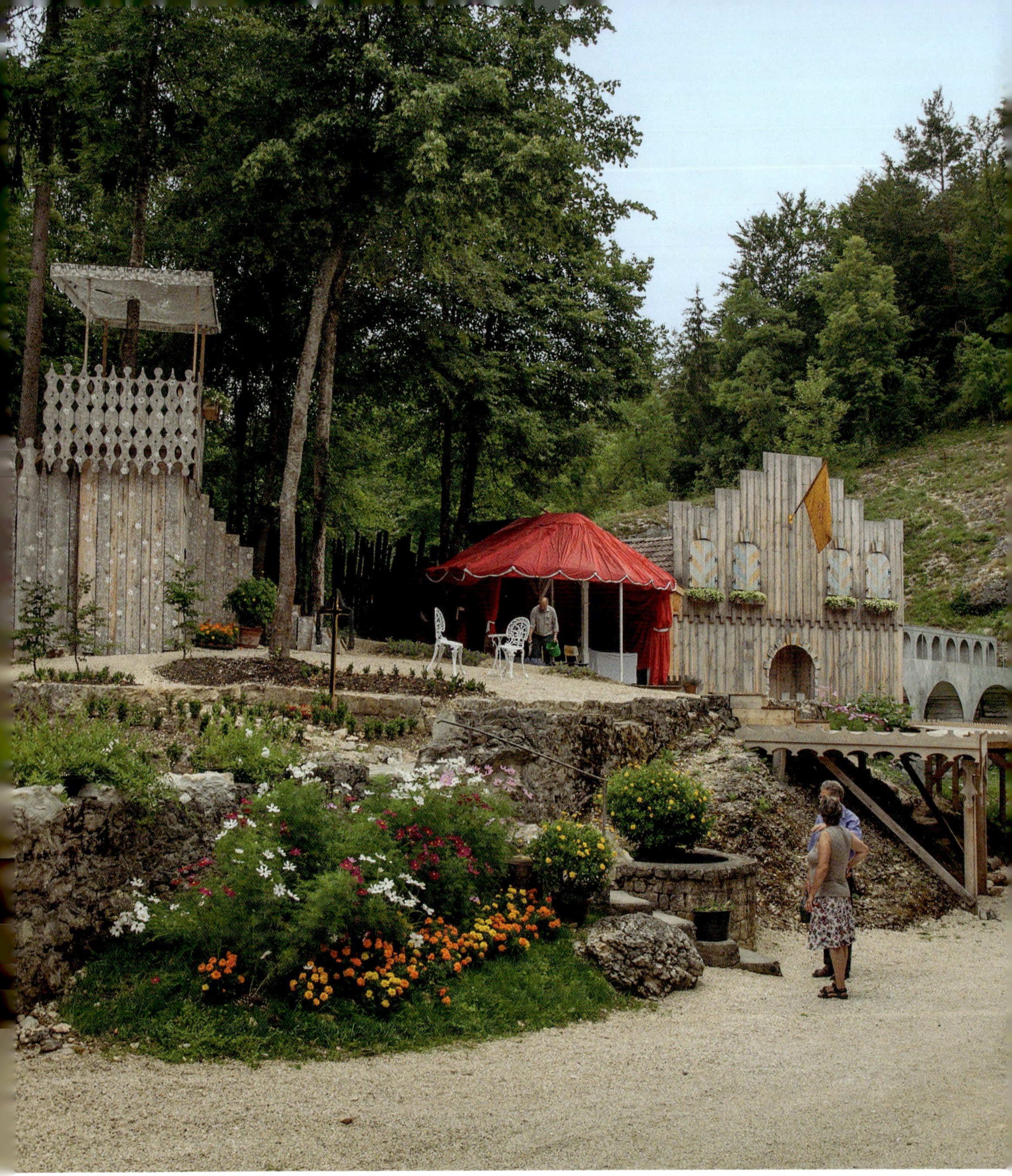

Die Naturbühne im Naturtheater Hayingen

Zurück nach Anhausen Wir gehen durch das Theater bis zum Ende der Tribüne. Auf der rechten Seite der Tribüne folgen wir einem steilen Steig aufwärts zum Ferienpark Lauterdörfle, der zu Hayingen gehört. Wir erreichen eine Teerstraße, auf der wir nach links abbiegen. Die Straße verläuft an einigen schönen alten Buchen vorbei. Kurz nach einem Bildstock kommen wir wiederum zu einer Verzweigung. Wir folgen dem geradeaus führenden Weg, der uns über Wiesen bis zur 4 **Maisenburg** bringt. Das Hofgut Maisenburg ist leider kein Lokal zum Einkehren, sondern ein Ort für Events und Feste. Es bietet aber auch Ferienwohnungen für einen entspannten Urlaub

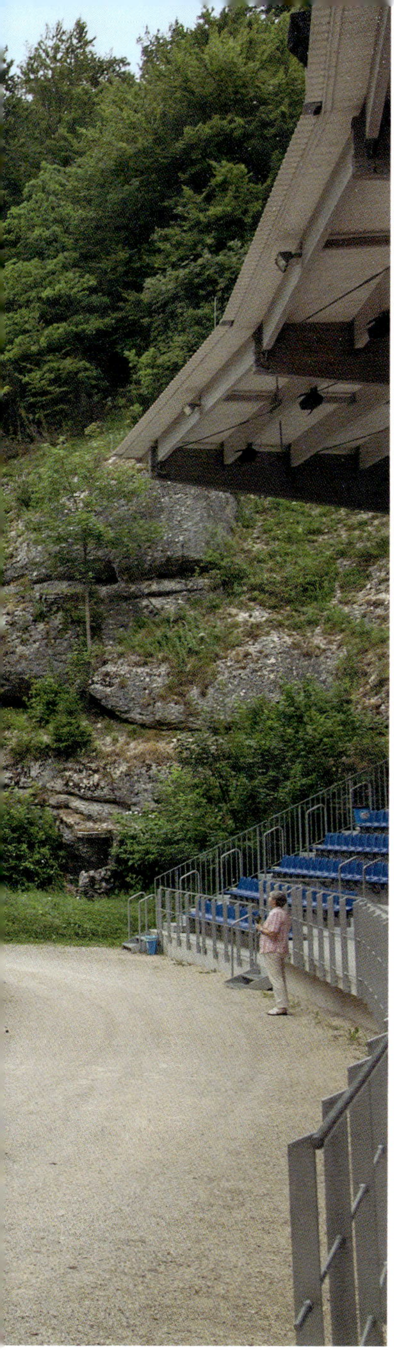

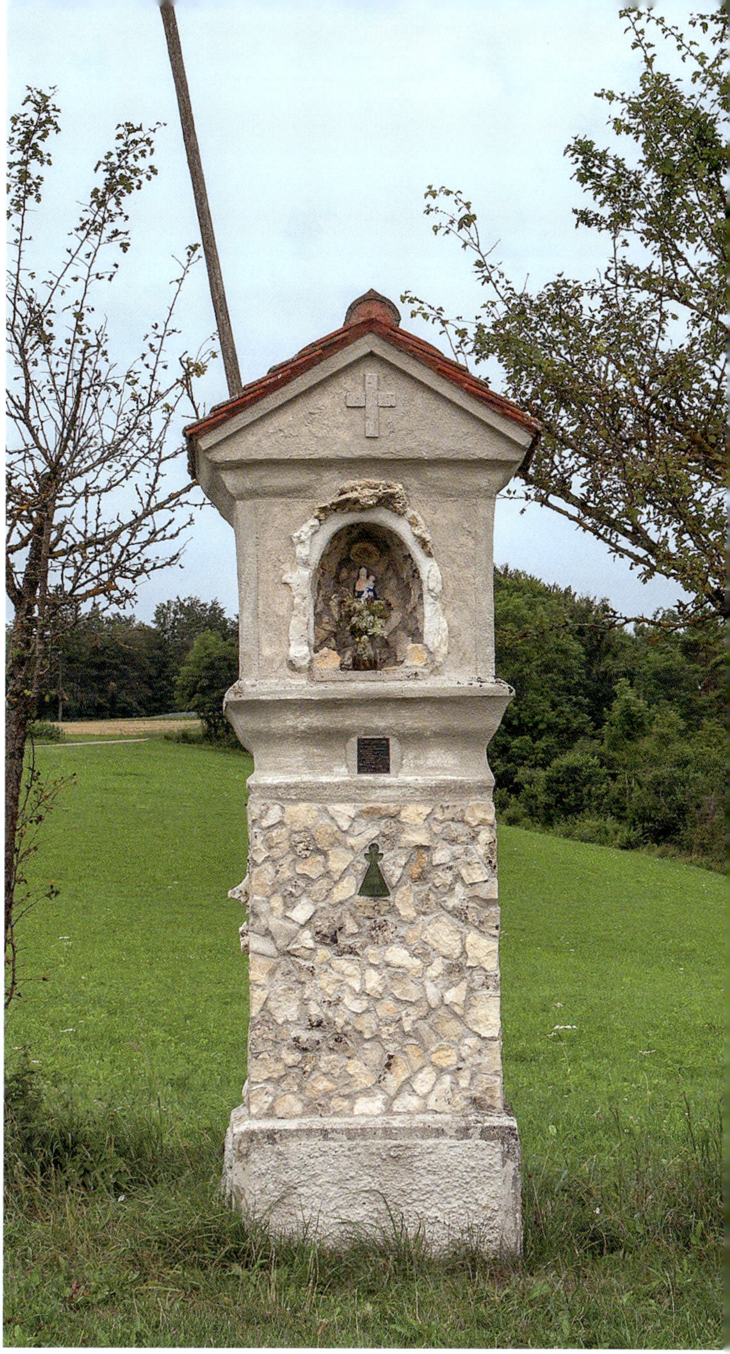

auf der Schwäbischen Alb an. Zu erwähnen sind auch die Wildspezialitäten, die man im Hofgut erwerben kann. Nebenan erkennen wir auch noch die Reste der Ruine Maisenburg. Diese wurde während des 12. Jahrhunderts erbaut und war bis 1820 bewohnt. Nach dem Verfall der Hauptburg wurde die Vorburg zum Wohnen umgebaut. In dieser finden heute die Feste statt. Wir gehen rechts an dem Anwesen vorbei und folgen dem Weg hinunter ins malerische Lautertal und zum Parkplatz bei E Anhausen. Gleich neben dem Parkplatz befindet sich eine Wiese mit Grillmöglichkeiten direkt an der Lauter.

An diesem Bildstock kommen wir am Weg zum Naturtheater Hayingen vorbei.

30

Höhle, Kloster, Albhochfläche und ein wildes Tal

Wimsener Höhle und Zwiefalten

mittel | 14,3 km | 240 hm | 4:30 Std.

Tourencharakter:
Vorwiegend breite Wege und Straßen, im Schweiftal ein kurzes Stück etwas schmaler

Ausgangspunkt:
Wimsener Höhle (589 m) zwischen Hayingen und Gossenzungen

Endpunkt:
Wie Ausgangspunkt

Anfahrt:
Auto: Auf der A8 bis zur Autobahnausfahrt Merklingen und weiter nach Münsingen nach Hayingen. Auch über Metzingen und Bad Urach nach Münsingen und Hayingen
Bahn/Bus: mit dem Zug nach Reutlingen, dort in die Buslinie 7606 nach Großengstingen und weiter nach Hayingen

Karte:
Wanderkarte des Schwäbischen Albvereins Nr. 26, Ehingen – Münsingen, 1:35 000

Einkehr:
Gasthof Friedrichshöhle, www.tress-gastronomie.de. Gaststätten in Zwiefalten und Hayingen

Tourismus-Info:
Verkehrsamt Hayingen, Kirchstr. 15, 72534 Hayingen, Tel. 07386/97 77-23, info@hayingen.de, www.naturerlebnis-hayingen.de
Gemeinde Zwiefalten, Marktplatz 3, 88529 Zwiefalten, Tel. 07373/205-0, info@zwiefalten.de, www.zwiefalten.de

Diese beschauliche Runde startet an der bekannten Wimsener Höhle, der wir natürlich auch einen Besuch abstatten, und führt entlang der Ache nach Zwiefalten. Durch das einsame Rental wandern wir nach Sonderbuch und hinunter nach Hayingen.

Nach Zwiefalten Wir starten unsere Wanderung direkt am **A** **Parkplatz der Wimsener Höhle**. In wenigen Minuten stehen wir am Eingang zur Höhle. Die **1** **Wimsener Höhle** ist auch unter dem Namen Friedrichshöhle bekannt – benannt nach Kurfürst Friedrich von Württemberg. Sie ist die einzige aktive und mit einem Boot befahrbare Wasserhöhle Deutschlands. Auf Booten für acht bis zehn Personen fährt man in die Höhle ein und lässt

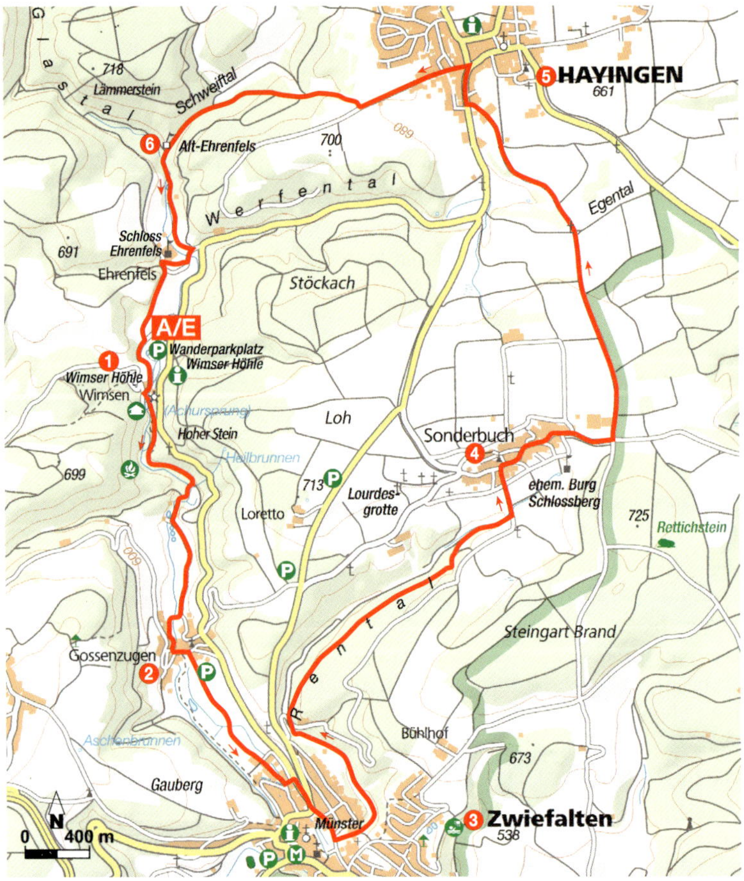

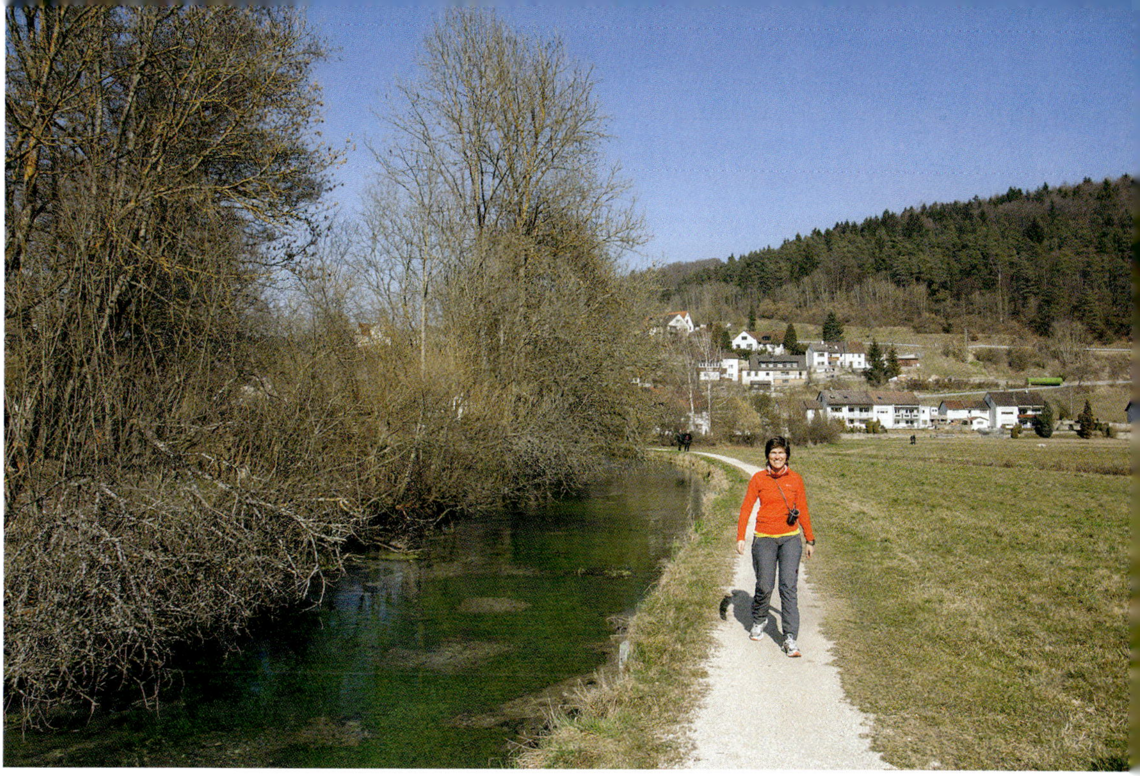

Von der Wimsener Höhle nach Zwiefalten wandern wir auf einem bequemen Wanderweg.

sich vom Fährmann und Höhlenführer die Entstehung und Geschichte der Höhle erklären. Nach der Höhlenbesichtigung begeben wir uns auf den Weg in Richtung Zwiefalten. Hierfür folgen wir dem HW2 (Markierung »Rotes Dreieck«). Der Weg verläuft durch ein schönes Tal am Bach entlang. Nachdem wir zweimal den Bach überquert haben, erreichen wir eine Forellenzucht. Das hier beginnende Sträßchen bringt uns zum kleinen Ort **2** Gossenzugen und weiter, immer noch romantisch am Bach entlang, nach **3** Zwiefalten. In Zwiefalten lohnt eine Besichtigung des Münsters. Es ist der Mittelpunkt des alten Kloster- und Wallfahrtsortes. Das Münster wurde von Baumeister Johann Michael Fischer aus München in den Jahren 1739 bis 1765 erbaut. Es ist einer der bedeutendsten Bauten des ausgehenden Barocks.

Nach Hayingen Gegenüber des Münsters schickt uns ein Wegweiser ins Rental (Markierung »Rote Gabel«). Der breite Weg steigt durch das einsame Tal allmählich aufwärts. Kurz vor Sonderbuch verlassen wir den Wald und wandern über freies Gelände, bis von rechts eine Straße einmündet. Auf dieser biegen wir nach links ab und gehen nach **4** Sonderbuch. Steil leitet uns die Straße hinauf zur Hauptstraße, die durch den Ort führt. Wir wandern aus dem Ort heraus und treffen auf ein großes Wegekreuz. Hier halten wir uns links und wandern über die schöne Albhochfläche in Richtung Hayingen. Inzwischen folgen wir der roten Raute als Markierung. Hier oben genießen wir wunderbare weite Blicke über die Albhochfläche. Der Weg führt hinunter in ein Tal und zieht durch dieses weiter bis kurz vor Hayingen. Kurz vor dem Ortseingang steht auf der linken Seite auf einem kleinen »Buckel« eine Bank, die zu einer Pause in einer wirklich großartigen Landschaft einlädt. Nach der ausgiebigen Rast wandern wir nach **5** Hayingen.

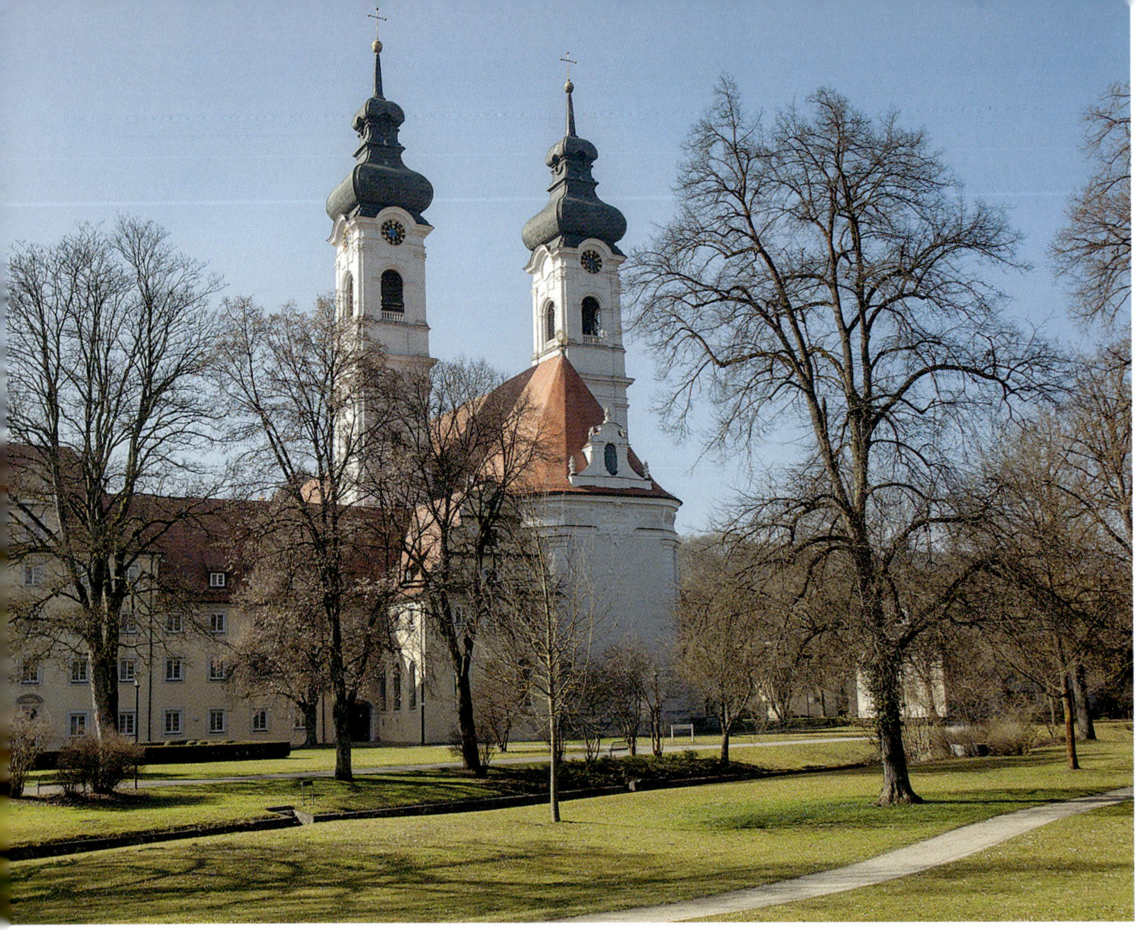

Die sehenswerte Kirche von Zwiefalten

Zurück zur Wimsener Höhle An der Hauptstraße halten wir uns rechts und bleiben auf dieser, bis nach links die Markierung mit der roten Gabel abzweigt. Die Straße führt uns an den letzten Häusern vorbei, und schließlich wandern wir über freie Wiesen. An der Stelle, an der die geradeaus führende Straße zu steigen beginnt, biegt nach rechts der Abzweig ins Schweiftal ab. Den Weg steigen wir relativ steil hinunter in das wildromantische Tal. Wir wandern über Lichtungen durch das Tal, bis nach rechts der Weg zum Lämmerstein abzweigt. Diesen ignorieren wir und gehen geradeaus durch das wilder werdende Tal hinunter ins Glastal. Dabei bewundern wir die links und rechts vom Weg stehenden Felsen. Unten empfängt uns das schattige Glastal. Oberhalb unseres Weges befindet sich die Ruine Alt-Ehrenfels. Die Burg Ehrenfels wurde im 13. Jahrhundert erbaut. Später diente sie Räubern als Unterschlupf und wurde deshalb 1516 zerstört. Es sind noch Reste des Bergfrieds und des Halsgrabens vorhanden. Im Glastal folgen wir dem Hauptweg nach links, bis wir in der Nähe der Landesstraße von Hayingen zur Wimsener Höhle kommen. Der Weg biegt aber vorher nach rechts ab und führt hinauf zum 6 Schloss Ehrenfels. Das Schloss war einst der Sommersitz der Äbte von Zwiefalten. Später schenkte es Kurfürst Friedrich seinem Staatsminister Philipp Christian Friedrich Normann. Nun wandern wir auf dem Weg (Markierung »Rotes Dreieck« HW2) hinunter zum E Parkplatz an der Wimsener Höhle. Am Parkplatz statten wir noch den direkt daneben liegenden Wimsener Wasserfällen einen Besuch ab, bevor wir im Gasthof Friedrichshöhle verdient einkehren und auf die gelungene Wanderung anstoßen.

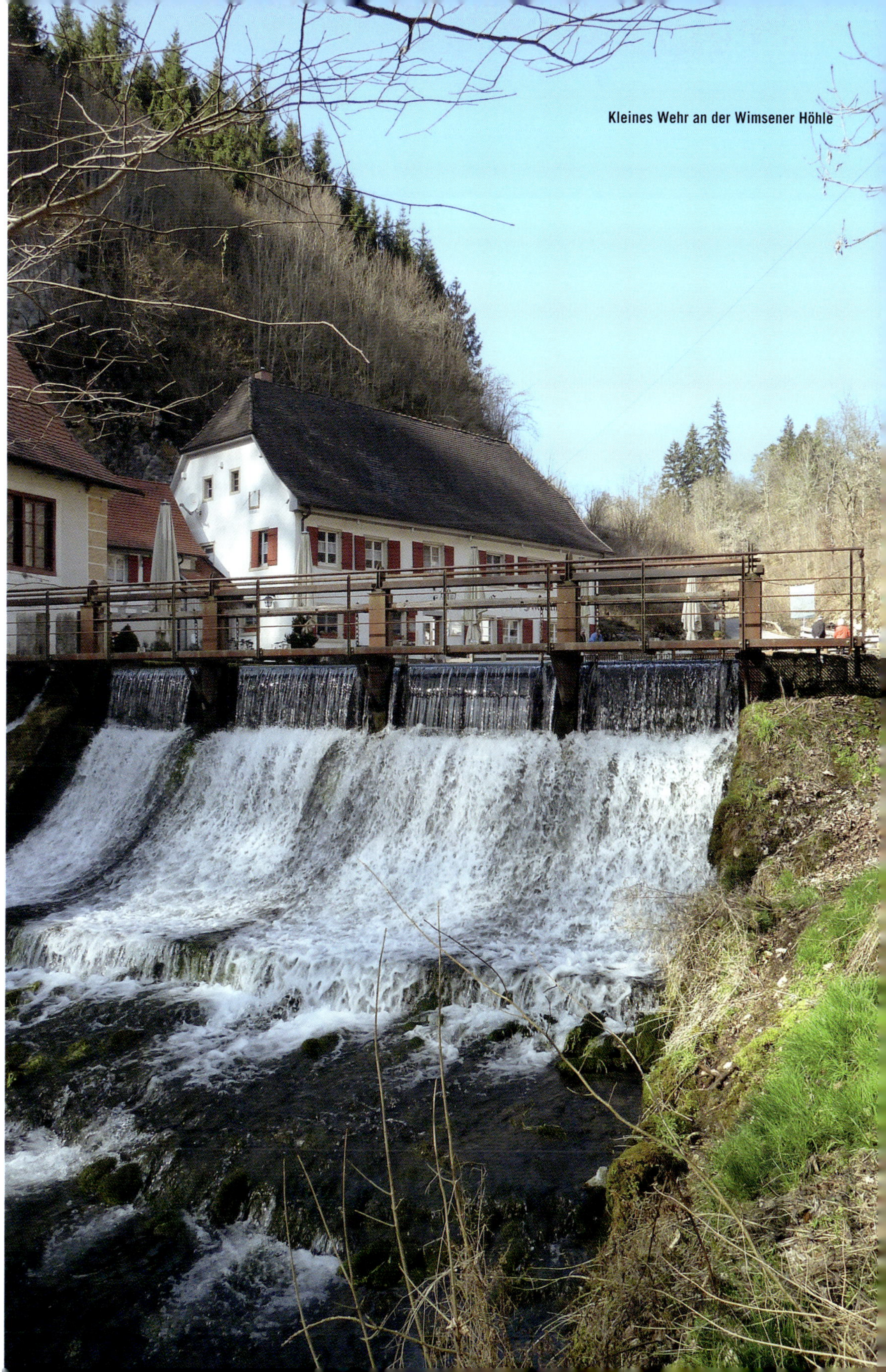

Kleines Wehr an der Wimsener Höhle

31

Durch die Lutherischen Berge

Von Weilersteußlingen zur Kätheren Küche

mittel 11,3 km 230 hm 4:00 Std.

Tourencharakter:
Teilweise breite Wege, abschnittsweise auch schmale Wanderwege

Ausgangspunkt:
Weilersteußlingen (735 m), Parken an der Kirche

Endpunkt:
Wie Ausgangspunkt

Anfahrt:
Auto: Auf der A8 bis zur Autobahnausfahrt Merklingen und weiter über Schelklingen nach Weilersteußlingen oder auf der B27 und B312 nach Metzingen und weiter über Bad Urach und Münsingen bis nach Weilersteußlingen
Bahn/Bus: Mit dem Zug nach Ulm, dort umsteigen nach Allmendingen, weiter mit dem Rufbus nach Weilersteußlingen (Tel. 07344/929230, Anmeldung 1 Stunde vor Abfahrt)

Karte:
Wanderkarte des Schwäbischen Albvereins Nr. 26, Ehingen – Münsingen, 1:35 000

Einkehr:
keine

Tourismus-Info:
Gemeindeverwaltung Allmendingen, Hauptstr. 16, 89604 Allmendingen, Tel. 07391/7015-0, info@allmendingen.de, www.allmendingen.de

Die Wanderung beginnt im beschaulichen Weilersteußlingen. Die Kätheren Küche müssen wir mit mehreren Wanderern teilen, führt doch hier ein gern besuchter Besinnungsweg vorbei. Diesen verlassen wir aber gleich und setzen unsere Wanderung auf einsamen Wegen fort.

Zum Nägelesstein Vom Parkplatz an der Kirche in **A Weilersteußlingen** folgen wir der Markierung »Blaue Gabel« nach Osten in Richtung Ermelau. Auch die Häuser des kleinen Weilers passieren wir schnell und befinden uns bald schon inmitten schöner Wiesen auf der Albhochfläche. In einer Rechtskurve biegt die blaue Gabel nach links und weist hinunter nach Allmendingen. Wir nehmen nun aber den geradeaus führenden Forstweg (blaue Raute) über die Felder. Der Weg fällt über die Wiesen abwärts und taucht bald in den Wald hinein. Dort zweigt nach einer scharfen Rechtskurve nach links ein Steig ab. Dieser wird bald deutlich schmaler und bringt uns teilweise ordentlich steil hinunter ins Weite Tal. Gegenüber, auf der anderen Seite des Baches, befindet sich der **1 Nägelesstein**, ein markanter Felsen, zu dem wir entlang der Markierung »Blaues Dreieck« hinaufsteigen können. Von seiner Spitze genießen wir eine wunderbare Aussicht auf die umliegende, waldreiche Umgebung.

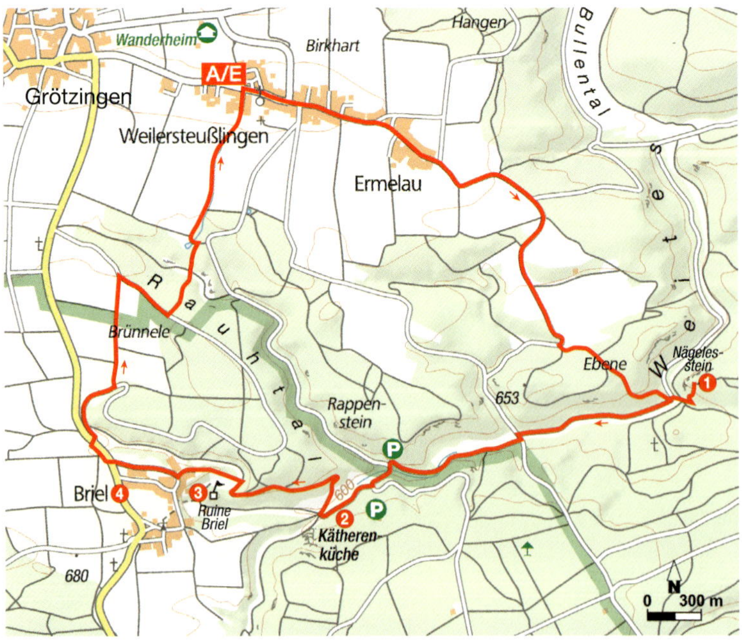

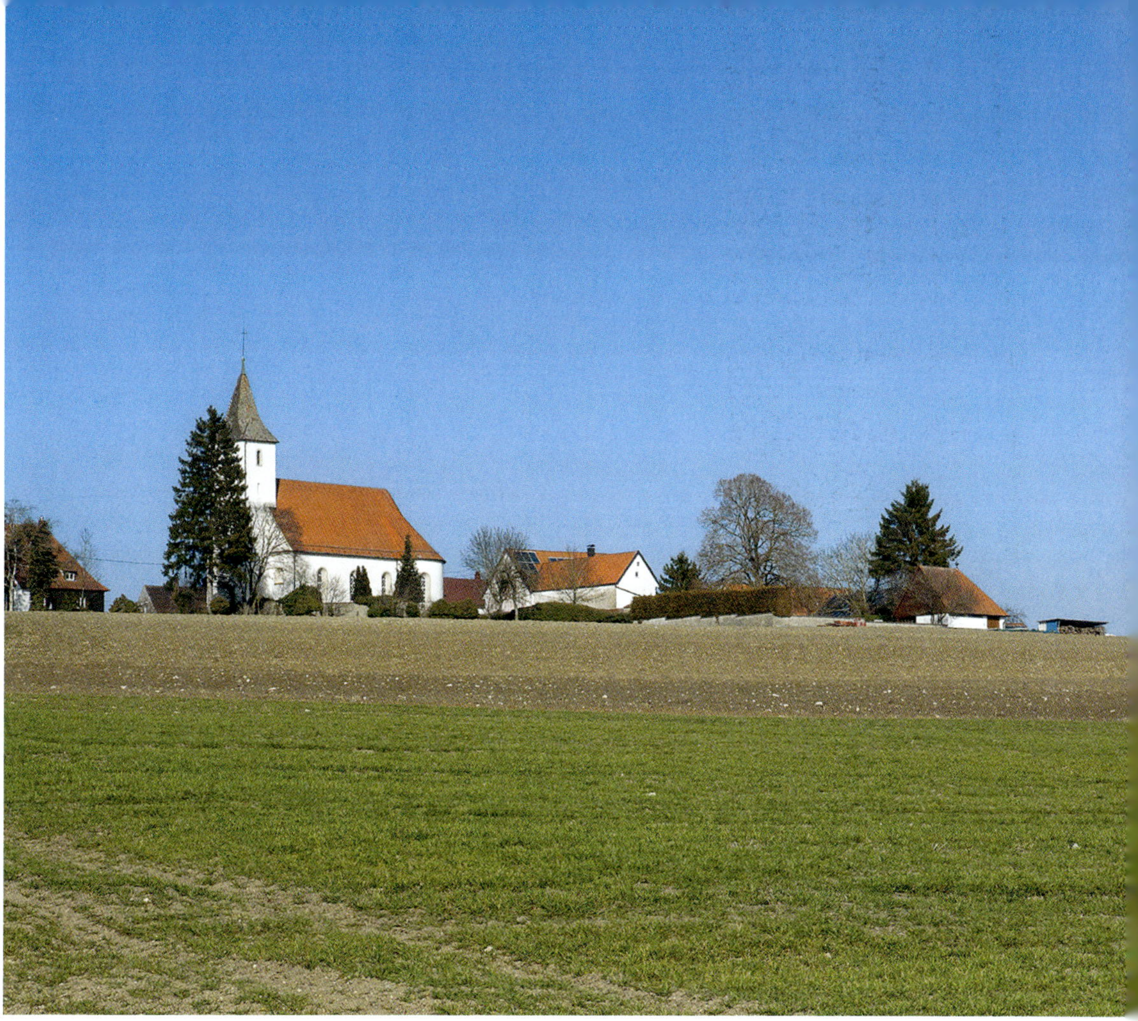

Zum Schluss wandern wir hinauf zur Kirche von Weilersteußlingen.

Zur Kätheren Küche Anschließend wandern wir wieder zurück ins Tal und bleiben auf dem Forstweg, der durch das Weite Tal nach Westen führt. An einer Wegverzweigung wechseln wir die Bachseite, gehen aber in der gleichen Richtung am Bach entlang weiter. Der Weg ist mit der Markierung »Blaue Gabel« gekennzeichnet. Wir kommen zu einem Parkplatz und nach der neuerlichen Überquerung des Baches zu einem weiteren Parkplatz. Ab hier wird der Weg immer belebter. Der nahe Parkplatz lockt doch die Besucher an. Wir lassen uns davon aber nicht abhalten und folgen dem breiten Forstweg zur 2 Kätheren Küche. Hier treffen wir noch auf den Besinnungsweg Ehinger Alb, was leider nochmals zu mehr Besuchern führt. Trotzdem gehen wir die paar Meter zur Kätheren Küche hinauf. In dieser Höhle lebte Ende des 18. Jahrhunderts Katharina Schunter. Sie verdiente sich ihren Lebensunterhalt mit Betteln, zeitweise aber auch mit Feldarbeit bei den Bauern der näheren Umgebung. Sobald sie in der Höhle kochte, stiegen aus den Löchern dichte Rauchwolken empor. Deshalb heißt es bei den Bauern der Umgebung »D'Käther kochet«. Eine Heirat mit einem Katholiken aus Briel scheiterte schließlich an der fehlenden Genehmigung durch den Pfarrer aus Altsteußlingen. Katharina Schunter starb 1828 im Alter von 44 Jahren. Ihre Eltern hausten in der nicht weit entfernten Schunterhöhle im Rauhtal.

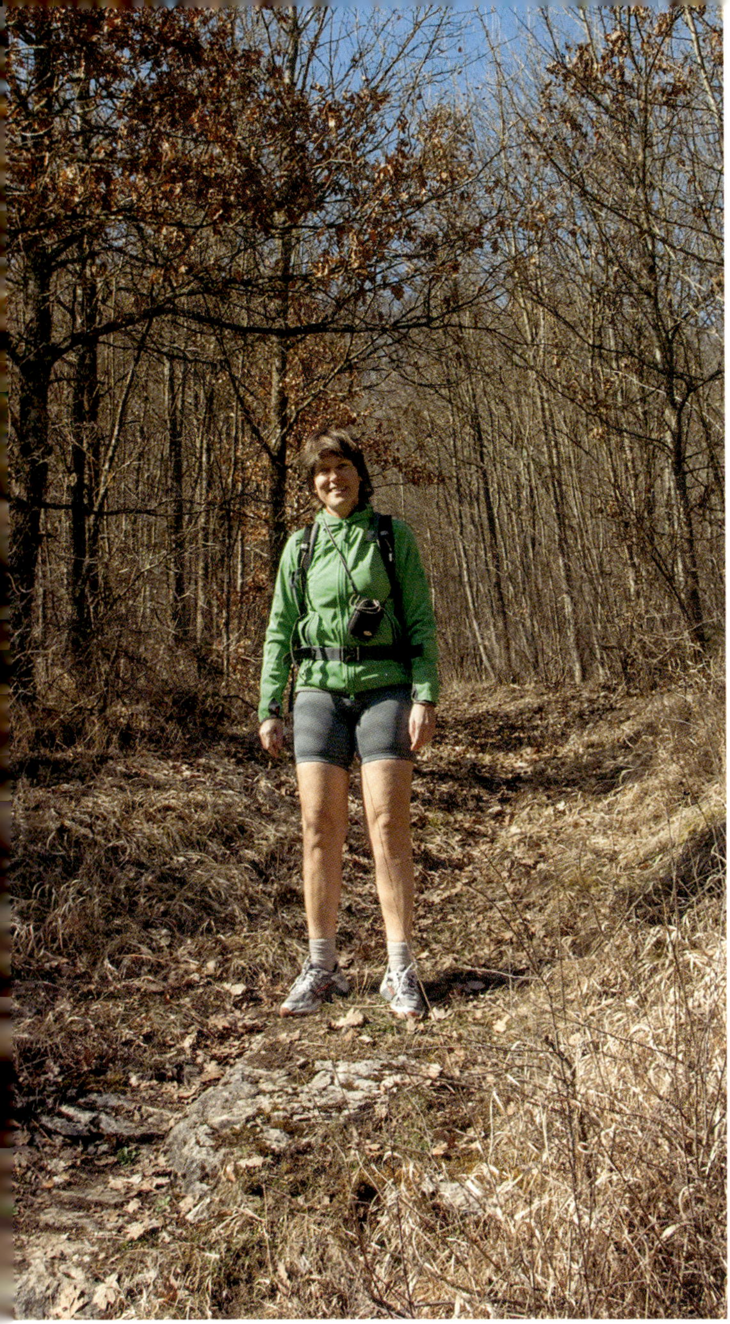

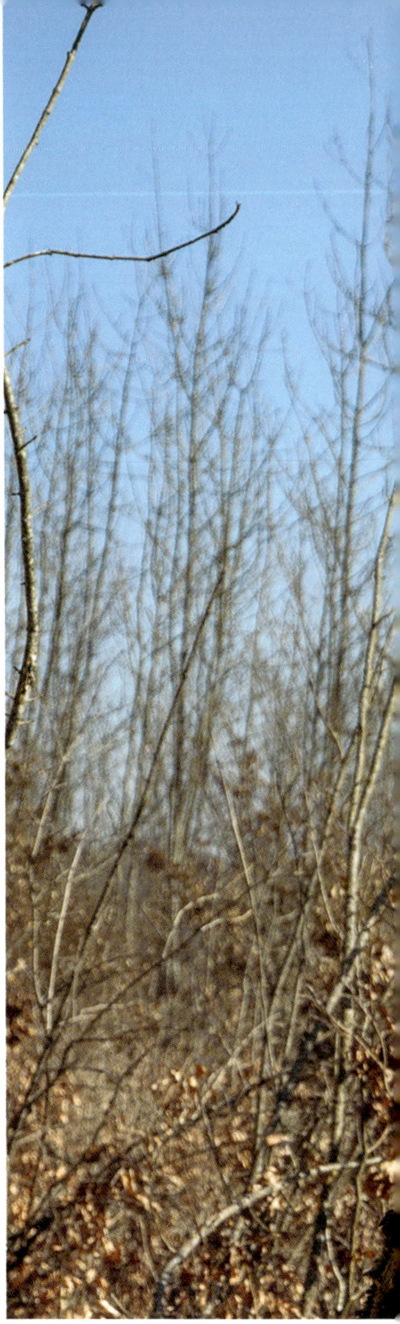

Steil führt der Steig hinunter ins Weite Tal.

Zurück nach Weilersteußlingen Gegenüber der Höhle führt uns der Forstweg zuerst schräg rechts hinauf. Nach einer Linkskurve und einer längeren geraden Strecke erreichen wir die ehemalige 3 Brielburg. Die Burg wurde vor 1200 gegründet. Wann sie zerstört wurde, ist jedoch unklar. Heute existieren kaum mehr Überreste der Burganlage. Trotzdem hat der Ort etwas Wildromantisches. Vor der Burg zieht der Weg nach rechts in eine Senke hinunter. Aus dieser steigen wir hinauf nach 4 Briel. Wir gehen zwischen den Gebäuden eines Hofs hindurch zur Kreisstraße. Dieser folgen wir kurz ein Stück nach rechts. Hier treffen wir nochmals auf den Besinnungsweg, den wir aber gleich wieder verlassen. Wir wandern entlang der Markierungen

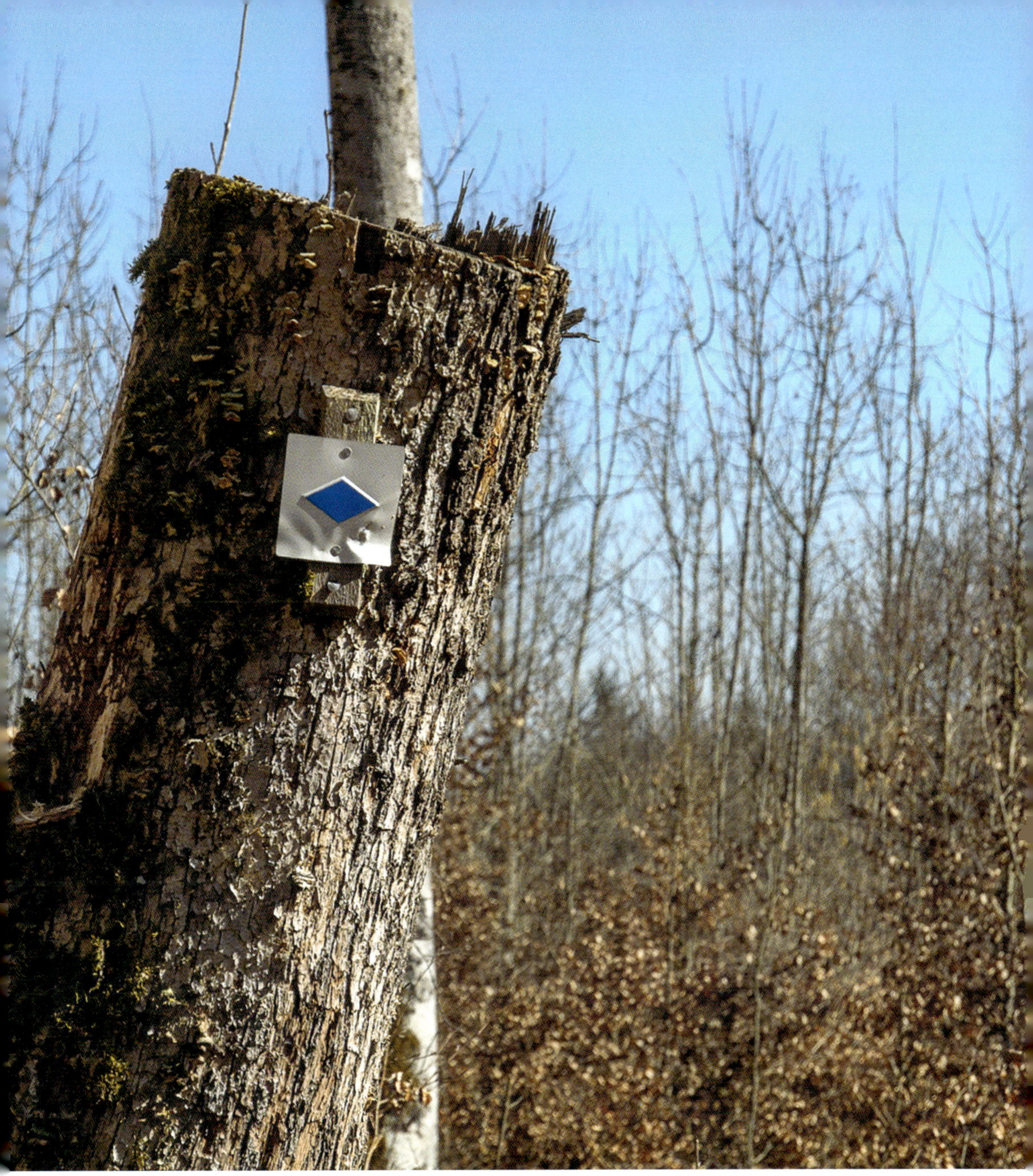

des HW7 nach rechts am Waldrand entlang. Der Weg biegt nach links ab und überquert ein weites Feld zum Waldrand auf der anderen Seite des Feldes. Hier treffen wir auf einen Feldweg, auf dem wir nach rechts in den Wald eintauchen. An einer Wegverzweigung im Wald biegen wir nach links auf einen Steig ab. Auf diesem wandern wir hinunter ins Rauhtal. Nach einem kurzen Anstieg verlassen wir bei einer Picknickstelle den Wald. Hier wenden wir uns nach rechts und sehen schon den Ort vor uns. Ein letzter Anstieg auf einem Feldweg bringt uns hinauf nach E Weilersteußlingen. An der Kirche vorbei wandern wir zurück zum Parkplatz, der sich etwas unterhalb des Gotteshauses befindet.

Diesen Wegweiser darf man nicht übersehen. Hier biegen wir ab ins Weite Tal.

32

Romantischer Steig bei Heroldstatt

Großer Fels und Tiefental

mittel | 8,9 km | 200 hm | 3:30 Std.

Tourencharakter:
Am Hohen Rain und im Tiefental breite Wege. Abstieg vom Großen Fels ins Tiefental schmaler Steig, der Trittsicherheit erfordert

Ausgangspunkt:
Heroldstatt-Sontheim (774 m), Parkplatz am Sandbühl

Endpunkt:
Wie Ausgangspunkt

Anfahrt:
Auto: auf der A8 bis zur Autobahnausfahrt Merklingen und weiter nach Heroldstatt-Sontheim. In der Ortsmitte einem Fahrradschild in Richtung Süden folgen. Immer am Teerweg entlang bis zu einem kleinen, unbeschilderten Parkplatz am Waldrand vor einem Fahrverbotsschild
Bahn/Bus: mit dem Zug nach Ulm, mit der Buslinie 30 nach Laichingen und weiter mit der Buslinie 334 nach Heroldstatt. Zusätzlicher Fußweg von Heroldstatt zum Ausgangspunkt ca. 2 km

Karte:
Wanderkarte des Schwäbischen Albvereins Nr. 20, Geislingen – Blaubeuren, 1:35 000

Einkehr:
Gaststätten in Heroldstatt

Tourismus-Info:
Gemeinde Heroldstatt,
Am Berg 1, 72535 Heroldstatt,
Tel. 07389/9090-0,
info@heroldstatt.de,
www.heroldstatt.de

Der Große Fels ist ein netter kleiner Aussichtspunkt über dem Eistal, zu dem kein markierter Weg führt. Trotzdem finden wir an seinem höchsten Punkt eine Bank. Beim Abstieg hinunter ins Eis- und später Tiefental nutzen wir einen wunderschönen, wildromantischen Steig.

Zum Hohen Fels Vom **A Parkplatz am Sandbühl**, südlich von Heroldstatt-Sontheim, wandern wir auf der Teerstraße in Richtung Süden. An einem Strommasten biegt von links der HW7 auf unseren Weg ein. Wir erkennen dies nur an Pfeilen auf dem Straßenbelag. Die entsprechende Markierung versteckt sich auf der uns abgewandten Seite des Strommastes. Wenig später verlässt der Weg unsere Straße wieder nach rechts, auch das erkennen wir wiederum nur auf Pfeilen auf dem Straßenbelag. Am Ende der Teerstraße biegen wir nach links auf einen Feldweg ein. Diesem folgen wir hinunter in eine kleine Senke. Den ersten nach rechts abzweigenden Feldweg ignorieren wir und bleiben auf dem nun leicht ansteigenden Weg aufwärts. Auf der Höhe zweigt nach rechts ein zweiter Feldweg ab, auf dem wir zum Waldrand und zu einem Jägerstand gehen. Der Weg taucht nach links in den Wald ein. Kurz vor einer Hütte nehmen wir den nach links abzweigenden Waldweg, der teilweise doch recht zuwächst. Der Weg trifft mit

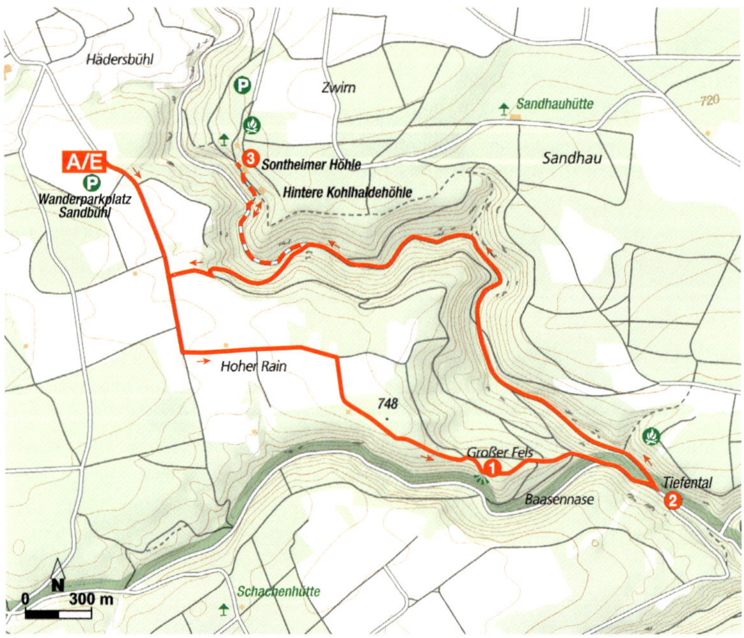

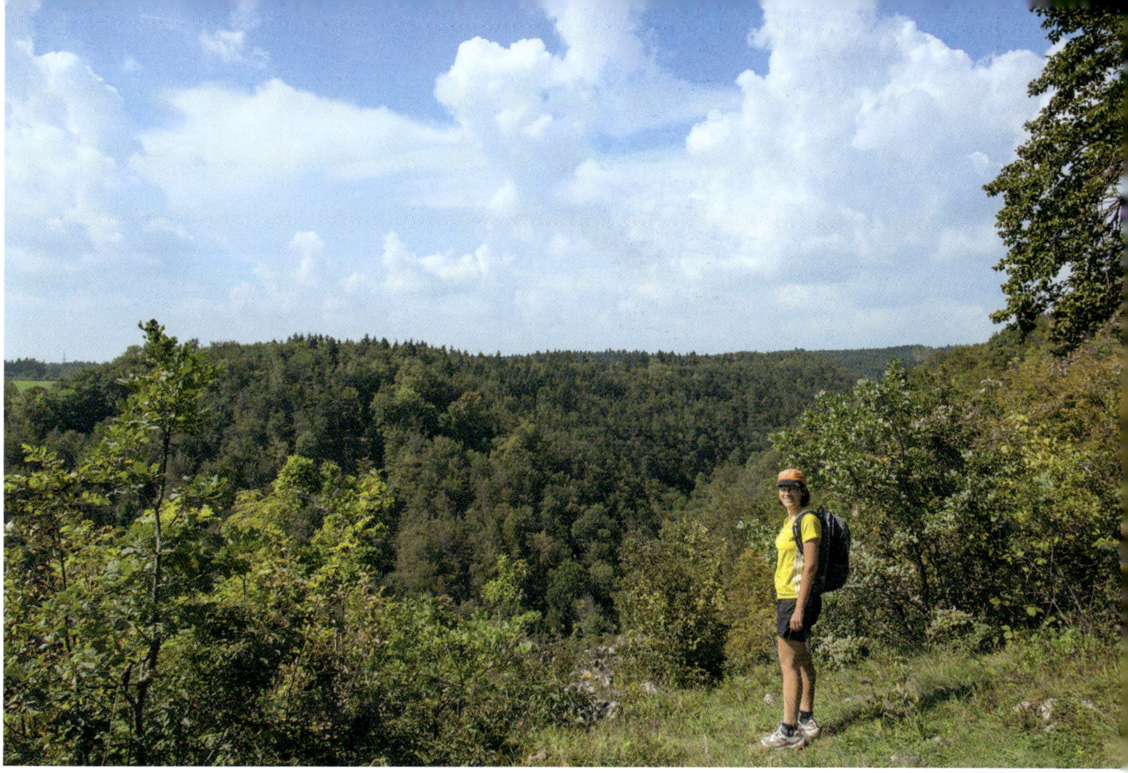

einem Waldweg zusammen, der von links einmündet. Wenige Meter danach verlassen wir den Hauptweg und steigen nach rechts zum 1 Großen Fels auf. Obwohl kein markierter Weg heraufführt, empfängt uns hier oben eine moderne Bank mit einem Tisch. Auch die Aussicht ist überraschend gut. Wir genießen einen schönen Blick auf die waldreiche Umgebung und die gegenüberliegenden freien Wiesen.

Auf dem Großen Fels genießen wir eine weitreichende Aussicht.

Ins Tiefental Nach der gemütlichen Pause auf dem Großen Fels leitet uns der Steig an der Abbruchkante entlang. An einem Jägerstand treffen wir auf einen breiteren Forstweg. Hier heißt es aufpassen und nicht den breiten und verlockenden Weg nach links nehmen. In der Kurve beginnt ein schmaler, unmarkierter Pfad, auf dem wir abwärts in Richtung Tiefental steigen. Der schöne und wildromantische Steig bringt uns vorbei an bemoosten Felsen und erlaubt uns dabei immer wieder Tiefblicke ins Tal. Wir queren nochmals einen breiten Weg, folgen aber weiterhin dem geradeaus führenden Steig. Der Rücken wird dabei immer schmaler, sodass etwas Trittsicherheit durchaus angebracht ist. Kurz vor einem letzten Aufschwung, der in einem Felskopf endet, biegen wir nach rechts ab und steigen über den schmalen Steig steil hinunter ins Eistal. Wir blicken zurück und sind froh, den Weg im Abstieg begangen zu haben. Im Aufstieg kann man die Abzweigung leicht übersehen. Wir befinden uns nun auf der Forststraße im Eistal. Auf dieser wandern wir abwärts bis zur Wegverzweigung im 2 Tiefental. Hier sehen wir auf der linken Seite eine Schutzhütte und einen Grillplatz. Ebenso empfangen uns hier zum ersten Mal auf unserer Wanderung Wegweiser und Markierungen.

Zurück zum Parkplatz Wir wandern nun auf dem breiten Weg durch das Tiefental (Wegmarkierung »Gelbes Dreieck«) in Richtung Sontheimer

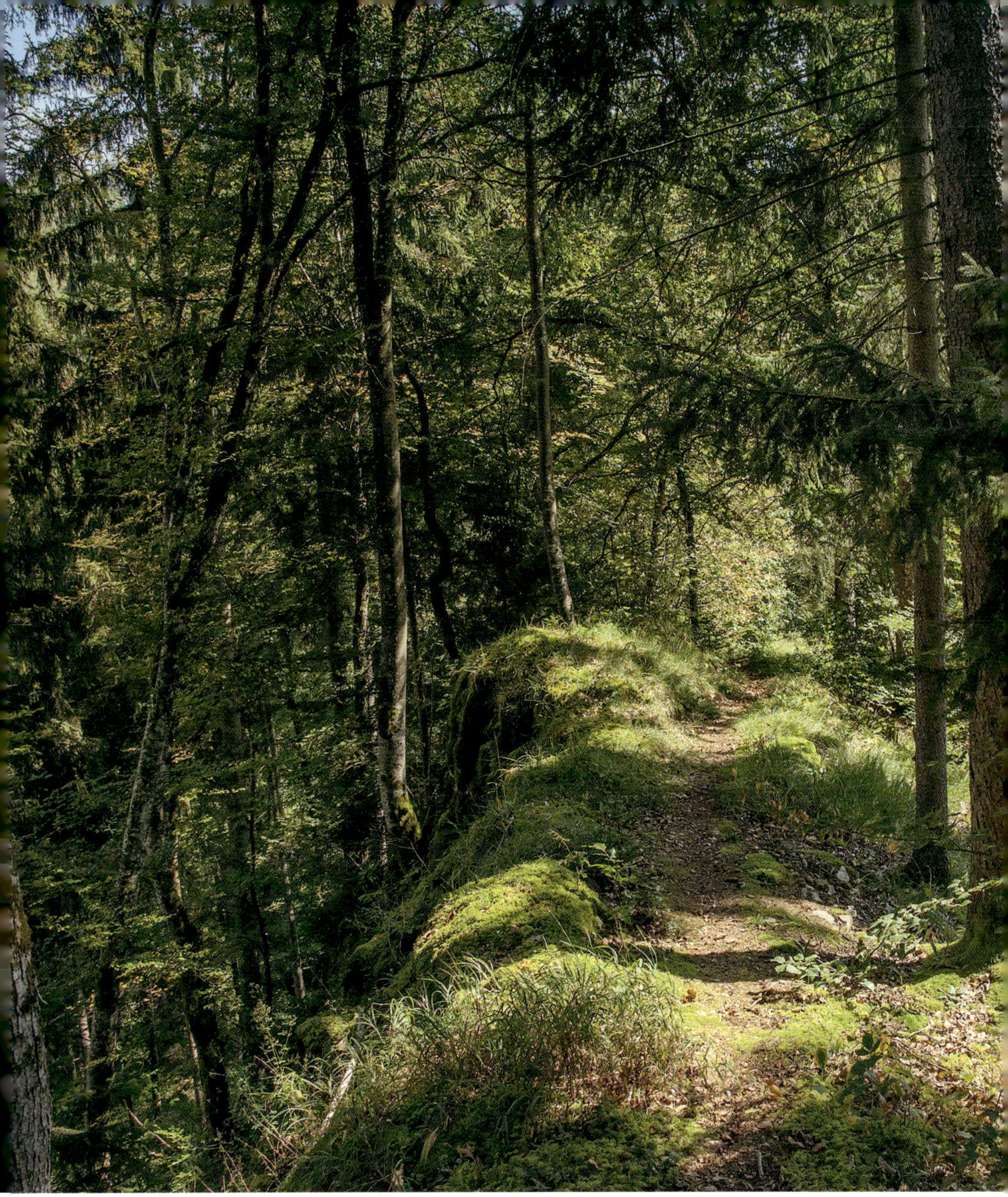

Dieser traumhafte, unmarkierte Steig bringt uns hinunter ins Tiefental.

Höhle. Das schattige Tal überrascht uns zwischendurch mit Felsen, die links und rechts des Weges stehen. Wir erreichen ungefähr einen Kilometer vor der Sontheimer Höhle einen Wegweiser. Hier biegt der HW7 nach links ab. Wir folgen nun dieser Markierung aufwärts. Obwohl es sich um einen Hauptwanderweg des Schwäbischen Albvereins handelt, ist der Weg teilweise doch etwas überwachsen. Nach einer S-Kurve gelangen wir zum Waldrand und wandern über die Wiese zum Strommasten, den wir bereits vom Hinweg kennen. Hier verlassen wir nun wieder die Markie-

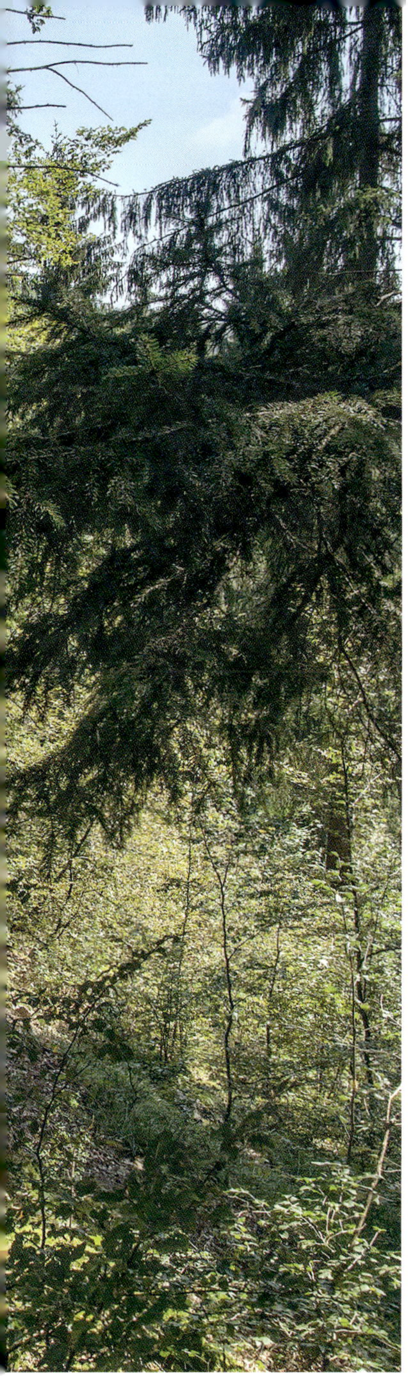

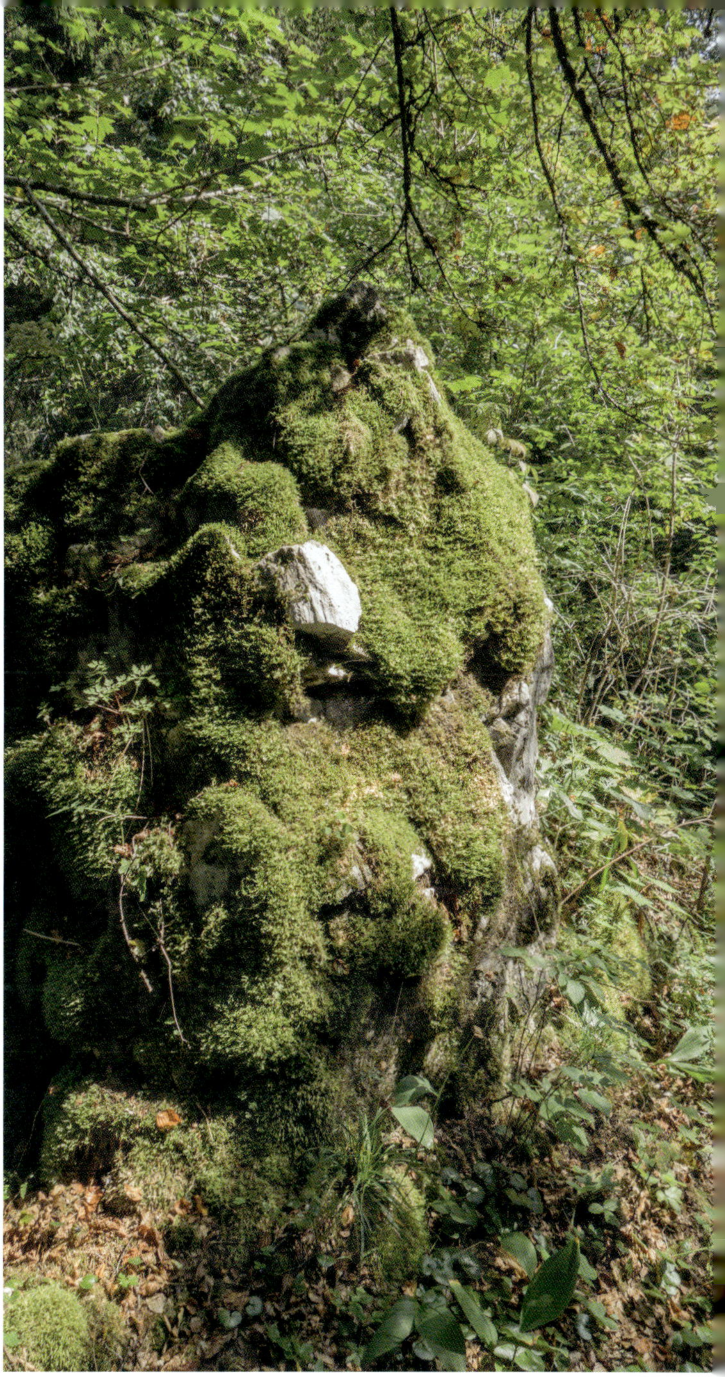

rung des HW7 und biegen in die Teerstraße nach rechts zum E Parkplatz Sandbühl ein, südlich von Heroldstatt-Sontheim.

Immer wieder säumen Felsen den Wegesrand.

Abstecher zur Sontheimer Höhle Von der Abzweigung des HW7 lohnt sich ein Abstecher zur einen Kilometer entfernten 3 Sontheimer Höhle. Dabei handelt es sich um eine Tropfsteinhöhle mit 530 Metern Länge. Dabei kann man die Höhle auf 192 Metern erkunden. Sie kann sonn-, feier- und samstags mit Führung zur vollen Stunde besucht werden.

33

Gemütliche Rundtour bei Blaubeuren

Höllental, Gleißenburg und Schillerstein

mittel | 15,1 km | 350 hm | 5:00 Std.

Tourencharakter:
Hauptsächlich breite Wege, nur am Felsenlabyrinth und der Gleißenburg schmalere Wege

Ausgangspunkt:
Blaubeuren (513 m), Parken am Bahnhof

Endpunkt:
Wie Ausgangspunkt

Anfahrt:
Auto: auf der A 8 bis zur Autobahnausfahrt Merklingen und weiter nach Blaubeuren
Bahn/Bus: mit dem Zug über Ulm nach Blaubeuren

Karte:
Wanderkarte des Schwäbischen Albvereins Nr. 20, Geislingen – Blaubeuren, 1:35 000

Einkehr:
Gaststätten in Blaubeuren, Waldgaststätte Zum Schillerstein, www.schillerstein-blaubeuren.de

Tourismus-Info:
Tourismus Information Blaubeuren, Kirchplatz 10, 89143 Blaubeuren, Tel. 07344/966990, info@blaubeuren.de, www.blaubeuren.de

Unsere Wanderung führt durch das eindrucksvolle Felsenlabyrinth. Weiter wandern wir durch das einsame Höllental und zur versteckten Ruine Gleißenburg. Durch ausgedehnte Wälder kommen wir zum Schillerstein mit einer schönen Einkehrmöglichkeit.

Durch das Felsenlabyrinth Vom Bahnhof in **A Blaubeuren** folgen wir der Markierung »Rotes Dreieck« in Richtung Schelklingen. An der Ampel überqueren wir die Straße, gehen noch ein Stück weiter und steigen kurz vor dem Tunnel nach rechts die Treppe hinauf. Wir wandern an der Weilerhalde vorbei, entscheiden uns immer für den Weg bergauf und kommen schließlich zur Felsgruppe Küssende Sau und zur **1 Brillenhöhle**. Sie hat

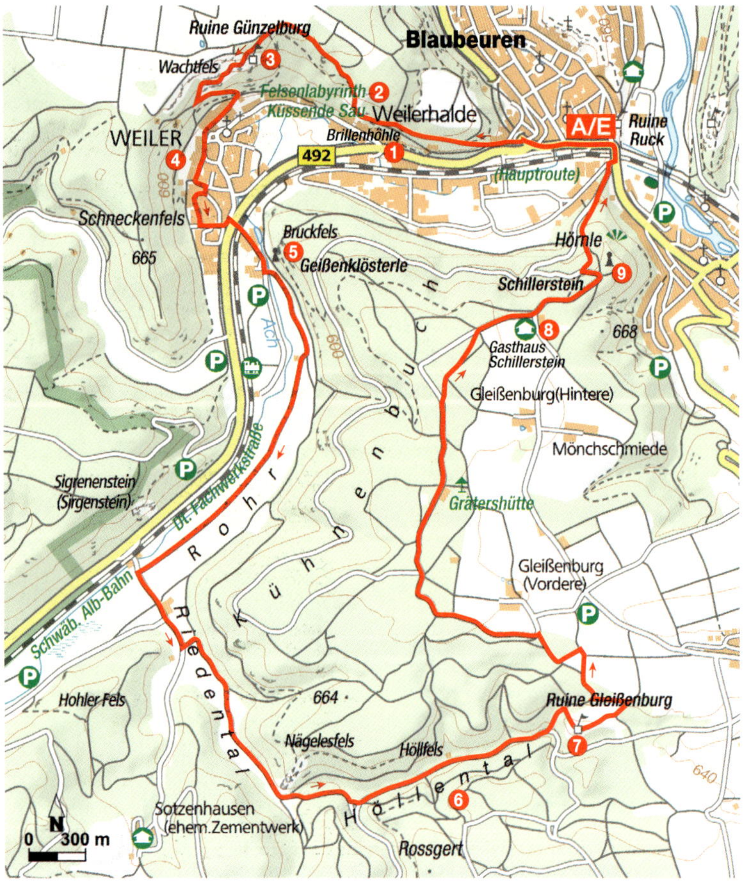

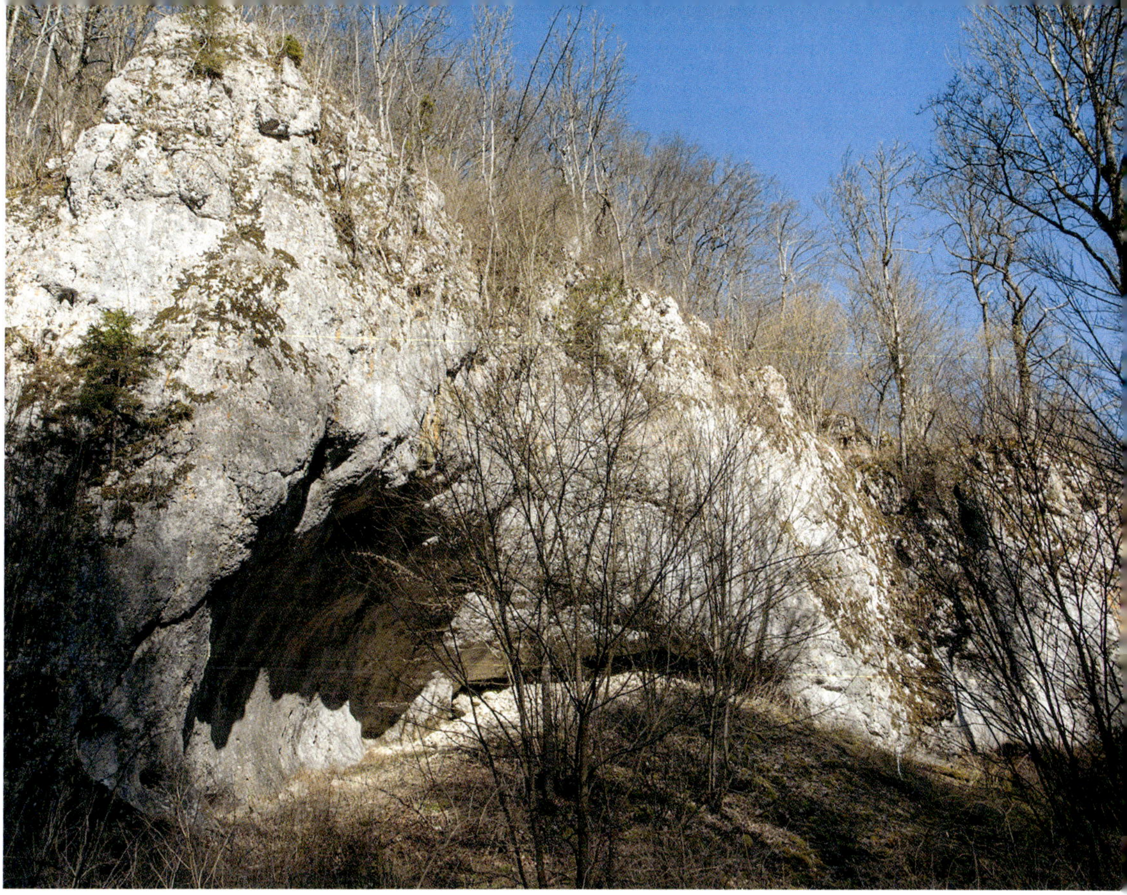

An diesen eindrucksvollen Felsen führt der Weg im Höllental vorbei.

ihren Namen von den beiden Löchern in ihrer Decke. Zahlreiche Werkzeuge, Schmuck und Reste der Jagdbeute bezeugen, dass die Höhle in frühester Zeit von Menschen bewohnt war. Die Höhle kann nur im Rahmen von Sonderveranstaltungen des Urgeschichtlichen Museums in Blaubeuren besucht werden. Von außen können wir aber in die Höhle hineinsehen. Wir wandern nun durch das 2 Felsenlabyrinth und weiter immer bergauf zur 3 Ruine Günzelburg. Die Ruine steht auf einem Felsturm über Weiler. Sie wurde im 12. oder 13. Jahrhundert erbaut. Im 16. Jahrhundert wurde die Burganlage zerstört, heute sind nur noch Mauerreste vorhanden. Von dem ehemaligen Standort der Burg genießen wir eine wirklich schöne Aussicht hinunter ins Tal. Nun verlassen wir den HW2 (rotes Dreieck) und lassen uns von der Markierung »Rote Raute« hinunter nach 4 Weiler bringen.

Durch das Höllental Wir gehen zur Bundesstraße, überqueren diese und wandern hinüber zum Waldrand. Etwas oberhalb von uns liegt das 5 Geißenklösterle, zu dem wir auf einem Waldpfad hinaufsteigen können. Die Höhle des Geißenklösterle ist einer der bedeutendsten altsteinzeitlichen Fundplätze Mitteleuropas. Die Höhle kann eigentlich nicht besucht werden. Lediglich am »Tag der offenen Höhle« gestattet die Gesellschaft für Urgeschichte eine Besichtigung. Oben können wir durch die Abzäunung in die Höhle hineinschauen. Schließlich steigen wir wieder hinunter und bleiben nun auf dem Teersträßchen, bis dieses nach links ins Riedental abzweigt. Wir wandern durch das Riedental bis zum Fuß des Nägelesfelsen. Hier biegt der Weg nach links ab ins 6 Höllental. Durch den Wald wandern wir län-

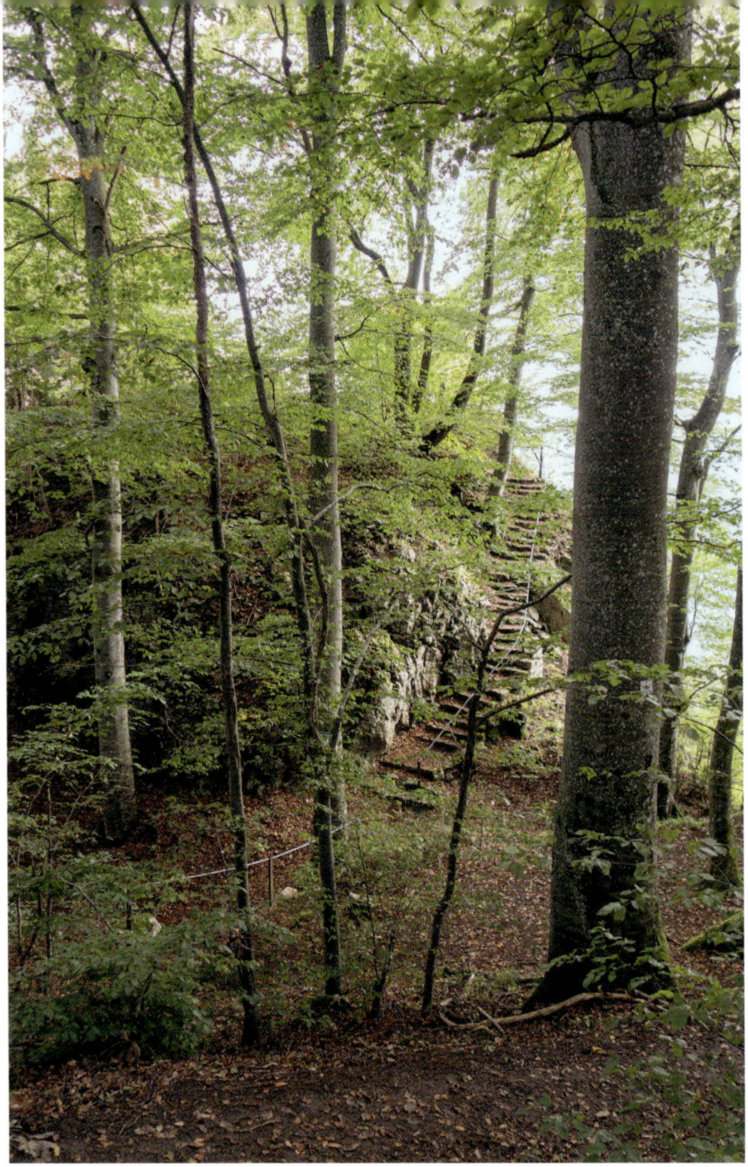

Treppen führen zur Ruine Günzelburg

gere Zeit durch das schattige, tief eingeschnittene Tal. Nach einer scharfen Rechtskurve führt der Weg durch eine Schlucht aufwärts. Hier treffen wir an einer Wegkreuzung auf einen Weg des Schwäbischen Albvereins mit der Markierung »Rote Gabel«. Diesem folgen wir nach links bis zu einer Rechtskurve.

Zum Gasthaus Schillerstein Weiter bringt uns die Markierung nach links über die Wiese zum Waldrand. An diesem entlang wandern wir zur **7** **Ruine Gleißenburg**. Die Burg wurde 1408 erstmals erwähnt. 1424 übergab Eitel von Werdenau einen Teil der Veste als Lehen an Österreich. Später wurde die Burg an das Spital Blaubeuren verkauft. Die Burganlage war wohl bis 1662 bewohnt, wurde jedoch im Laufe der folgenden Jahre aufgegeben. Heute sind von der Burg nur noch Mauerreste übrig geblieben. Am Steig wandern wir hinunter zur Wiese, biegen nach links ab und erreichen nach einem Waldstück eine Forststraße im Bereich der Vorderen Gleißenburg. Wir

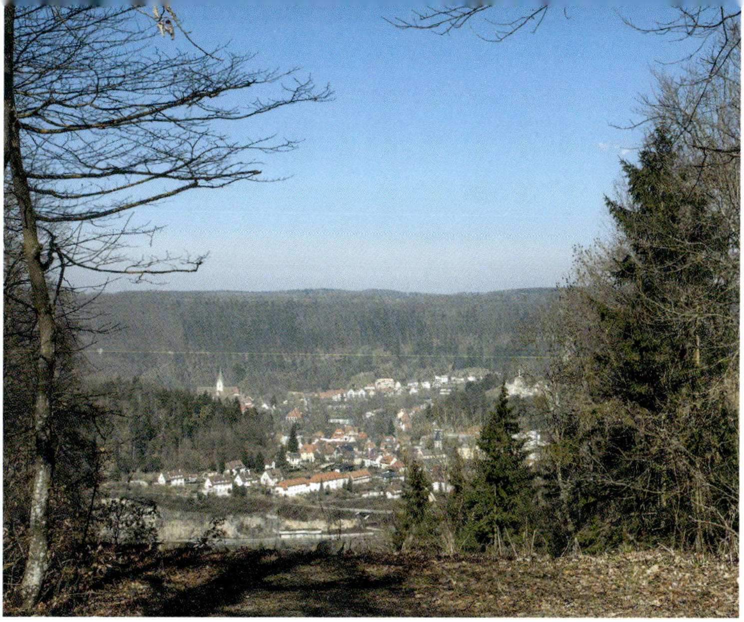

Schöner Ausblick von der Schillerhöhe nach Blaubeuren

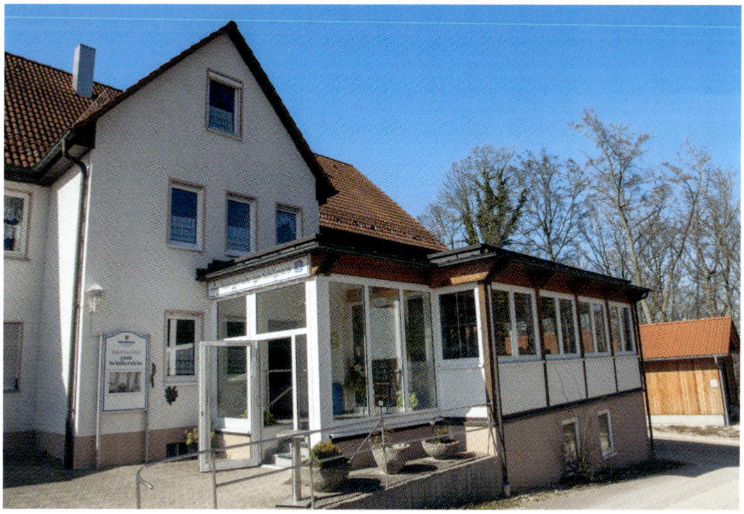

Das Gasthaus Schillerstein ist ein beliebtes Ausflugsziel.

folgen nun dem Forstweg ein Stück am Waldrand entlang, bis er wieder in den Wald eintaucht. Wir kommen an der Grätershütte vorbei, kürzen wenig später eine Schleife des Forstweges auf einem Steig ab und gelangen wieder an den Waldrand. Nun ist es nicht mehr weit bis zum 8 Gasthaus Schillerstein. Während wir vom Wegrand einen wunderbaren Blick auf Blaubeuren genießen können, lockt das Gasthaus mit einer gemütlichen Einkehr.

Nach Blaubeuren Vom Gasthaus wandern wir kurz auf der Steige hinab. Wer eine schöne Aussicht erleben möchte, der bleibt im oberen Bereich auf der Steige bis zu ihrer ersten Kehre. Dort bringt uns ein Pfad in wenigen Minuten zum 9 Schillerstein, der 1905 zum 100. Todestag des Dichters Friedrich Schiller hier oben errichtet wurde. Nachdem der Steig im unteren Teil des Fahrweges wieder einmündet, lassen wir uns von diesem zur Bundesstraße bringen. Über die Eisenbahnbrücke wandern wir zurück zum Bahnhof von E Blaubeuren.

34

Am Albtrauf über Bad Überkingen

Ruine Bühringen und Autal

mittel | 9,8 km | 265 hm | 3:30 Std.

Tourencharakter:
Vorwiegend schmale Wanderwege, teilweise auch steil und rutschig. Für ein kurzes Stück ein breiter Weg

Ausgangspunkt:
Aufhausen (737 m), Parken am nördlichen Ortsrand (Hoher Rainweg)

Endpunkt:
Wie Ausgangspunkt

Anfahrt:
Auto: auf der A8 bis zur Autobahnausfahrt Mühlhausen und weiter auf der B466 Richtung Geislingen. In Bad Ditzenbach rechts ab und weiter nach Aufhausen. In der Rechtskurve im Ort nach Norden zum Ortsrand, dort in einer Seitenstraße parken
Bahn/Bus: mit dem Zug nach Geislingen an der Steige und mit dem Rufbus Linie 60 nach Aufhausen (Tel. 07331/64444, eine Stunde vorher anmelden)

Karte:
Wanderkarte des Schwäbischen Albvereins Nr. 20, Geislingen – Blaubeuren, 1:35000

Einkehr:
Unterwegs keine

Tourismus-Info:
Stadt Geislingen a. d. Steige, Hauptstr. 1, 73312 Geislingen a. d. Steige, Tel. 07331/24-0, info@geislingen.de, www.geislingen.de

Diese Tour beginnt mit einer abwechslungsreichen Runde den Albtrauf entlang. Nach der Ruine Bühringen kommen wir nach Türkheim. Unterhalb des Traufs wandern wir über die Burghalde ins Autal und steigen an den romantischen Wasserfällen vorbei hinauf zum Albtrauf.

Zur Ruine Bühringen Von unserem Parkplatz in A Aufhausen folgen wir der Straße bis zum letzten Haus auf der rechten Seite. Hier biegen wir nach rechts ab und nehmen den Weg über die Wiesen zum Waldrand. Jetzt führt uns die Markierung »Rote Gabel« nach rechts. Der Weg verläuft nun die ganze Zeit am Albtrauf entlang. Wir wandern teilweise im Wald, teilweise aber auch am Waldrand entlang. An einer Wegverzweigung ignorieren wir die Abzweigung nach Bad Überkingen und bleiben weiter auf dem Weg des Schwäbischen Albvereins mit der Gabel-Markierung. Wir gelangen zu einem Felskopf, auf dem eine Bank steht. Von dieser Aussichtsloge genießen wir einen wunderbaren Blick auf Bad Überkingen und die benachbarten Orte. An diesem Platz bleiben wir gerne ein wenig sitzen. Anschließend bringt uns der Weg noch ein Stück am Albtrauf entlang zur ehemaligen 1 Burg Bühringen. Die Burg wurde 1250 vom Grafen von Helferstein erbaut und 1258 erstmals urkundlich erwähnt. Im Jahre 1363 wurde die Burg verkauft und ging 1405 in den Besitz der Reichsstadt Ulm über. 1525 wurde die Burg zerstört und in der Folgezeit restlos abgetragen. Heute sind noch die drei Gräben und zwei Wälle zu erkennen.

Nach Türkheim Der Weg führt uns nun immer weiter am Albtrauf entlang nach 2 Türkheim. Vor dem Ortsbeginn können wir auch den Albtrauf auf einem steilen Steig nach links verlassen. Wir gelangen zum Türkheimer Brünnele, das für das Überleben in diesem wasserarmen Gebiet auf der Alb von großer Bedeutung ist. Die nie versiegende Quelle rieselt aus drei Felsspalten und versorgte Türkheim, das zu einer der ältesten Siedlungen ge-

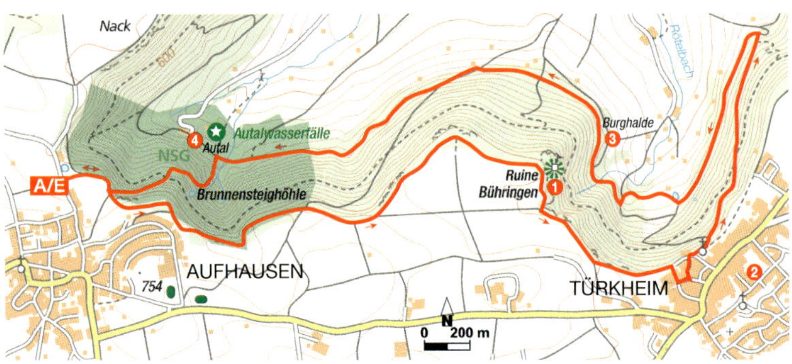

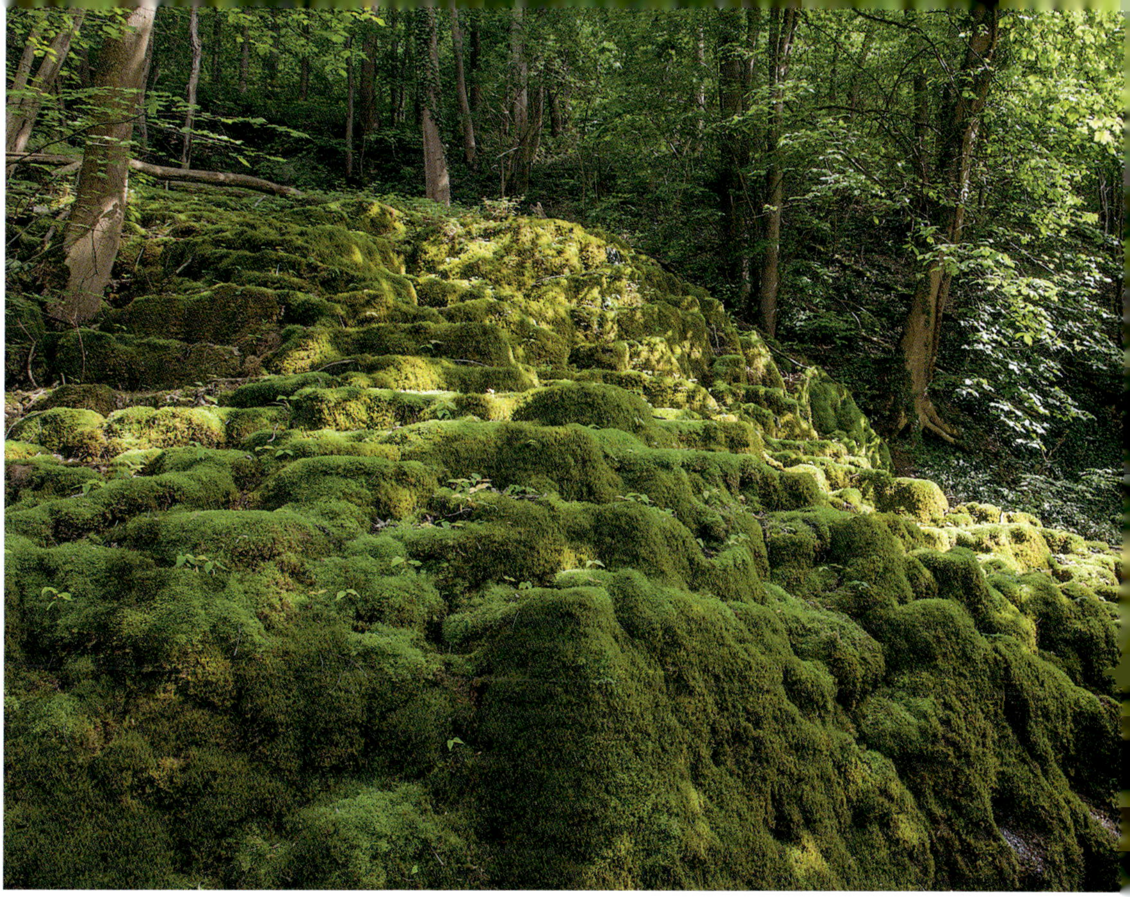

An dieser wasserüberronnenen und bemoosten Stufe wandern wir vorbei.

hört, seit Anbeginn an mit Wasser. Erst als der Ort 1881 an die Wasserversorgung der Alb angeschlossen wurde, verlor die Quelle an Bedeutung. Neben dem Brunnen befindet sich ein Rastplatz, von dem wir eine schöne Aussicht auf Bad Überkingen haben. Von der Quelle wandern wir auf dem breit angelegten Weg aufwärts nach Türkheim. Im Ort beeindruckt uns vor allem die Kirche St. Vitus. Sie wurde 1771/72 erbaut.

Ins Autal Von Türkheim wandern wir kurz auf dem Fahrweg abwärts, bis nach links ein Steig mit der Markierung »Rote Raute« abzweigt. Auf dem schönen Weg verlieren wir schnell an Höhe und gelangen oberhalb von Bad Überkingen auf eine Forststraße. Jetzt verlassen wir den Albvereinssteig und biegen nach links auf die Forststraße (Rötelbachweg) ein. Dieser folgen wir bis zu einer bemoosten Felsstufe, über die das Wasser ständig herunterläuft. Wir erreichen schöne freie Wiesen mit einer Bank, auf der wir nochmals eine Rast einlegen. Hier befindet sich auch ein Kneippbecken. An der nächsten Wegverzweigung nehmen wir den nach links aufwärts führenden Weg. Dieser quert die 3 Burghalde unter der ehemaligen Burg Bühringen und bringt uns bis zu einem von rechts einbiegenden Weg. Dieser führt von Bad Überkingen zu uns herauf.

Zurück nach Aufhausen Wir achten nun darauf, nicht zu früh nach links abzuzweigen. An einer Brücke führen deutliche Steigspuren nach links in eine Schlucht. Dies ist noch nicht der Aufstieg nach Aufhausen. Wir gehen noch ein paar Meter weiter auf dem Forstweg, bis nach links der Albvereins-

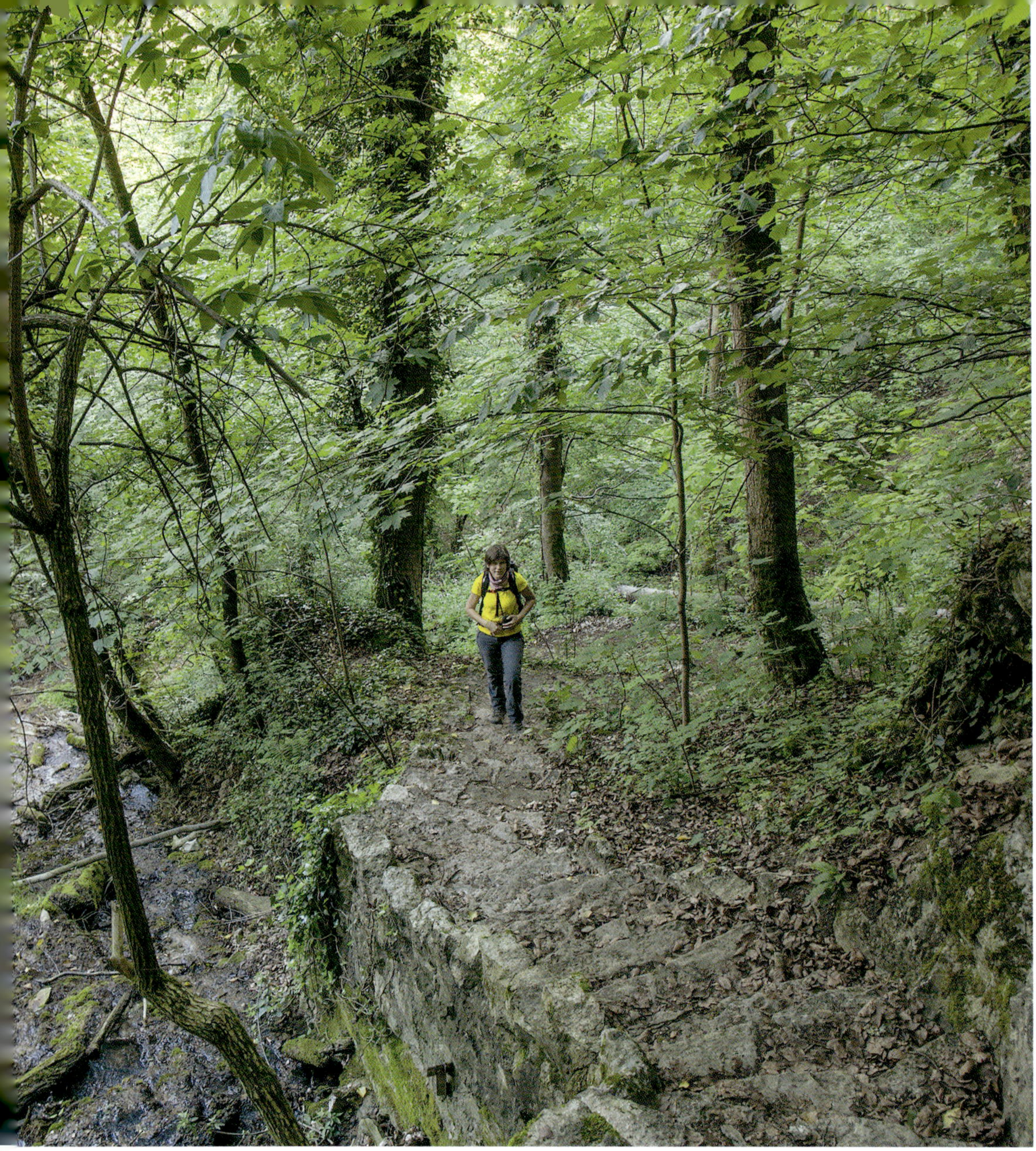

Steil wandern wir vom Autal hinauf zur Albhochfläche.

steig mit der roten Raute in das 4 Autal abzweigt. Über Treppenstufen kraxeln wir schnaufend in zahlreichen Kehren über den Hang aufwärts. Wir gelangen zu einem Wasserfall, der über eine kleine senkrechte Stufe herabstürzt. Unser Weg führt entlang des Bächleins aufwärts zur Brunnensteighöhle, die zu den bedeutendsten Karstquellen in der Umgebung zählt. Früher versorgte sie Aufhausen mit Wasser, das mühsam über die Steige hinauf in den Ort geschafft wurde. Erst mit der Albwasserversorgung war dies nicht mehr nötig. Von der Höhle wandern wir über die Steige hinauf zum Waldrand. An der Wegverzweigung biegen wir kurz nach rechts ab, um aber gleich wieder den linken Wiesenweg zu nehmen, den wir noch vom Hinweg kennen. Schließlich kommen wir wieder zurück nach E Aufhausen und zu unserem Parkplatz.

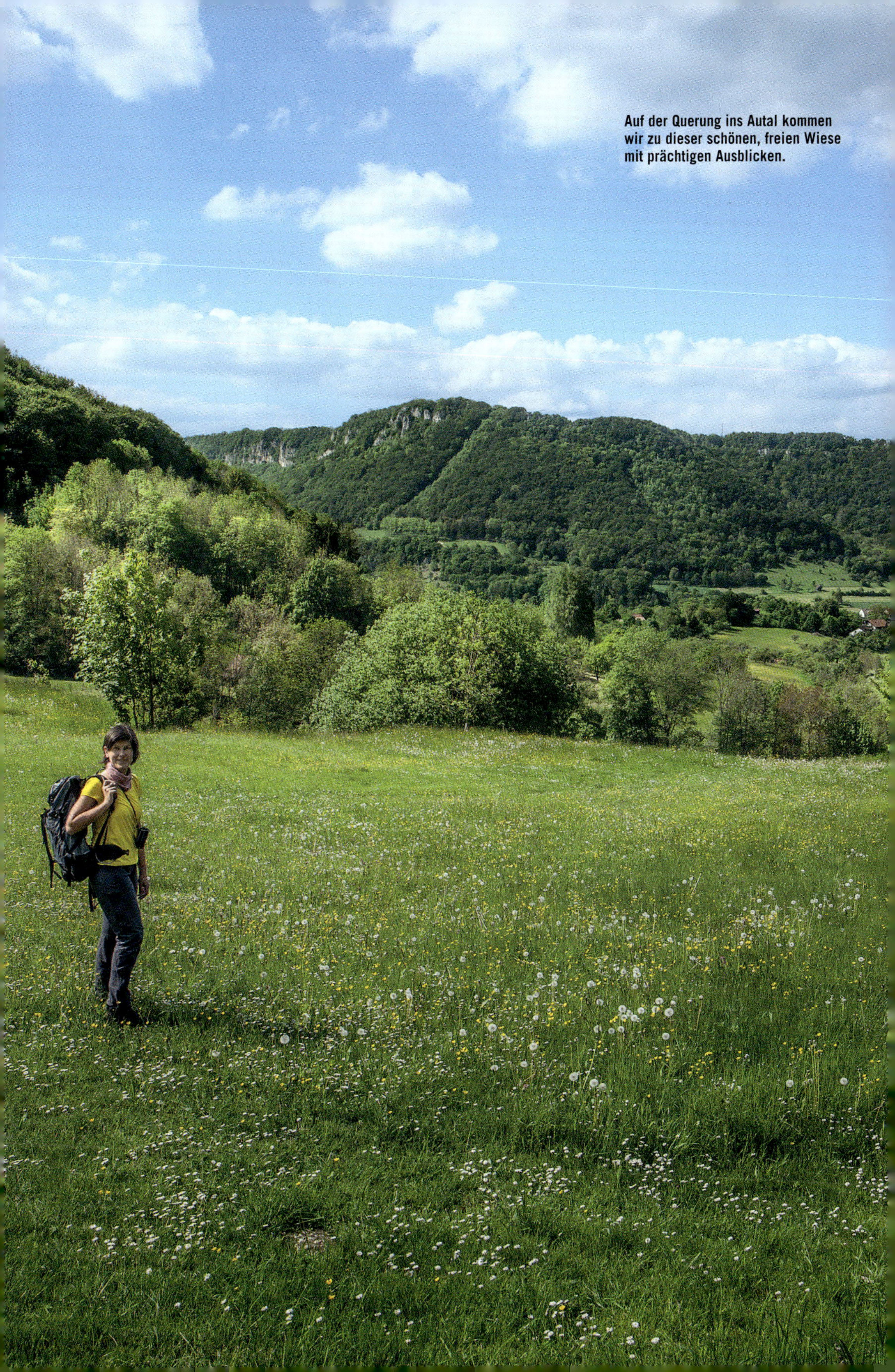

Auf der Querung ins Autal kommen wir zu dieser schönen, freien Wiese mit prächtigen Ausblicken.

35

Rundwanderung über Deggingen

Über Hochalb und Nordalb

mittel 12,1 km 390 hm 4:00 Std.

Tourencharakter:
Schmaler Aufstieg zur Alb, Steig am Albtrauf entlang, später teilweise breite Wege und Straßen

Ausgangspunkt:
Deggingen (492 m), Parken am Friedhof

Endpunkt:
Wie Ausgangspunkt

Anfahrt:
Auto: auf der A8 bis zur Autobahnausfahrt Mühlhausen und weiter auf der B466 Richtung Geislingen bis nach Deggingen
Bahn/Bus: mit dem Zug nach Geislingen an der Steige, dort in die Buslinie 56 bis Deggingen. Oder mit dem Zug nach Göppingen und weiter mit der Buslinie 32 nach Deggingen

Karte:
Wanderkarte des Schwäbischen Albvereins Nr. 20, Geislingen – Blaubeuren, 1:35 000

Einkehr:
Feuerwehrheim Nordalb, geöffnet Ostern bis Anfang November

Tourismus-Info:
Rathaus Deggingen, Bahnhofstr. 9, 73326 Deggingen, Tel. 07334/78-0, gemeinde@deggingen.de, www.deggingen.de

Steil steigen wir hinauf zum Aussichtsfelsen am Galgenberg. Zwischen bizarren Felstürmen führt die Wanderung über die Hochalb nach Norden. Über die Hochfläche gelangen wir zum schönen Aussichts- und Rastpunkt Häsleshau. Der Abstieg bringt uns über die Nordalb.

Auf die Hochalb Vom Friedhof in A Deggingen lassen wir uns von der Markierung »Rote Raute« nach Westen leiten. Auf einer Straße gehen wir an den letzten Häusern vorbei, bis der Weg nach links abzweigt. Der hier beginnende Steig zieht nun eine ganze Weile ziemlich flach am Hang entlang. Oberhalb von Bad Ditzenbach kommen wir zu einer Wegverzweigung. Ab hier klettert der Steig recht steil über den Hang aufwärts. Zuerst wandern

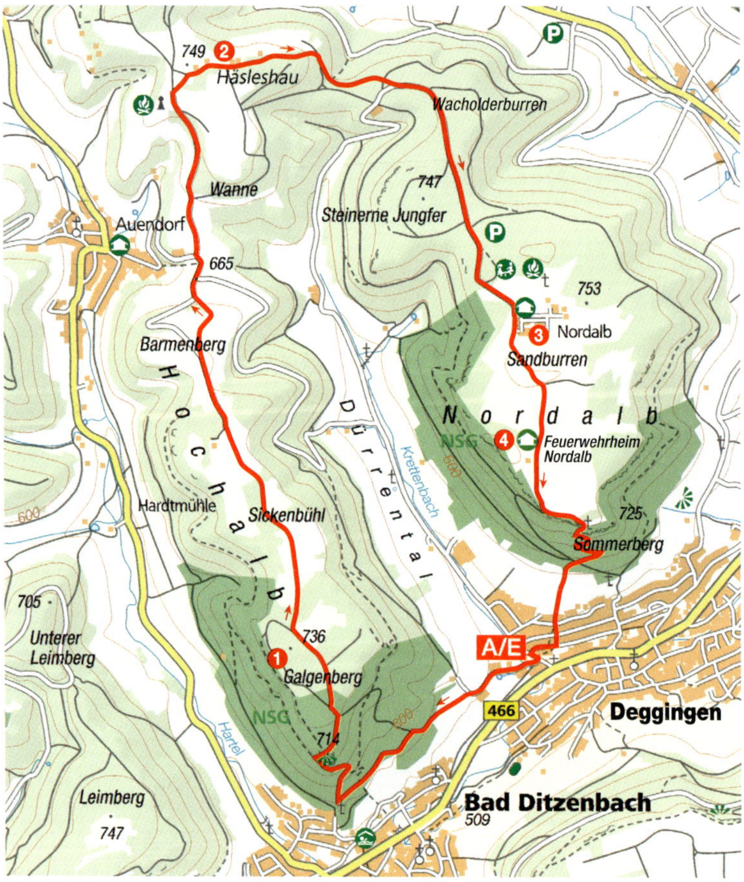

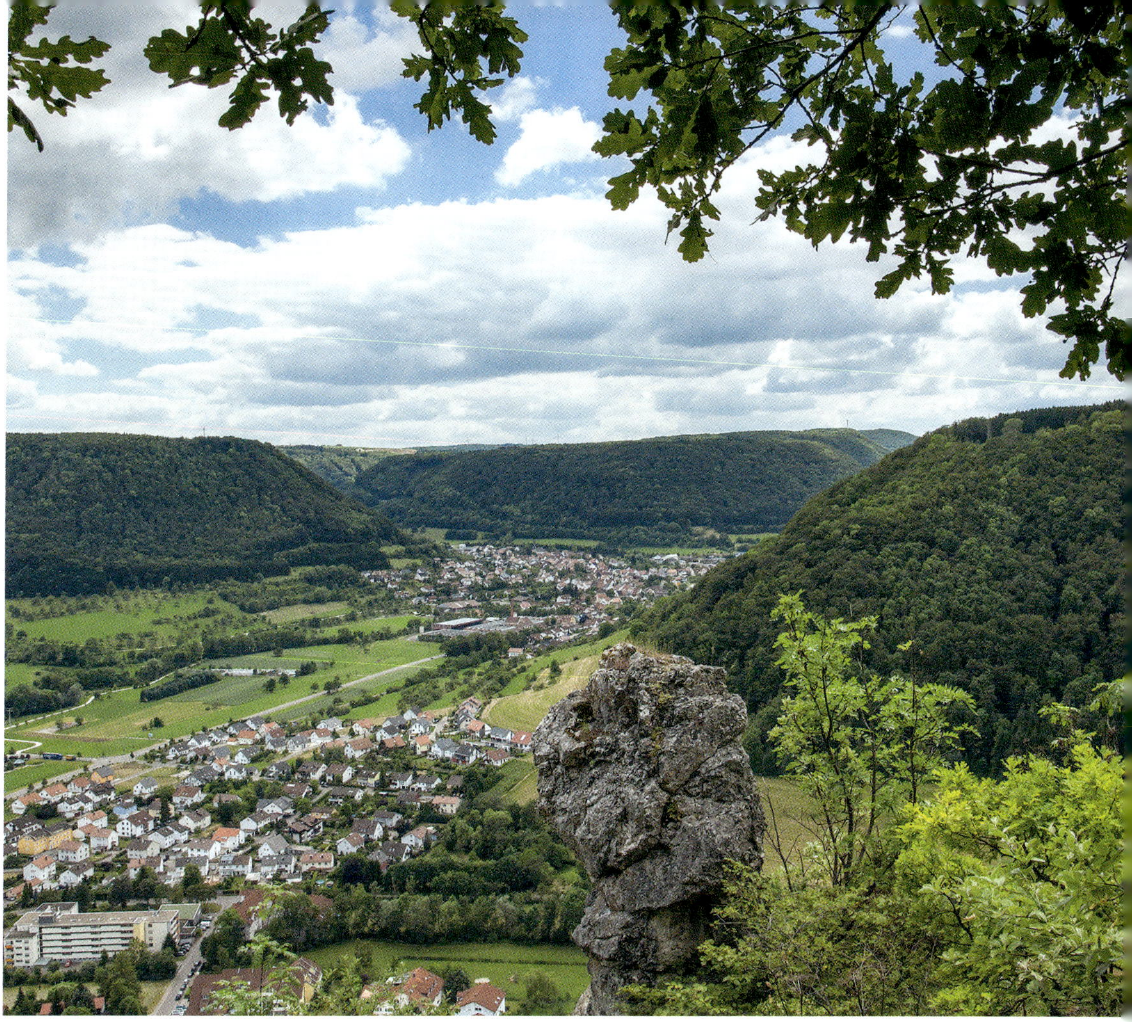

wir durch den Wald, kommen aber bald zu etwas freierem Gelände, an dem die ersten Felstürme sichtbar werden. Zwischendurch lädt auch eine Bank zu einer kurzen Pause mit schönem Blick auf Bad Ditzenbach und das Filstal ein. Nach einem steilen Aufstieg erreichen wir den bewaldeten Rücken des **1** Galgenberges. Wir gehen hinaus zu einem Aussichtsfelsen, von dem aus wir einen grandiosen Blick auf das Filstal genießen. Auf der gegenüberliegenden Talseite erhebt sich der Albtrauf und bei genauem Hinsehen können wir die kleine Kapelle Ave Maria oberhalb von Deggingen erkennen. Wir wandern nun auf dem Weg an der linken Abbruchkante der Hochalb nach Norden. Wir passieren dabei immer wieder einige Felsköpfe. Nach einer Weile biegt der Steig nach rechts ab und bringt uns auf eine Lichtung. Hier gehen wir nach links und wandern über die schönen Wiesen und Waldabschnitte der Hochalb. Wir treffen auf eine Teerstraße, der wir kurz folgen. An einer Linkskurve zweigt ein Pfad ab, der über die Wiese und dann durch den Wald abwärts führt. Wir kommen wieder auf die Straße und genießen von einer Bank einen herrlichen Blick nach Auendorf. Wir gehen zu einem Sattel und folgen der Teerstraße auf der gegenüberliegenden Seite aufwärts bis zum **2** Häsleshau. Etwas links vom Weg befindet sich ein schöner Rastplatz mit Grillgelegenheit, der wiederum eine großartige Aussicht auf die Umgebung und Auendorf bietet.

Vom Anstiegsweg bieten sich immer wieder schöne Ausblicke aufs Filstal.

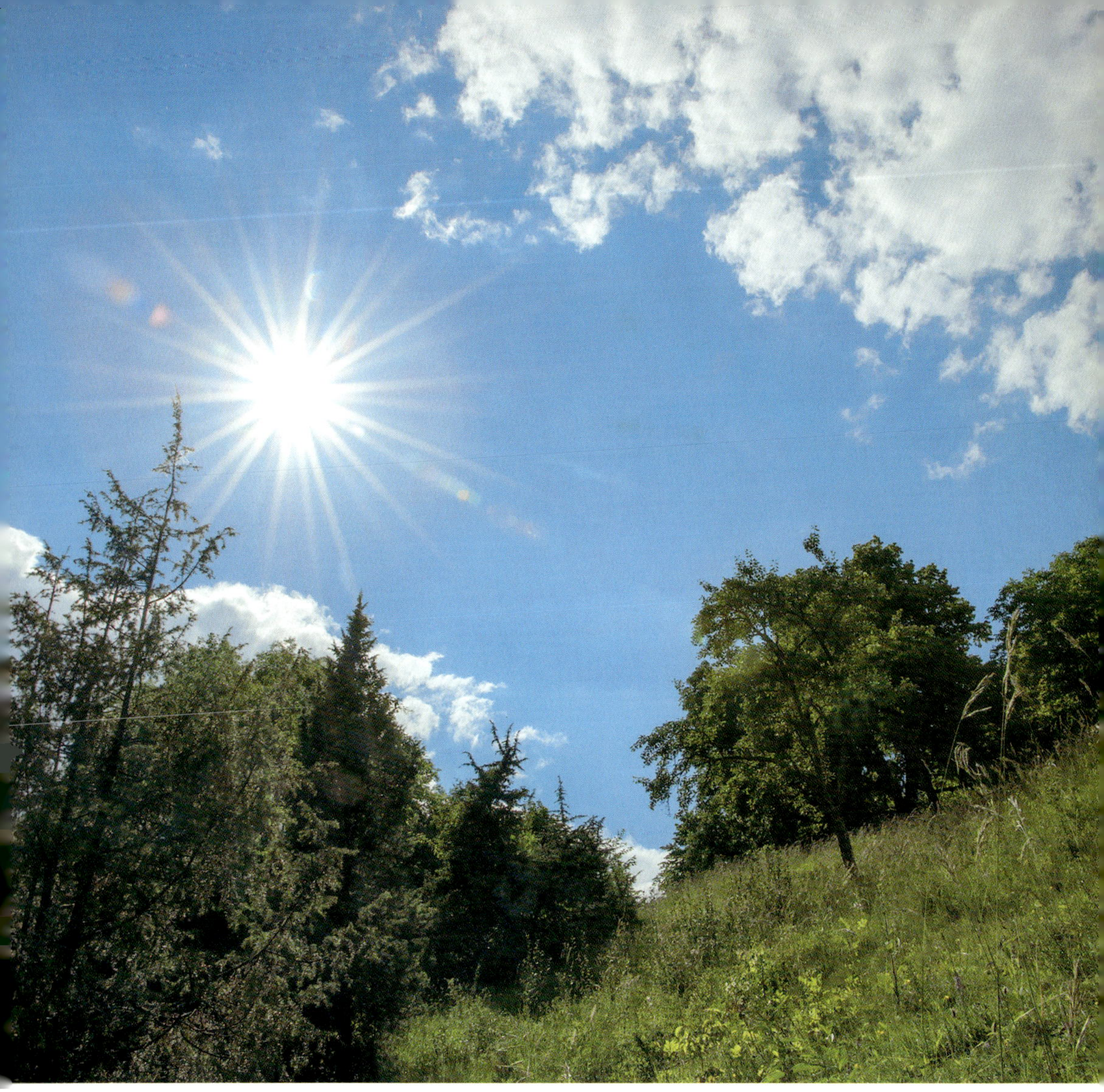

Über Deggingen präsentierte sich uns noch einmal die Sonne in ihrer vollen Pracht.

Zur Nordalb Vom Häsleshau folgen wir dem nach Osten ziehenden Forstweg am Waldrand entlang. An ein paar Hütten können wir einen schönen Blick nach Norden zu den drei Kaiserbergen erhaschen. Der breite Weg geht bald in einen Steig über und verläuft wunderschön durch den Wald. Wir kommen zu einem Forstweg, den wir geradeaus überqueren. Nach ein paar Metern stehen wir direkt vor einer Teerstraße. Diese Straße führt durch das Dürrental zur Nordalb. Wir biegen nach links ab und wandern auf der Straße durch den Wald bis zum Fahrverbotsschild. Noch ein paar Meter durch den Wald und wir stehen auf freiem Gelände. Wir wandern über schöne Wiesen zur Tagungsstätte **3** Nordalb. Anschließend spazieren wir über eine wunderschöne Landschaft hinauf zum Sandburren. Vor allem im Herbst, wenn die Blätter bunt gefärbt sind, hat diese Wanderung über die Nordalb ihren besonderen Reiz.

Nach Deggingen Vom Sandburren wandern wir leicht abwärts zum **4** Feuerwehrheim Nordalb. Das Nordalbheim ist von Ostern bis

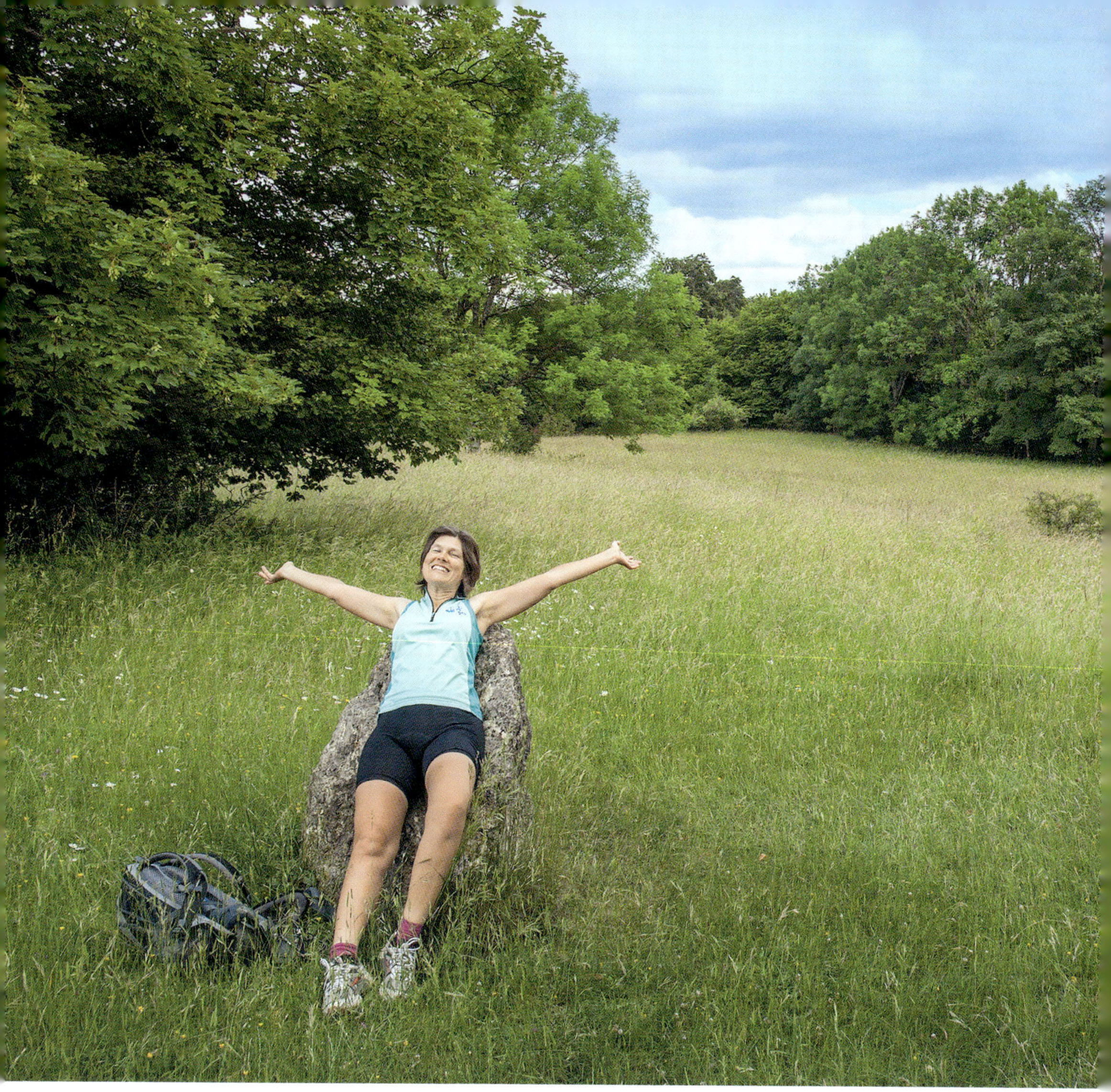

Pure Freude nach einer schönen Wanderung auf der Alb.

Anfang November geöffnet und wird von Mitgliedern der Freiwilligen Feuerwehr Deggingen bewirtet. Wir können dabei an Sonn- und Feiertagen frischen Kuchen oder ein deftiges Vesper genießen. Nach dem Nordalbheim wandern wir über schöne Wiesen zum Waldrand. Hier haben wir den Rand der Nordalb erreicht. Nun teilt sich der Weg, wobei beide Wege den Wanderer nach Deggingen bringen. Wir wählen den linken, steileren Weg, der ziemlich direkt bergab führt. Von rechts mündet der breitere Weg wieder ein. Gemeinsam steigen wir abwärts, bis wir zu den obersten Häusern von E Deggingen kommen. Zwischen den Häusern wandern wir abwärts, bis nach rechts ein Radweg abzweigt, dem wir bis zu unserem Ausgangspunkt, dem Parkplatz am Friedhof, folgen.

Variante zum Fuchseck Vom Häsleshau können wir einen Abstecher zum Fuchseck unternehmen. Von dort können wir eine ganz grandiose Aussicht auf die nördlichen Berge der Alb mit den drei Kaiserbergen genießen.

36

Kleinod auf der Blaubeurener Alb

Durch das Kleine Lautertal

mittel | 8 km | 140 hm | 3:00 Std.

Tourencharakter:
Schmaler Aufstieg zur Alb, Steig am Albtrauf entlang, später teilweise breite Wege und Straßen. Trittsicherheit und Schwindelfreiheit erforderlich zum Hohen Fels

Ausgangspunkt:
Bermaringen (647 m), Parkplatz am westlichen Ortsrand

Endpunkt:
Wie Ausgangspunkt

Anfahrt:
Auto: auf der A8 bis zur Autobahnausfahrt Merklingen und auf der L 1234 nach Bermaringen und weiter zum westlichen Ortsrand zum Parkplatz »Blaubeurener Steig« an der Kreisstraße
Bahn/Bus: mit dem Zug nach Ulm und mit der Buslinie 37 nach Bermaringen

Karte:
Wanderkarte des Schwäbischen Albvereins Nr. 20, Geislingen – Blaubeuren, 1:35 000

Einkehr:
Gasthof Lamm am Lautertopf. Restaurant Feldwirtschaft in Bermaringen, www.feld-wirtschaft.de

Tourismus-Info:
Gemeinde Blaustein, Marktplatz 2, 89134 Blaustein, Tel. 07304/802-0, stadt@blaustein.de, www.blaustein.de

Das Kleine Lautertal ist ein wahres Kleinod auf der Schwäbischen Alb. Es wurde 1995 als Naturschutzgebiet ausgewiesen. Auf dieser Rundwanderung besuchen wir den Karstquelltopf, in dem die Kleine Lauter entspringt. Ein Abstecher führt zum ausgesetzten Hohen Fels.

Zum Lautertopf Unsere Wanderung beginnt am A Wanderparkplatz westlich von Bermaringen, direkt an der Kreisstraße. Der Rundweg ist mit einer violetten Markierung versehen. Wir gehen ein Stück entlang der Straße in Richtung Asch. Nach 100 Metern überqueren wir die Straße und folgen einem Weg durch eine Schlucht ins Trockental der Lauter. Wir treffen auf den Rad- und Wanderweg, der mit der Markierung »Gelbe Gabel« gekennzeichnet ist. Auf diesem spazieren wir nach links bis zur 1 Pischekbrücke, unter der wir hindurchwandern. Ein dort angebrachtes Schild informiert uns über die Geschichte dieses alten Bauwerkes. Durch das immer noch trockene Tal wandern wir bis nach Lautern. Hinter dem Gasthof Lamm befindet sich der 2 Lautertopf, in dem die Kleine Lauter entspringt. Der Gasthof lädt auch zu einer kleinen Rast ein. Wenige Meter hinter dem Lautertopf statten wir »Unserer Lieben Frau«, der Kirche zu Lautern, einen Besuch ab. Besonders sehenswert ist dort der Schnitzflügelaltar im Innern der Kirche aus dem Jahre 1509.

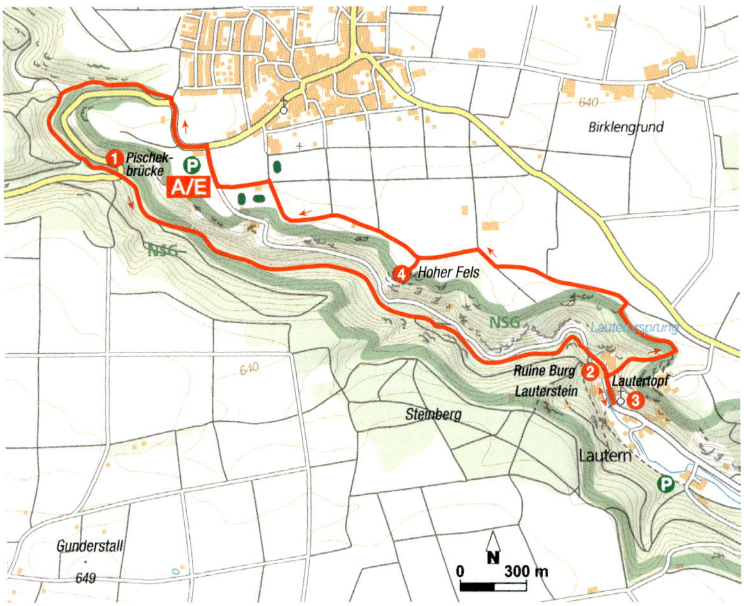

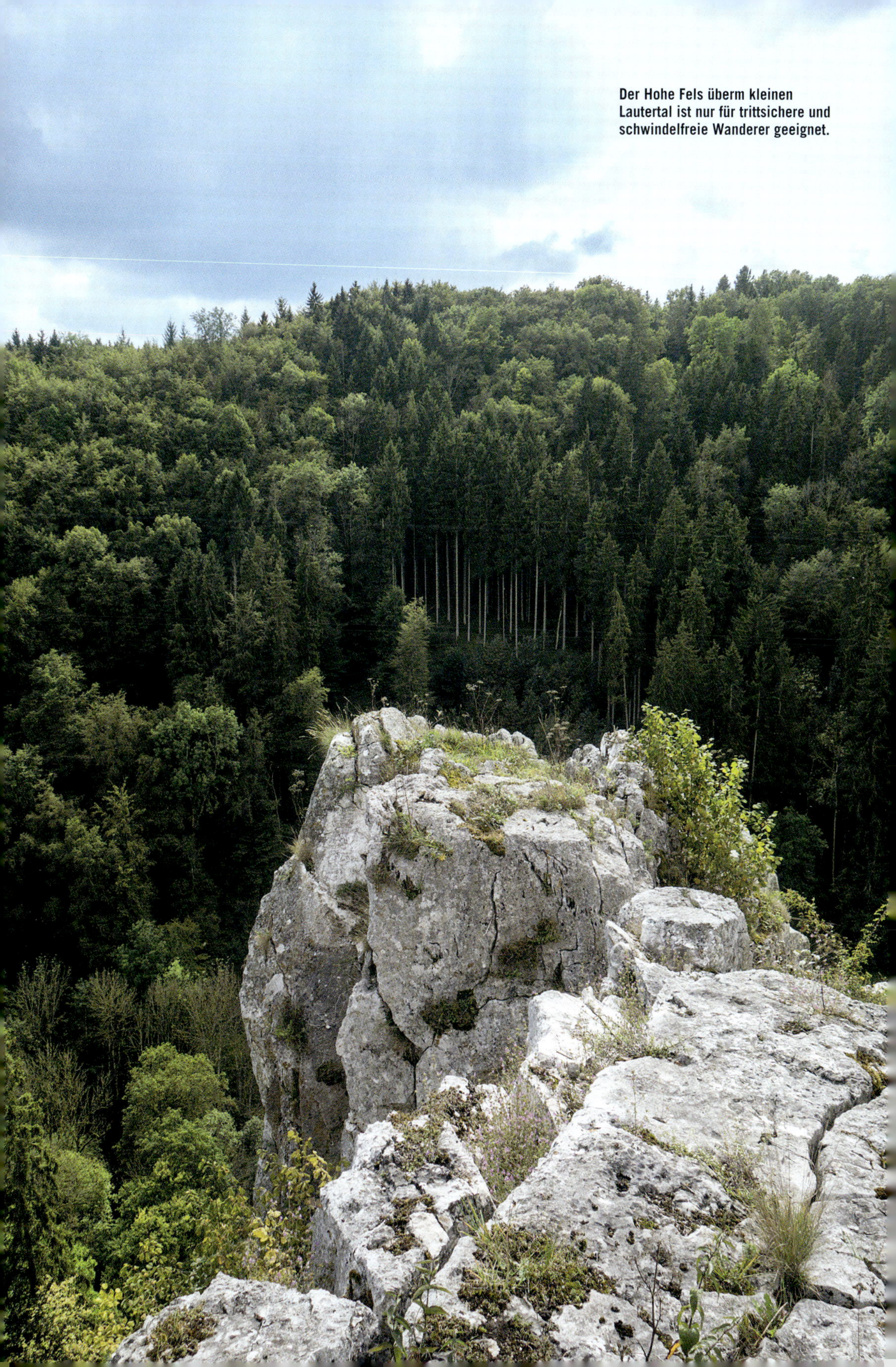

Der Hohe Fels überm kleinen Lautertal ist nur für trittsichere und schwindelfreie Wanderer geeignet.

Zum Hohen Fels Nach dem Abstecher zur **3** Kirche zu Lautern gehen wir wieder zurück bis fast zum Lautertopf und steigen nach rechts zunächst über Treppenstufen, später auf einem steilen Steig hinauf. Kurz bevor wir aus dem Wald heraustreten können, erreichen wir eine Kreuzung. Hier biegen wir nach links in einen zugewachsenen Weg ab. Auf diesem schmalen Steig wandern wir ein ganzes Stück durch den schattigen Wald. Endlich verlässt der Steig den Wald und wir treffen auf einen Querweg, in den wir nach links einbiegen. An einer T-Kreuzung biegen wir nach rechts ab. Gleich darauf, kurz vor landwirtschaftlichen Gebäuden, zweigen wir nach links auf einen Wiesenweg ab und wandern entlang einer Einzäunung. Schließlich erreichen wir wieder Gebäude und sehen schon vorher links das dreieckige Naturdenkmal-Schild. Über eine Wiese führt unser Weg hinüber zu diesem Schild. Direkt hinter dem Schild beginnen Trittspuren. Diesen folgen wir vorsichtig bergab, bis wir nach rechts hinaus auf den **4** Hohen Fels treten können. Unglaublich wie frei und weit die Sicht plötzlich ist und wie wunderschön das Kleine Lautertal unter uns liegt. Für den kurzen Abstecher sind Trittsicherheit und Schwindelfreiheit erforderlich. Zurück am Hauptweg wandern wir weiter bis zum Sportplatz und zurück zum **E** Wanderparkplatz bei Behringen an der Kreisstraße.

Bei diesem Schild beginnt der Pfad zum Hohen Fels.

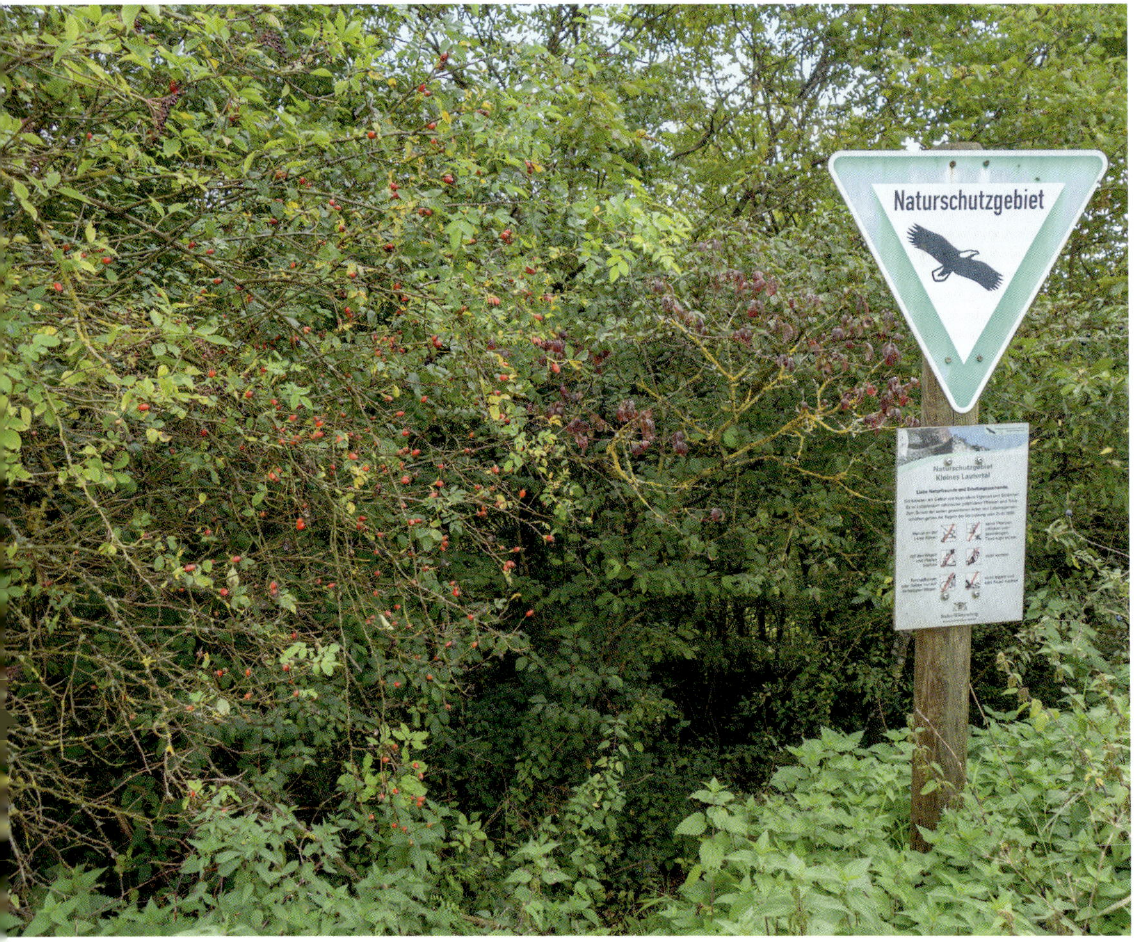

Für jeden Tag die richtige Tour

1	●	Zur Ruine Granegg und zum Heidentor	3:00 h	9,3 km	300	●		●			●	●
2	●	Auf den Plettenberg	3:45 h	11 km	400	●						●*
3	●	Gespaltener Fels und Wenzelstein	3:30 h	9 km	385	●						●*
4	●	Alter Weg auf das Tieringer Hörnle	3:00 h	8,8 km	415						●	●
5	●	Zum Torfelsen bei Meßstetten	3:00 h	10,2 km	150	●	●					●
6	●	Die Burgen von Burladingen	5:00 h	15,7 km	300	●	●					●
7	●	Zu den Ruinen im Fehlatal	3:45 h	12 km	220	●		●			●	●
8	●	Himberg und Emmafelsen	4:30 h	12,8 km	400	●					●	●
9	●	Weilerwaldkopf und Köhlberg	3:00 h	8,5 km	270	●	●				●	●
10	●	Auf den Dreifürstenstein	5:00 h	14,6 km	340	●						●
11	●	Zu Kirchkopf und Riedernberg	3:00 h	5,5 km	210	●	●				●	●
12	●	Von Öschingen auf den Bolberg	3:00 h	8,7 km	340	●	●					●
13	●	Auf den Roßberg	3:00 h	7,5 km	310	●		●			●	●
14	●	Eulenloch und Ruine Baldenstein	4:00 h	12,1 km	220	●	●	●				●
15	●	Hohenerpfingen, Hohenmelchingen und Holstein	4:30 h	13,5 km	340	●		●				●
16	●	Schäferweg bei Pfronstetten	1:30 h	4,4 km	80	●	●					●
17	●	Zur Heuneburg bei Upflamör	2:30 h	6,1 km	140		●				●	
18	●	Zur Ruine Greifenstein	3:00 h	8,8 km	180	●	●	●				●

* Mo–Fr

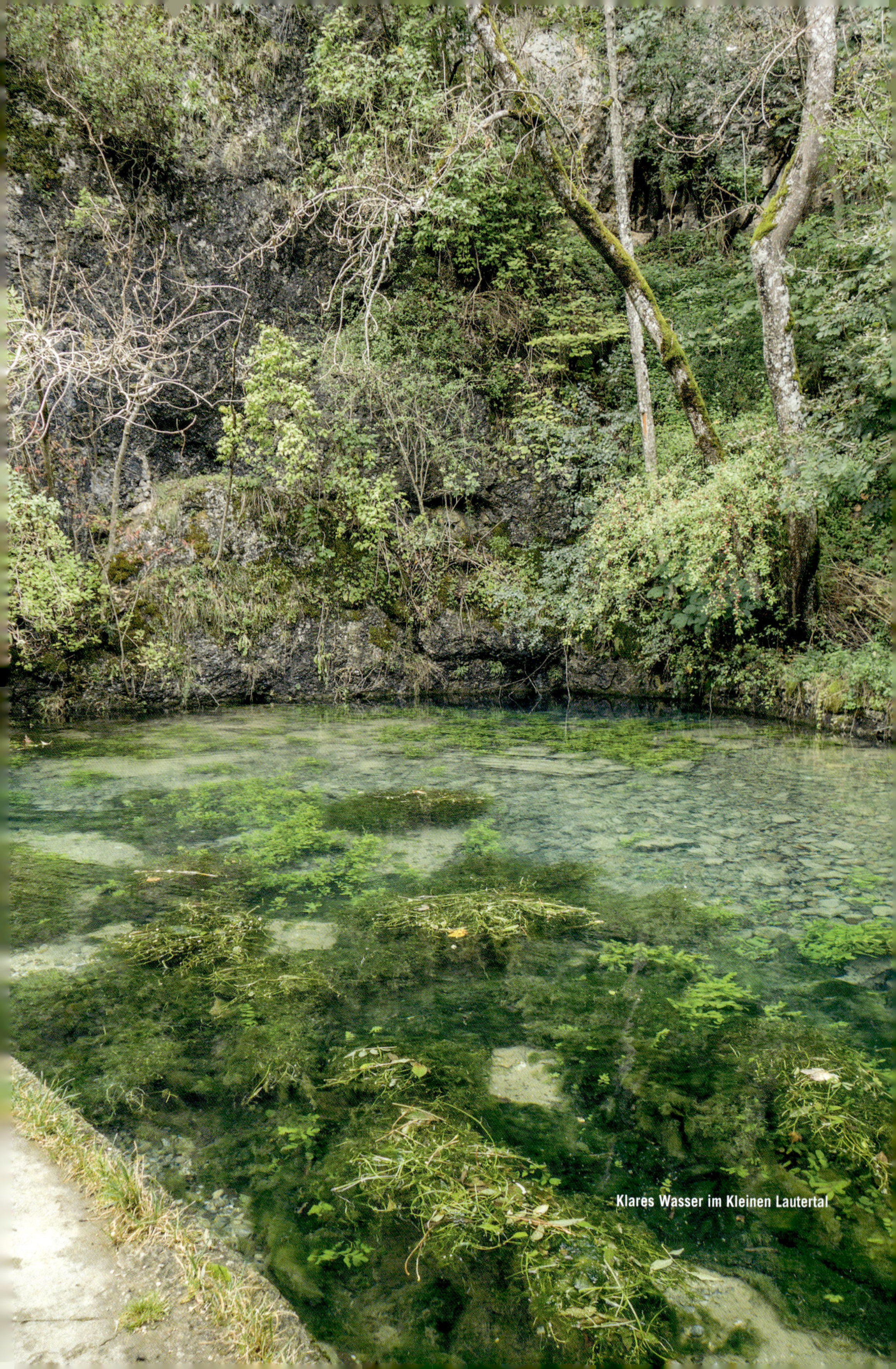

Klares Wasser im Kleinen Lautertal

Nr.		Tour	Gehzeit	Länge	Höhenunterschied	Einkehr	Kindergeeignet	Sehenswürdigkeit	Wintergeeignet	Viel Sonne	Eher schattiger Weg	ÖPNV
19	●	Urselhochberg und Mädelesfels	4:00 h	12,2 km	435	●					●	
20	●	Schönberg und Reißenbachquelle	4:00 h	9,9 km	385	●		●				●
21	●	Höllenlöcher bei Dettingen	4:00 h	10,2 km	435/390	●					●	●
22	●	Auf den Buckleter Kapf	3:30 h	10,1 km	350	●					●	●
23	●	Zum Sirchinger Wasserfall	2:00 h	5,4 km	165	●	●				●	●
24	●	Von Lenningen auf die Baßgeige	4:00 h	10,6 km	330	●		●				●
25	●	Gr. Schrecke und la. Steige	4:00 h	11 km	285	●					●	●
26	●	Über die Lange Steige zum Römerstein	4:30 h	13,3 km	370	●		●			●	●
27	●	Mittagsfels und Ruine Rauber	3:30 h	11,8 km	370	●		●				●
28	●	Durch das Bärental b. Hütten	3:30 h	10,5 km	260	●	●					●
29	●	Gerberhöhle und Alt-Hayingen	2:00 h	5,1 km	170	●	●					●
30	●	Wimsener Höhle und Zwiefalten	4:30 h	14,3 km	240	●		●				●
31	●	Von Weilersteußlingen zur Kätheren Küche	4:00 h	11,3 km	230						●	●
32	●	Großer Fels und Tiefental	3:30 h	8,9 km	200						●	
33	●	Höllental, Gleißenburg und Schillerstein	5:00 h	15,1 km	350	●					●	●
34	●	Ruine Bühringen und Autal	3:30 h	9,8 km	265						●	●
35	●	Hochalb und Nordalb	4:00 h	12,1 km	390	●						●
36	●	Durch das Kleine Lautertal	3:00 h	8 km	140	●						●

Piktogramme erleichtern den Überblick

Gehzeit
Länge
Höhenunterschied
Einkehr
Kindergeeignet
Sehenswürdigkeit
Wintergeeignet
Viel Sonne
Eher schattiger Weg
ÖPNV

PS:

Vergessen zwischen Tourismus und Zertifizierung

Die Schwäbische Alb erlebt gerade einen Wanderboom. Nach dem Beginn in Albstadt wurden in weiteren Orten Wanderwege zertifiziert und erleben seitdem einen regelrechten Ansturm an schönen Wochenenden. Wir möchten Ihnen in diesem Buch Wege näherbringen, die eher unbekannt sind. Sie treffen manchmal auf die Premiumwanderwege oder führen zu bekannten Zielen. Sie sind dennoch ein wenig vergessen und deutlich einsamer. Diese eher unbekannten Wege zu entdecken, war eine der größten Motivationen für uns, dieses Buch zu schreiben.

Auf der Suche nach vergessenen Burgruinen

Die Schwäbische Alb ist eine der burgenreichsten Landschaften in Deutschland. Es sind aber nicht die größeren, bekannten Bauwerke wie Hohenzollern, Lichtenstein und Sigmaringen, die uns auf unseren Wanderungen für dieses Buch begegneten. Vielmehr sind es die verborgenen, teilweise vergessenen Burgruinen. Vielfach verstecken sie sich im Wald und warteten darauf, von uns erkundet zu werden. Dazu gehören große Anlagen wie Hohenmelchingen, aber auch kleine, einzelne Türme wie zum Beispiel Lägstein oder Hasenfratz. Wir laden Sie ein, mit uns diese versteckten Zeugen der Vergangenheit zu entdecken!

Aussichtspunkte, Höhlen und Wasser

Die Schwäbische Alb bietet viele Höhepunkte. Für uns ist es immer wieder fantastisch, nach einer waldreichen Wanderung einen schönen Aussichtspunkt zu betreten und dort unser Vesper auszupacken. Wir laden Sie ein diese Aussichtsfelsen mit unserem Buch zu entdecken und sind uns sicher, Sie werden diese Begeisterung mit uns teilen!
Neben Burgruinen bietet die Alb auch eine Menge Höhlen. Mit der Nebelhöhle, der Wimsener Höhle und der Sontheimer Höhle besuchen wir drei bekannte Schauhöhlen, aber es gibt auch ein paar unbekanntere Höhlen zu entdecken.

Wasser auf der Schwäbischen Alb ist knapp, da es im Karstgestein schnell versickert. Unterhalb der Albhochfläche tritt es in kleinen Wasserfällen oder Quellen (sogenannten Töpfen) wieder hervor. Immer wieder treffen wir auf diese landschaftlichen Höhepunkte, wie im Kleinen Lautertal, am Gütersteiner Wasserfall, im Autal ...

Romantik und Spannung bei Heroldstatt

Die Tour von Heroldstatt zum Großen Fels und der folgende Abstieg waren für uns die größte Überraschung. Ein schöner Aussichtspunkt, ausgestattet mit einem Rastplatz, zu dem kein markierter Weg führt. Danach ein Abstieg in ein bekanntes Tal auf einem wunderschönen Steig, der ebenfalls nicht markiert ist. Wir benötigen sogar etwas Trittsicherheit für den Abstieg über den Waldgrat. Diese Tour hat uns restlos begeistert.

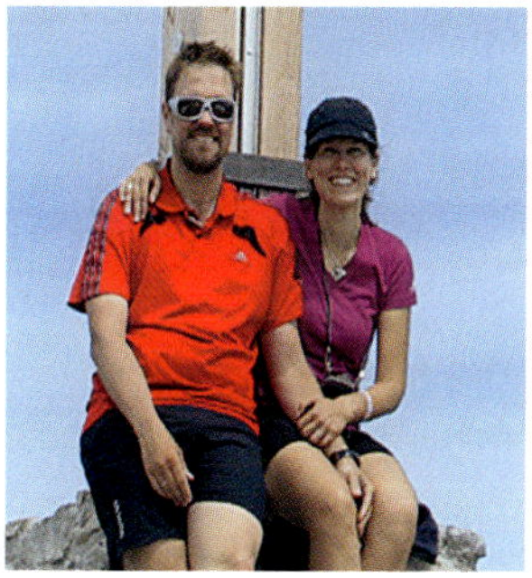

Markus und Janina Meier

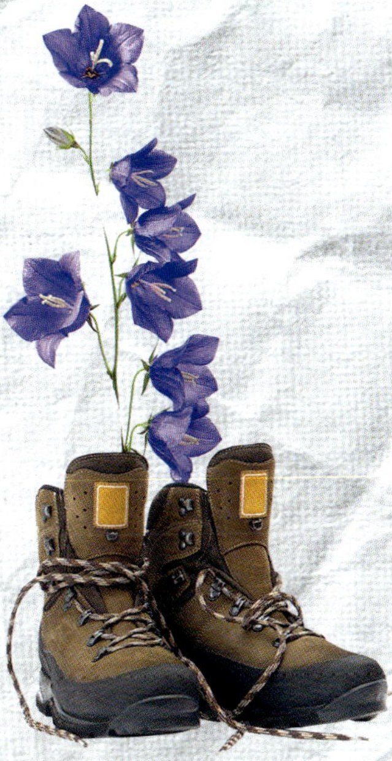

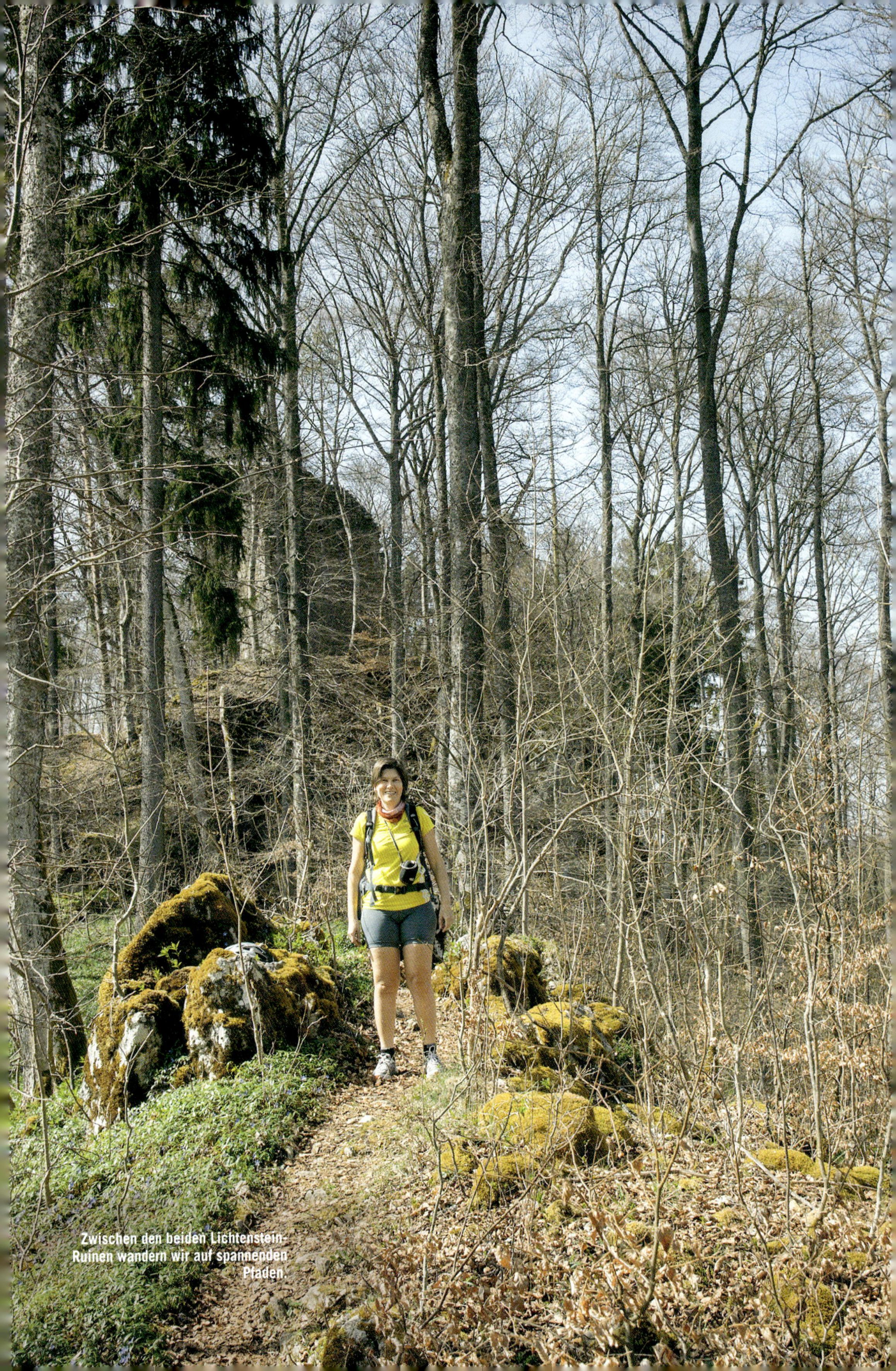

Zwischen den beiden Lichtenstein-Ruinen wandern wir auf spannenden Pfaden.

Register

S

T

U

W

Z

In gleicher Reihe erschienen ...

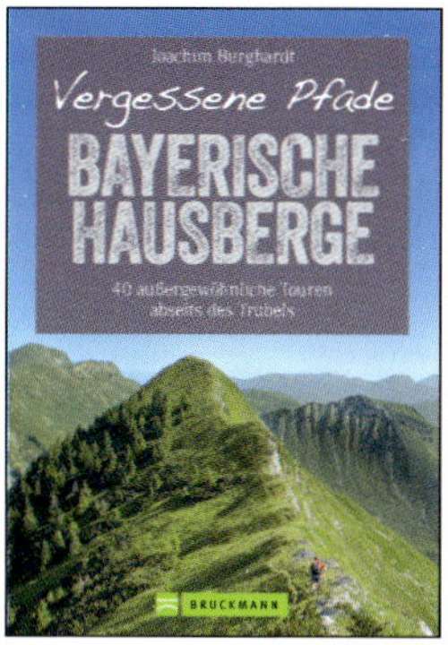

ISBN 978-3-7343-1210-6

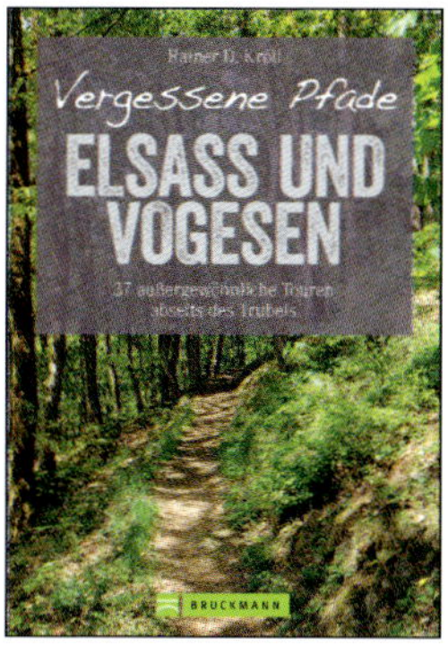

ISBN 978-3-7654-6024-1

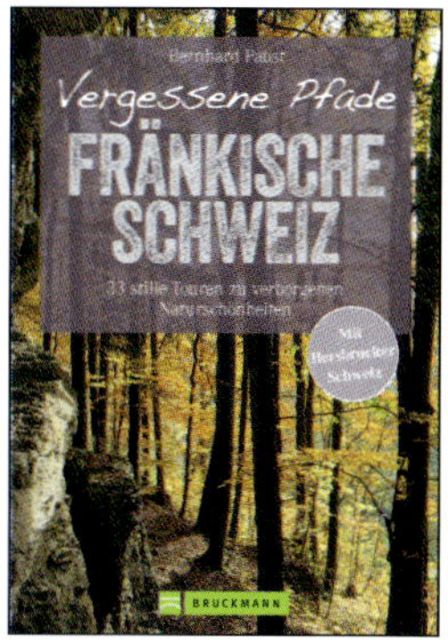

ISBN 978-3-7654-5205-5

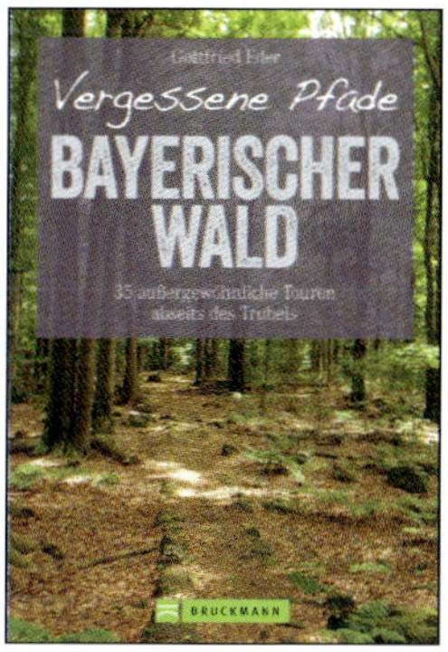

ISBN 978-3-7654-8391-2

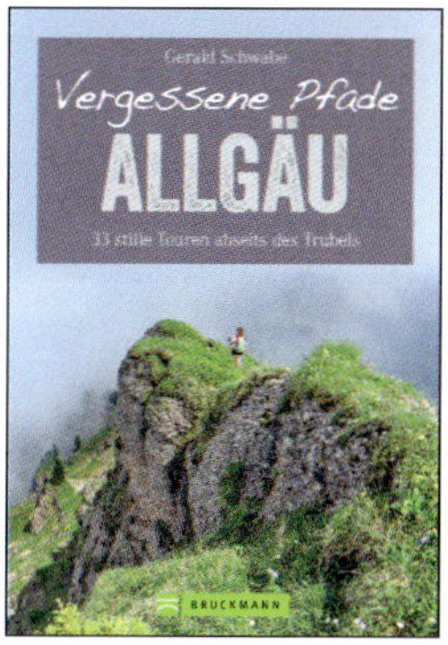

ISBN 978-3-7654-5275-8

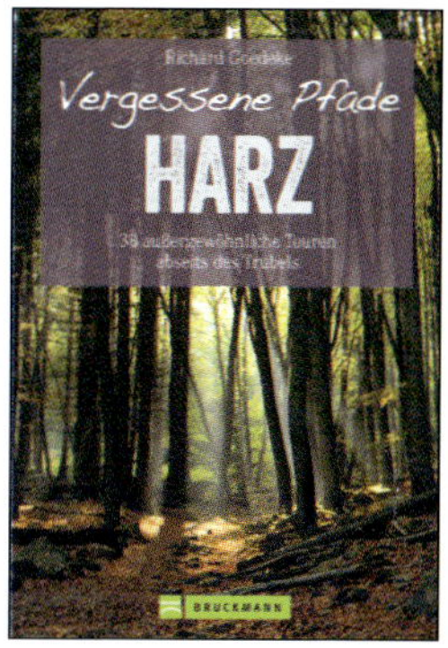

ISBN 978-3-7654-6819-3

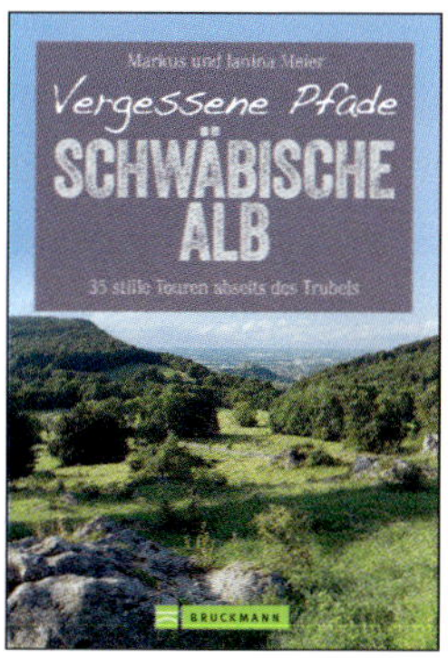

ISBN 978-3-7654-6070-8

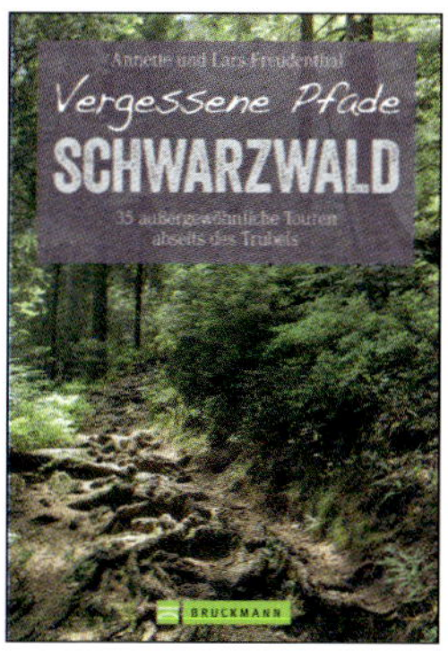

ISBN 978-3-7654-6803-2

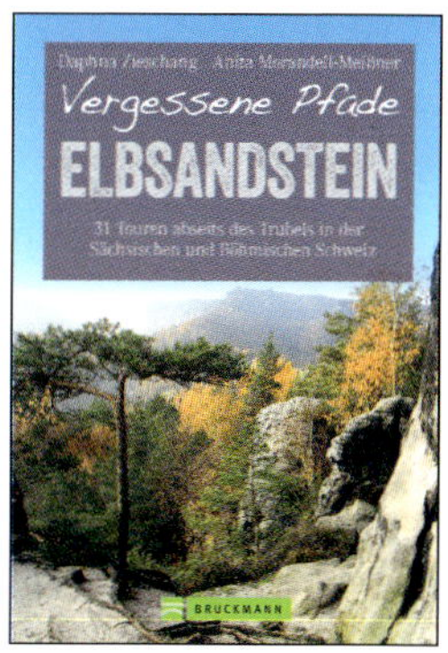

ISBN 978-3-7343-1063-8

BRUCKMANN

www.bruckmann.de

DANKSAGUNG DER AUTOREN

Wir möchten uns bei Sebastian Friedlein, Stefan und Tanja Ranz bedanken, die uns bei der Recherche der Touren unterstützt haben.

Impressum

Verantwortlich: Stefanie Krüger, Miriam Gieler
Redaktion: Susanne Kraus
Layout: Medienfabrik GmbH | BUCHFLINK Rüdiger Wagner
Repro: Cromika
Kartografie: Bruckmann Verlag GmbH, Heidi Schmalfuß
Herstellung: Stephanie Schlemmer
Printed in Slovenia by Florjancic

★★★★★

Sind Sie mit diesem Titel zufrieden? Dann würden wir uns über Ihre Weiterempfehlung freuen. Erzählen Sie es im Freundeskreis, berichten Sie Ihrem Buchhändler, oder bewerten Sie bei Ihrem nächsten Onlinekauf. Und wenn Sie Kritik, Korrekturen, Aktualisierungen haben, freuen wir uns über Ihre Nachricht an Bruckmann Verlag, Postfach 40 02 09, 80702 München oder per E-Mail an lektorat@verlagshaus.de.

Unser komplettes Programm finden Sie unter www.bruckmann.de

In diesem Buch wird aus Gründen der besseren Lesbarkeit das generische Maskulinum verwendet. Weibliche und anderweitige Geschlechteridentitäten werden dabei ausdrücklich mitgemeint, soweit es für die Aussage erforderlich ist.

Empfehlung der Redaktion
Sie sind auf der Suche nach weiterführender Literatur? Dann empfehlen wir Ihnen den Titel »Mystische Pfade Schwäbische Alb« von Annette und Lars Freudenthal. Oder Sie werfen einen Blick in die Zeitschrift BERGSTEIGER. Hier werden Sie bestimmt fündig.

Bildnachweis: Alle Aufnahmen stammen von den Autoren, außer S. 99, 101 Sebastian Friedlein; S. 8, 18, 19, 37, 71, 117, 118, 119 Stefan Ranz; S. 22 o. Shutterstock/Anibal Trejo, S. 23 o. Shutterstock/hjschneider.
Umschlagvorderseite: Typische Alblandschaft, Bildagentur Huber/Schmid Reinhard;
Umschlagrückseite: Am Mädelesfels mit schöner Aussicht auf Pfullingen, Reutlingen und die Achalm.

Die Deutsche Nationalbibliothek verzeichnet diese Publikation in der Deutschen National-bibliografie; detaillierte bibliografische Daten sind im Internet über http://dnb.d-nb.de abrufbar.

5. aktualisierte Neuauflage

Infanteriestraße 11a
80797 München
ISBN 978-3-7654-6070-8